吴晗经典
作品集

吴晗 著

吴晗论明史 下

民主与建设出版社
·北京·

©民主与建设出版社，2021

图书在版编目（CIP）数据

吴晗经典作品集 / 吴晗著. — 北京：民主与建设出版社，2020.11
ISBN 978-7-5139-3288-2

Ⅰ.①吴… Ⅱ.①吴… Ⅲ.①中国历史-明代-文集
Ⅳ.① K248.07-53

中国版本图书馆 CIP 数据核字（2020）第 211762 号

吴晗经典作品集
WUHAN JINGDIAN ZUOPINJI

著　　者	吴　晗
责任编辑	刘树民
封面设计	煊坤博文
出版发行	民主与建设出版社有限责任公司
电　　话	（010）59417747　59419778
社　　址	北京市海淀区西三环中路 10 号望海楼 E 座 7 层
邮　　编	100142
印　　刷	三河市华晨印务有限公司
版　　次	2021 年 2 月第 1 版
印　　次	2021 年 2 月第 1 次印刷
开　　本	690mm×960mm　1/16
印　　张	80.5
字　　数	1072 千字
书　　号	ISBN 978-7-5139-3288-2
定　　价	198.00 元（全五册）

注：如有印、装质量问题，请与出版社联系。

前言

吴晗,原名吴春晗,字辰伯,出生于1909年,是浙江义乌吴店苦竹塘村人。吴晗的父亲吴瑸珏是清末的秀才,也曾在新式学堂里上过几年学,毕业后当过公务员。吴晗的母亲蒋山荫出身贫农家庭,没有上过学,不识字。

吴晗的父母亲对待孩子十分严厉,加上吴晗又是家中四个孩子中的老大,要起带头作用,因此父母经常采用打骂的方式管教吴晗,这导致他在青少年时期与父母,尤其是父亲的关系比较紧张。也许是出于这个原因,吴晗上中学的时候是个名副其实的"坏学生",拿他自己的话说:"同班年岁大的学生教我吸烟、打麻将,被学校发现了,记了很多次过。"不过吴晗自有别人不及之处——他从小就非常喜欢读书,尤其爱读历史著作,加上他天资聪慧,记忆力也非常好,让他的国文和历史成绩非常优秀,因此"才没有被开除"。

中学毕业后,吴家家境不复往日的殷实,无力承担他继续深造的费用,他只好在家乡谋得一份小学教员的工作来糊口。不过是金子总会发光,沉寂不久,他便通过自己的努力以及朋友的帮助,先后得到胡适、顾颉刚等学者的赏识,最终来到清华大学学习历史,专攻明史,他的治学之路也就此展开。

天才加上勤奋,使吴晗的治学之路走得很顺畅,他最终成为著名的历史学家,尤其在明史研究方面取得了丰硕的成果,是中国近现代明史研究的开拓者和奠基者之一。早在求学期间,他便发表了令当时史学界颇为青睐的《胡应麟年谱》《胡惟庸党案考》《〈金瓶梅〉的著作时代及其社会背景》《明代之农民》等著述。而倾尽他几十年心血、数易其稿的《朱元璋传》更是研究明史的专家、学者，乃至历史爱好者必读的著作，这本书更是与梁启超的《李鸿章传》、林语堂的《苏东坡传》和朱东润的《张居正大传》一起，被称为20世纪华语世界传记文学的四大巅峰之作。

除了在历史研究的本职工作上取得了辉煌的成就之外，吴晗在杂文的写作上也成绩斐然。吴晗的杂文语言博雅，文字质朴，题材广泛，有的直指时弊，有的授人以渔，还有的谈古论今……这其中的多数作品虽是针砭彼时之弊端，就当时之事而论，但今天读来仍能读出一位大学问家那至真至纯、忧国恤民的胸怀。

斯人已逝，在缅怀故去之人的同时，我们还可以继承和发扬他的精神，学习他的智慧。为此，我们选取吴晗先生最具代表性的历史著述和杂文，汇集成《吴晗经典作品集》，读者若能以此窥得吴晗先生学问及精神之一隅，便是对吴晗先生最大的怀念。

/ 目录 /

明代的科举情况和绅士特权 _ 001

明成祖仁宗景帝之死及其他 _ 005

明代的殉葬制度
　　——"美德组成的黄金世界"之一斑 _ 007

明教与大明帝国 _ 009

晚明"流寇"之社会背景
　　——"殷鉴不远，在夏后之世" _ 043

论皇权 _ 057

论绅权 _ 064

再论绅权 _ 070

官僚政治的故事 _ 079

宋明间统治阶级的内部矛盾 _ 084

海瑞骂皇帝 _ 089

《金瓶梅》的著作时代及其社会背景 _ 092

《清明上河图》与《金瓶梅》的故事及其衍变
　　——《王世贞年谱》附录之一 _ 127

《明史》小评 _ 144

记大明通行宝钞 _ 152

明代的火器 _ 166

"高丽女"考 _ 169

唐顺之论明代刻书 _ 176

晚明仕宦阶级的生活 _ 179

梧轩杂记十则 _ 188

胡惟庸党案考 _ 192

况钟和周忱 _ 231

明代的科举情况和绅士特权

明、清两代五六百年间的科举制度，在中国文化、学术发展的历史上作了大孽，束缚了人们的聪明才智，阻碍了科学的进展，压制了思想，使人们脱离实际，脱离生产，专读死书，专学八股，专写空话，害尽了人，也害死了人，罪状数不完，也说不完。

这些且不说，光就考试时的情况说，也是气死人的。明末艾南英《天傭子文集》有一篇文章专讲考举人时的苦处：

> 考试这一天，考场打了三通鼓，秀才们即使遇到大冷天，冰霜冻结，也得站在门外等候点名。督学呢，穿着红袍坐在堂上，灯烛辉煌，围着炉子取暖，好不舒服。
>
> 秀才们得解开衣裳，左手拿着笔砚，右手拿着布袜，听候府县官点名，排个儿站在甬道里，依次到督学面前。每一个秀才，有两个搜检军侍候，从头发搜到脚跟，光着肚子光着腿，要好几个时辰才能全搜完，个个冻得牙齿打战，腰以下都冻僵了，摸着也不像是自己的皮肤。要是大热天呢，督学穿着纱衣裳，在阴凉地里，喝着茶，摇着扇子，凉快得很。秀才们呢，十百一群，挤立在尘埃飞扬的太阳地上，按制度不能扇扇子，穿的又是大布厚衣。到了考场，几百人夹坐在一起，腥气、秽气，蒸着、熏着，大汗通身，衣裳都湿透了，却一滴水也不敢入口。虽然公家有人管茶水，但谁也不敢喝，喝了就有人在你卷子上打一个红记号，算是舞弊犯规，文章尽管写得好，也要扣分，降一等。
>
> 冷天也罢，热天也罢，都得吃苦头。
>
> 考的时候，东西两面站着四个瞭望军，是监场的，谁也不敢抬

头四面看，有人困了站一下，打一个呵欠，和隔壁考生说话，以至歪着坐，又是一个红记号打上了，算犯规，文章尽管好，也扣分，降一等。弄得人人腰脊酸痛，连大小便也不得自由，得忍着些。

连动手动脚、抬头伸腰的自由也被剥夺了，苦哉！

考试坐位呢，是衙门里的工吏包办的，他们得赚一点钱，贪污了一大半经费，临时对付，做得很窄小，两个手膀也张不开；又偷工减料，薄而脆，外加裂缝，坐下重一点，就怕塌下。加上同号的总有十几个人，坐位是用竹子联着的，谁的手脚稍动一下，联号的坐位便都动摇了，成天没个停，写的字也就歪歪扭扭了。

这篇文章写得实在好，道尽了考生的苦处，也道尽了封建统治者不把学生当人的恶毒待遇。文章里用督学的拥炉、挥扇相对衬，更把考生的苦况突出了。清朝继承了明朝这套，《儿女英雄传》写安骥殿试时，自己背桌子考篮的情况，可以参看。

这样苦，为什么人们还是抢着考，唯恐吃不到这苦头呢？是为了作官。顾公燮《消夏闲记摘抄》记明朝人中举人的情况：

明朝末年的绅士，非常之威风。凡是中了举人，报信的人都拿着短棍，从大门打起，把厅堂窗户都打烂了，叫作"改换门庭"。工匠跟在后面，立时修整一新，从此永为主顾。

接着，同姓的地主来和您通谱，算作一家，招女婿的也来了，有人来拜你作老师，自称门生。只要一张嘴，银子上千两的送，以后有事，这些人便有依靠了。

出门呢，坐着大轿，前面有人拿着扇啦，掌着盖啦，诸如此类，连秀才出门，也有门斗张着油伞引路。

有婚丧事的时候，绅士和老百姓是不能坐在一起的，要另搞一个房子叫大宾堂，有功名的人单坐在一起。

清人吴敬梓所作《儒林外史》，穷秀才范进中举一段绝妙文字，正是顾公燮这一段记载的绝妙注脚。

到中了进士，就更加威风了。上任作官，车啦，马啦，跟班啦，衣服用具啦，饮食用费啦，都自然会有人支应。上了任，债主也跟着来，按期还债。①

即使中不了进士，光是秀才、举人，也就享有许多特权了。其一是免役，只要进了学，成为秀才，法律规定可免户内二丁差役。明朝里役负担是很重的，要是有二十亩田地的中农，假如家里不出一个秀才，一轮到里役，便得破家荡产。②以此，一个县里秀才举人愈多，百姓便越穷，因为他们得把绅士的负担分担下来。③第二是可以有奴婢使唤；明制，平民百姓是不许存养奴婢的，《大明律》规定："庶民之家，存养奴婢者，杖一百，即放从良。"第三是法律的优待，明初规定一般进士、举人、贡生犯了死罪，可以特赦三次，以后虽然没有执行，但是，还是受到优待，秀才犯了法，地方官在通知学校把他开除之前，是不能用刑的。如犯的不是重罪，便只通知学校当局，加以处分了事。第四是免粮，家道寒苦，无力完粮的，可由地方官奏销豁免。因之，不但秀才自己免了役，免了赋，甚至包揽隐庇，借此发财。廪生照规定由国家每年给膏火银一百二十两，不安分的便揽地主钱粮在自己名下，请求豁免，"坐一百，走三百"，不动腿呢，每年一百二十两，多跑跑县衙门呢，一年三百两，是当时的民间口语。第五便是礼貌待遇了。顾公燮所记的大宾堂是有法律根据的，洪武十二年（公元1379年）八月明太祖颁布法令，规定绅士只能和宗族讲尊卑的礼法，至于宴会，要另设席位，不许坐于无官者之下。和异姓无官者相见，不必答礼。庶民见绅士要用见官礼谒见。违反的按法律制裁。

①陶奭龄：《小柴桑喃喃录》上；周顺昌：《烬余集》卷二，《与吴公如书》二。
②《温宝忠遗稿》卷五，《士民说》。
③顾炎武：《亭林文集·生员论》。

有了这样多特权,吃点苦头又算什么呢?

明、清两代的知识分子,在通过考试之前,封建统治者把他们不当人看待,加以种种虐待。但是,在成为秀才、举人、进士之后,便成为统治集团的一员了,和庶民不同了,他们分享了统治阶级的特权,成为特权阶级了。最近有人讲明朝后期情况,把秀才也算在市民里面,把他们下降为庶民,在我看来,是不符合客观存在的历史事实的。

明成祖仁宗景帝之死及其他

明世宗中年好道，斋醮无虚日，其后卒死于金石，固尽人知之。若成祖、仁宗、景帝均非善终，则以史多讳言，不尽为人知也。成祖死于仙方晚年多暴怒，不能治事。《明史》卷二九九《袁珙传》："礼部郎周讷自福建还，言闽人祀南唐徐知谔、知海，其神最灵。帝命往迎其像及庙祝以来，遂建灵济宫于都城，祀之。帝每遘疾，辄遣使问神。庙祝诡为仙方以进，药性多热，服之辄痰壅气逆，多暴怒，至失音。中外不敢谏。忠彻一日入侍，进谏曰：'此痰火虚逆之症，实灵济宫符药所至。'帝怒曰：'仙药不服，服凡药耶？'忠彻叩首哭，内侍二人亦哭。帝益怒，命曳二内侍仗之，且曰：'忠彻哭我，我遂死耶？'忠彻惶惧，趋伏阶下，良久始解。"灵济宫祀事详孙承泽《春明梦余录》。

仁宗之死，传闻异辞。或云死于雷，或云为宫人所毒，见皇甫录《明纪略》、杨仪《螭头密语》。陆钎《病逸漫记》则云："仁宗皇帝驾崩甚速，疑为雷震，又疑宫人欲毒张后，误中上。予尝遇雷太监，质之，云皆不然，盖阴症也。"

景帝之死，陆钎《病逸漫记》："景泰帝之崩，为宦者蒋安以帛勒死。"查东山《罪惟录》所记同。

明诸帝中最雄武残暴者无如太祖，衡石量书，初未尝溺于女色。顾中年时曾纳陈友谅妾，后颇以为悔，于所颁《大诰》中自白其事，忸怩作态，亦大可笑也。《大诰·谕官无作无为第四十三》："朕当未定之时，攻城略地，与群雄并驱，十有四年余，未尝妄将一妇人女子。惟亲下武昌，怒陈友谅擅以兵入境，既破武昌，故有伊妾而归。朕忽然自疑，于斯之为，色乎？豪乎？智者监之。"

诸帝中最昏庸无识者莫如熹宗，顾熹宗实一无才之工程师，使其不为帝王，当为不世出之大匠。李逊之《三朝野记》卷二："上性好盖房屋，自操斧锯凿削，巧匠不能及。日与亲近之臣涂文辅、葛九思辈朝夕营造，造成而喜，不久而弃，弃而又成，不厌倦也。当其斤斫刀削，解衣盘薄，非素昵近者不得亲视。王体乾等每闻其经营鄙事时，即从旁传奏文书，奏听毕，即曰：'你们用心行去，我知道了。'所以太阿下移，魏忠贤辈操纵如意，而崔呈秀、魏广微辈通内者亦如桴鼓之旋踵也。"此所记出刘若愚《酌中志》卷一四。

（原载《文史杂志》第二卷第二期，1942年2月）

明代的殉葬制度
——"美德组成的黄金世界"之一斑

明天顺八年（1464）正月英宗大渐，遗诏罢宫妃殉葬。①这是明史上一件大事。在此以前，宫妃殉葬是明代的成例。毛奇龄《彤史拾遗记》说："初太祖……四十六妃陪葬孝陵，其中所殉惟宫人十数人。洪武三十一年七月建文帝以张凤……十一人由锦衣卫所试百户散骑舍人带刀舍人进为本所千百户，其官皆世袭，以诸人皆西宫殉葬宫人父兄，世所称朝天女户者也。成祖……十六妃葬长陵，中有殉者。仁宗殉五妃，其余三妃以年终别葬金山。宣宗殉十妃。嗣后皆无殉，自英宗始。惟景泰帝尚以唐妃殉，则天顺元年事在遗诏前。"②不但是皇帝，即诸王亦有殉葬例。《明史·周王传》："有熑正统四年薨，无子。帝（英宗）赐书有熑曰：周王在日，尝奏身后务从俭约，以省民力。妃夫人以下不必从死，年少有父母者遣归。既而妃鞏氏，夫人施氏、欧氏、陈氏、张氏、韩氏、李氏皆殉死，诏谥妃贞烈，六夫人贞顺。"帝王之薨，由群臣议殉葬，一经指定，立即执行。《彤史拾遗记·唐妃传》："郕王薨，群臣议殉葬及妃，妃无言，遂殉之，葬金山。"

殉葬时的情形，《朝鲜李朝世宗实录》有一段记载："六年（永乐二十二年，1424）十月戊午登极，使臣礼部郎中李琦，通政司参议彭璟言，前后选献韩氏等女皆殉大行皇帝。帝崩宫人殉葬者三十余人。当死之日，皆饷之于庭，饷辍俱引升堂，哭声震殿阁。堂上置木小床，使立其上，挂绳围于其上，以头纳其中，遂去其床，皆雉经而死。韩氏临死顾谓金黑曰：娘，吾去！娘，吾去！语未竟，旁有宦者去床，仍与崔氏俱死。诸死者之初升堂

---
① 《明史》卷一二，《英宗后纪》；卷一七六，《彭时传》。
② 《明史》卷一一三《郭嫔传》，事同稍简。

也，仁宗亲入辞诀。"①韩妃、崔妃俱朝鲜人，金黑为韩妃乳母。

宫妃殉葬后，除优恤其家人外，例加死者谥号，《明英宗实录》卷三记："宣德十年（1435）三月庚子，赠皇庶母惠妃何氏为贵妃，谥端肃。赵氏为贤妃，谥纯肃。吴氏为惠妃，谥贞顺。焦氏为淑妃，谥庄静。曹氏为敬妃，谥庄顺。徐氏为顺妃，谥贞惠。袁氏为丽妃，谥恭定。诸氏为恭妃，谥贞靖。李氏为充妃，谥恭顺。何氏为成妃，谥肃僖。谥册有曰：兹委身而蹈义，随龙驭而上宾，宜荐徽称，用彰节行。"景泰帝之崩，殉葬宫人除唐妃外，当时并曾提及汪皇后，幸为李贤所救免。《明史·景帝废后汪氏传》："景帝崩，英宗以其后宫唐氏等殉，议及后。李贤曰：妃已幽废，况两女幼，尤可悯。帝乃已。"

从英宗以后，明代帝王不再有殉葬的定例，可是，在另一方面，自任为名教代表的仕宦阶级，却仍拥护节烈，提倡殉夫，死节，举一个例，黄宗羲《南雷文案·唐烈妇曹氏墓志铭》："烈妇曹氏年十九归同邑唐之坦，之坦疾革，谓其夫曰：君死我不独生……除夕得间，取其七尺之余布，自经夫柩之旁，年二十五，许邑侯诣庐祭之，聚观者数千人，莫不为叹息泣下。"

（原载《大公报·史地周刊》第十七期，1935年1月11日）

---

① 《朝鲜李朝世宗实录》卷二六。

明教与大明帝国

一、吴元年与明之国号

我国历史上之朝代称号，或从初起之地名，或因所封之爵邑，或追溯其所自始，要皆各有其独特之意义，清赵翼曾畅论之：

> 三代以下建国号者，多以国邑旧名：王莽建号曰新，亦以初封新都侯故也。公孙述建号成家，亦以据成都起事也。賨人李雄建号大成，盖亦袭述旧称也。金太祖始取义于金之坚固，遂不以国邑而以金为号（按《金志》太祖以国产金，且有金水源，故称大金）。然犹未用文义也。金末宣抚蒲鲜万奴据辽东，僭称天王，国号大真，始有以文义而为号者。元太祖本无国号，但称蒙古，如辽之称契丹也。世祖至元八年（公元1271）因刘秉忠奏，始建国号曰大元，取"大哉乾元"之意，国号取文义自此始。其诏有曰："诞膺景命，必有美名，唐之为言荡也，虞之为言乐也，……世降以还，事殊非古；称秦称汉者，著从初起之地名，曰隋曰唐者，即因所封之爵邑，是皆徇百姓见闻之狃习，要一时经制之权宜。今特建国号曰大元，取《易经》乾元之义"云。命世之君，创制显庸，必有以新一代之耳目，而不肯因袭前代，此其一端也。（《廿二史札记》卷二九《元建国始用文义》）

惟明太祖以至正二十七年（公元1367）称吴元年，次年即帝位，始定国号曰大明，纪元洪武。吴非国号，亦非年号。至大明则既非初起之地名，亦非所封之爵邑，亦非如后唐后汉之追溯其所自始，如以其文义"光明"言，亦无所归属。《明实录》、《明史》诸书记太祖即位诏书，仅著"定有天下之号曰大明"一语，明清两代学人著述，亦从未涉及"吴元年"及

"大明"一名词之意义者。①

按太祖起自红军，奉宋帝小明王韩林儿正朔。宋龙凤七年（公元1361，元至正二十一年）封吴国公②，十年进爵为吴王（《国初群雄事略》引《龙凤事迹》）。军中文移布告均称"皇帝圣旨吴王令旨"（《国初群雄事略》）。十二年弑宋帝，宋亡。是所谓吴元年者，如以为吴王受封之吴，则当为吴四年，如以为国号，则先此张士诚已据吴称吴王，且太祖时方遣将伐吴，不应踵袭敌国之称号。如以为纪元之称，则有史以来，从未有一字之年号！又其时天完吴夏汉诸国，国号纪元，皆粲然备具。太祖后起，且承宋后，为红军正统，不应既无国号，又无纪元，仅称无所指属之吴元年也。太祖幕中多儒生，不应瞢忽至此！颇疑太祖于杀韩林儿后，仍称宋国，仍奉龙凤十三年正朔。其称吴元年者，开国后讳其起于红军，更讳言臣于小明王，曾奉其正朔。遂于宋明之际，追改龙凤十三年为吴元年，以示其非承宋而起也。推度当时情事，应是如此。然明初史迹经《太祖实录》之三修，已湮没不可详，姑系臆说于此。

至"大明"之国号，则私见以为出于韩氏父子之"明王"，明王出于《大小明王出世经》。《大小明王出世经》为明教经典，明之国号实出于明教。明教自唐代输入，至南宋而益盛，穷流溯源，因并及之。明教又与出自佛教之弥勒佛传说及白莲社合，文中牵连述及，仅凭史书。至二教经典则以滇中无从得书，参合比较，请俟异日。所述明教唐宋二代史迹，大部分多从沙畹（E.Chavannes）《摩尼教流行中国考》（冯承钧译，商务印书馆版）、王国维先生《摩尼教流行中国考》（《海宁王静安先生遗书》册一一）、陈垣先生《摩尼教入中国考》（北京大学《国学季刊》一卷二

---

① 日人和田清君曾撰《关于明之国号》一文，刊《东洋学报》，滇中无从得此书，未能论列。

② 钱谦益《国初群雄事略》引俞本《皇明纪事录》，《明史·太祖纪》系称吴国公事于至正十六年。

号)、牟润孙先生《宋代摩尼教》(辅仁大学《辅仁学志》七卷一、二期)诸文引用,他山之助,谨申谢意。

二、明教

明教即摩尼教(Manichaeism),波斯人摩尼(Mani 公元216—277)所创。我国史籍中有称之为牟尼者,摩尼之异译也。有称之为末摩尼者,古波斯文(Pehlavi)mar mani 之译文,华言摩尼主也。有称之为末尼者,末摩尼之省文也(沙畹《摩尼教流行中国考》,8~9页)。其教杂糅祆教基督教佛教而成,主要经典有《二宗三际经》,二宗者明与暗也,明暗斗争,时有轩轾,明终克暗,至安乐处。法国巴黎图书馆藏《摩尼教残经出家仪》第六《初辩二宗》:

求出家者,须知明暗各宗,性情悬隔,若不辩识,何以修为?

三际者,过去未来现在也。同上《次明三际》:

一、初际;二、中际;三、后际。

初际者未有天地,但殊明暗,明性智慧,暗性愚痴,诸所动静,无不相背。

中际者,暗既侵明,恣情驰逐,明来入暗,委质推移,大患厌离于形体,火宅愿求于出离,劳身救性,圣教固然,即妄为真,孰闻听命?事须辩识,求解脱缘。

后际者,教化事毕,真妄归根,明既归于大明,暗亦归于积暗,二宗各复,两者交归。

初际明暗相背,中际明暗混糅,后际明暗划分。明为善,为理;暗则为恶,为欲。其神为明使,亦称明尊,即摩尼也。有净风善母二光明使。又以净气、妙风、妙明、妙水、妙火为五明使。北平图书馆藏《摩尼教残经》:

若有明使,出兴于世,教化众生,令脱诸苦。

又云：

> 其惠明使亦复如是，既入故城，坏惠敌已，当即分判明暗二力，不令杂乱。

又云：

> 《应轮经》云：若电郴勿（Denavari，玄奘《西域记》译作提那跋）等身具善法，光明父子及净法风，皆于身中每常游止。其明父者即是明界无上明尊，其明子者即是日月光明，净法风者即是惠明。

经述"明"以种种方法困"暗"，"暗"后以种种方法囚"明"。"明""暗"交争，一起一伏，最后明使为植十二明王宝树：

> 惠明相者，第一大王，二者智惠，三者常胜，四者欢喜，五者勤修，六者平等，七者信心，八者忍辱，九者直意，十者功德，十一者齐心一等，十二者内外俱明。如是十二光明大时，若入"相""心""念""思""意"等五种国土，一一孳蓬，无量光明，各各现果，亦复无量，其菓即于清静徒众而具显现。

此明教徒之十二美德也。每一树又有五记验，如第一大王树有五记验，一者不乐久住一处，二者不悭，三者贞洁，四者近智惠，五者常乐清静徒众。每一记验又各有定义，如不悭："所至之处，若得衬施，不私隐用，皆纳大众。"合十二树六十记验，教徒具备六十种美德，乃入光明极乐世界。明使讲经已，结云：

> 如是等名为十二明王宝树，我从常乐光明世界，为汝等故，持至于此。欲以此树栽于汝等清静众中，汝等上相善慧男女，当须各自于清净心中栽植此树，令更增长，犹如上好无砂卤地，种一收万，如是展转，至无量数。汝等今者欲成就无上大明清净果者，皆当庄严如宝树，令得具足。何以故？汝等善子，依此树果，得离四难，及诸有身，出离生死，究竟常胜，至安乐处。

又有《大小明王出世经》等经，释志磐《佛祖统纪》引《释门正统》：

准国朝（宋）法令，诸以《二宗经》及非《藏经》所载不根经文传习惑众者，以左道论罪。二宗者谓男女不嫁娶，互持不语，病不服药，死则裸葬等。不根经文者，谓《佛佛吐恋师》、《佛说啼哭》、《大小明王出世经》、《开元括地变文》、《齐天论五来子曲》之类。

《日光偈》、《月光偈》等偈，《宋会要·刑法门二上》：

明教之人所念经文，及绘画佛像，号曰《讫思经》、《证明经》、《太子下生经》、《父母经》、《图经》、《文缘经》、《七时偈》、《日光偈》、《月光偈》、《平文》、《策汉赞》、《策证明赞》，《广大忏》、《妙水佛帧》、《先意佛帧》、《夷数佛帧》、《善恶帧》、《太子帧》、《四天王帧》。已上等经佛号，即于道释经藏并无明文该载，皆是妄诞妖怪之言，多引尔时明尊之事，与道释经文不同。至于字音又难辨认，委是狂妄之人，伪造言辞，诳愚惑众，上僭天王太子之号。

其教仪节为经典所规定者为斋食。巴黎藏《摩尼教残经·寺宇仪》第五：

私室厨库，每日斋食，俨然待施。若无施者，乞丐以充。唯使听人，勿蓄奴婢及六畜等非法之具。

且日食一餐，日晚乃食（李肇《唐国史补》，《新唐书》卷二一七上）。北平图书馆藏《摩尼教残经》：

日一受食，不以为难。

不饮乳酪（李肇《唐国史补》，《新唐书》卷二一七上）。死则裸葬。巴黎藏《残经》：

□宿死尸，若有覆藏，还同破戒。

其僧侣有拂多诞，古波斯语Fur-sta-dan之译音也，华言"知教义者"。有慕阇，亦古波斯语Mozak之译音，华言"师"也。（沙畹《摩尼教流行中国考》）

三、明教与回鹘

明教经典之输入我国，始于唐武后延载元年（公元694）。志磐《佛祖统纪》卷三十九：

> 延载元年，"波斯国人拂多诞（西海大秦国人）持《二宗》为经来朝。未四十年而遭禁断。"

杜佑《通典》卷四十：

> 开元二十年（公元732）七月敕："末摩尼法本是邪见，妄称佛教，诳惑黎元，宜严加禁断。以其西胡等既是乡法，当身自行，不须科断者。"

至肃宗宝应元年（公元762）回鹘入唐，击史朝义于洛阳，次年携居留洛阳之摩尼师归国，明教遂入回鹘，为其朝野所信奉。据《九姓回鹘爱登里啰汨没密施合毗伽可汗圣神文武碑》（李文田《和林金石录》，《灵鹣阁丛书》本）：

> 师将睿思等四僧入国，阐指二祀，洞澈三际。况法师妙达明门，精研七部，才高海岳，辩若悬河，故能开政教于回鹘。（第八行）

> 今悔前非，愿归正教。奉旨宣示，此法微妙，难可受持，再三恳□，往者无识，谓鬼为佛，今已误真，不可复事。特望□□，□□□□，既有志诚，任即持受。应有刻画魔形，悉令焚爇，祈神拜鬼，并□□（第九行）

> □受明教，薰血异俗，化为茹饭之乡，宰杀邦家，变为劝善之国。故□□之在人，上行下效，法王闻受正教，深赞处□□□□□德领诸僧尼入国阐扬，□后慕阐徒众，东西循环，往来教化。（第十行）

碑立于宪宗元和九年（公元814），已有明教明门之称。尤可注意者为明教徒不奉像设，不事鬼神，斋食禁杀三事。

明教入回鹘后，其徒清修苦行，回鹘可汗或与议国事（李肇《唐国史

补》下,《唐书·回鹘传》,《资治通鉴》卷二三七)。以回鹘可汗之护持,遂要求唐室为其建寺:

> 回鹘可汗王令明教僧进法入唐。大历三年(公元768)六月二十九日敕赐回鹘摩尼为之置寺,赐额为大云光明。六年正月敕赐荆洪越等州,各置大云光明寺一所。(胡三省《通鉴》注引《唐会要》卷一九)

北则两都太原,南则荆扬洪越等州,当时重镇,无不有明教徒之祠宇(《佛祖统纪》卷四一,赞宁《僧史略》下,《旧唐书》卷一四,《册府元龟》卷九九九)。其徒白衣白冠(《佛祖统纪》卷四一),日晚乃食,饮水而不茹荤,不饮乳酪(李肇《唐国史补》下)。其徒有解天文者(《册府元龟》卷九九七),有擅求雨之术者(《唐会要》卷四九),有善作法劾鬼者。(徐铉《稽神录》)

明教在唐之得势,以有回鹘护法故,唐室羁縻回鹘,遂不得不优待明教。至开成会昌间(公元840至843)回鹘为黠戛斯(Kirghiz)所残破。会昌二年(公元842)遂敕权停江淮诸摩尼寺,只令于两都及太原信向处行教(李德裕《会昌一品集》卷五《赐回鹘可汗书》)。时回鹘复屡入寇掠,三年遂诏讨回鹘,大破之。李德裕《讨回鹘制》:

> 其回鹘既已破灭,义在剪除,宜令诸道兵马,并同进讨。……其回鹘及摩尼等庄宅钱物,并委功德使与御史台京兆府各差精强干事官点检收录。……摩尼等僧委中书门下即时条疏闻奏。

明教至此,遂全遭禁断。《新唐书》卷二一七下:

> 诏回鹘营功德使(摩尼),在二京者悉冠带之。有司收摩尼书若象,烧于道,产赀入之官。

明教徒则被屠杀,日本僧圆仁记:

> 会昌三年四月中旬敕,下令杀天下摩尼师,剃发令著袈裟作沙门形而杀之。(《入唐求法巡礼行记》卷三)

宋僧赞宁亦记:

会昌三年，敕天下摩尼寺并废入官。京城女摩尼十二人皆死。及在此国回纥诸摩尼等配流诸道，死者大半。（赞宁《僧史略》卷下）

四、明教之传播上

自唐会昌禁黜后，明教遂成为秘密结社，攀附佛道，以图幸存。教旨既晦，名谓亦更。至梁末帝贞明时遂有上乘宗之起事。其教不食荤茹，宵聚昼散：

贞明六年（公元920）"冬十月陈州妖贼母乙董乙伏诛。陈州里俗之人喜习左道，依浮屠氏之教，自立一宗，号曰上乘。不食荤茹，诱化庸民，揉杂淫秽，宵聚昼散。州县因循，遂致滋蔓。……群贼乃立母乙为天子，其余豪首，各有署置。至是发禁军及数郡兵合势追击。贼溃，生擒母乙等首领八十余人，械送阙下，并斩于都市。"（《旧五代史·梁书·末帝纪》）

据《佛祖统纪》，上乘宗盖即明教。志磐记：

梁贞明六年，陈州末尼聚众反，立母乙为天子。朝廷发兵擒母乙斩之。其徒以不茹荤饮酒，夜聚淫秽，画魔王踞坐，佛为洗足，方佛是大乘，我法乃上之乘。

按南北朝隋唐间三阶教流播颇广，其教有上上乘上乘之说，开元二十年与明教同时遭禁。母乙之反自称上乘宗，而志磐则以为是明教，则当唐末五代时，明教已与三阶教混合矣。①此所记陈州末尼所奉为魔王，又素食。魔王盖即摩尼，以明教有明王出世之说，而摩尼又称明使也。明教不事神鬼，其所供奉摩尼夷数（耶稣）诸画像，均为波斯或犹太族，深目高鼻。其教又为历来政府及佛徒所深嫉，佛徒每斥异己者为魔，易摩为魔，

---

① 此承向觉明先生教。三阶教日人矢吹庆辉著有《三阶教之研究》。

斥为魔王，为魔教，合其斋食而呼之，则为吃菜事魔。

陈州起事失败后不久，至后唐石晋时明教又潜兴布教，赞宁《僧史略》下：

> 梁贞明六年，陈州末尼党类立母乙为天子，累讨未平，及贞明中诛斩方尽。后唐石晋时复潜兴，推一人为主，百事禀从。或画一魔王踞坐，佛为其洗足，盖影佛教所谓相似道也。

复南播而至闽，徐铉《稽神录》曾记明教徒在闽活动之情形：

> 清源都将杨某为本郡防遏营副将。有人见一鹅负纸钱入其第，俄化为双髻白发老翁，变怪遂作。二女惊病，召巫立坛治之；鬼亦立坛作法，愈甚于巫；巫惧而去。后有善作魔法者，名曰明教，请为持经一宿，鬼乃唾骂而去。

清源即泉州。据明人何乔远所记，以明教入闽者为呼禄法师：

> 会昌中汰僧，明教在汰中。有呼禄法师者，来入福唐，授侣三山，游方泉郡，卒葬郡北山下。（《闽书》卷七《方域志》）

至宋真宗大中祥符间（公元1008至1016）敕编《道藏》，明教徒闽富人林世长遂赂主者，以《二宗三际经》编入（《佛祖统纪》引洪迈《夷坚志》）。张君房《云笈七签》序：

> 臣于时尽得所降《道书》。……及朝廷续降到福建等州道书明使《摩尼经》等，与道士商校异同，铨次成藏，都四千五百六十五卷，题曰《大宋天宫宝藏》。天禧三年（公元1019）春写进之。

自此闽南遂成明教最重要之教区，洪迈《夷坚志》：

> 吃菜事魔，三山尤炽。为首者紫帽宽衫。妇人黑冠、白服，称为明教会。所事佛衣白，引经中所谓白佛，言世尊，取《金刚经》一佛二佛三四五佛，以为第五佛。又名末摩尼，采《化胡经》乘自然光明道气，飞入西那玉界苏邻国中，降诞王宫为太子，出家称末摩尼，以自表证。其经名《二宗三际》，二宗者明与暗也，三际者过去未来现在

也。大中祥符兴《道藏》，富人林世长赂主者，使编入藏，安于亳州明道宫。……其修持者，正午一食，裸尸以葬，以七时作礼，盖黄巾之遗习也。(《佛祖统纪》引)

陆游记其习尚，谓烧必乳香，食必红蕈，士人宗子，亦从之游云：

> 闽中有习左道者，谓之明教。亦有《明教经》甚多，刻板摹印，妄取《道藏》中校定官衔赘其后。烧必乳香，食必红蕈，故二物皆翔贵。至有士人宗子辈众中自言，今日赴明教会。予尝诘之："此魔也，奈何与之游？"则对曰："不然。男女无别者为魔，男女不亲授者为明教。明教遇妇人所作食则不食。"然尝得所谓明教经观之，诞谩无可取，直俚俗习妖妄者所为耳。又或指名族士大夫家曰，此亦明教也。不知信否？(《老学庵笔记》)

复由闽入浙，据《宋会要》所记，北宋末年，温州一地，即有明教斋堂四十余处：

> 政和四年（公元1114）十一月四日，"臣僚言：'温州等处狂悖之人，自称明教，号为行者。今来明教行者各于所居乡村，建立屋宇，号为斋堂。如温州共有四十余处，并是私建无名额堂。每年正月内取历中密日，聚集侍者、听者、姑婆、斋姊等人建设道场，鼓扇愚民男女，夜聚晓散。'奉御笔，仰所在官司根究指实，将斋堂等一切拆毁。所犯为首之人依条施行外，严立赏格，许人陈告。今后更有似此去处，州县官并行停废，以违御笔论。廉访使者失觉察，监司失按劾与同罪。"(《宋会要稿·刑法二上》79页)

其长老名行者，徒众则有侍者、听者、姑婆、斋姊等。恪遵明教规律，于密日（日曜日，康居语［Sogdian］Mir之译音）持斋（沙畹《摩尼教流行中国考》16页）。至南宋初期，已遍播于淮南两浙江东江西福建东南一带，因地异名。孝宗乾道二年（公元1166）陆游《条对状》云：

> 自古盗贼之兴，若止因水旱饥馑，迫于寒饿，啸聚攻劫，则措置

有方，便可抚定，必不能大为朝廷之忧。惟是妖幻邪人，平时诳惑良民，结连素定，待时而发，则其为害，未易可测。伏缘此色人处处皆有，淮南谓之二袷子，两浙谓之牟尼教，江东谓之四果，江西谓之金刚禅，福建谓之明教、揭谛斋之类。名号不一，明教尤甚。至有秀才吏人军兵亦相传习，其神号曰明使，又有肉佛、骨佛、血佛等号，白衣乌帽，所在成社。伪经妖像，至于刻板流布。假借政和中道官程若清等为校勘，福州知州黄裳为监雕，以祭祖考为引鬼，永绝血食。以溺为法水，用以沐浴。其他妖滥，未易概举。烧乳香则乳香为之贵，食菌蕈则菌蕈为之贵。更相结习，有同胶漆。万一窃发，可为寒心。汉之张角，晋之孙恩，近岁之方腊，皆是类也。伏乞朝廷戒敕监司守臣，常切觉察，有犯于有司者，必正典刑，毋得以习不根经教之文，例行阔略。仍多张晓示，见今传习者，限一月听斋经像衣帽，赴官自首，与原其罪。限满重立赏，许人告捕。其经文印版令州县根寻，日下焚毁。仍立法，凡为人图画妖像，及传写刊印明教等妖妄经文者，并从徒一年论罪。庶可除消异时窃发之患。（《渭南文集》卷五）

二袷子即二祀或二宗也。金刚禅则以明教徒亦诵持《金刚经》名，揭谛斋则以明教徒斋食之故。惟四果为佛教之白云宗，非明教。白云宗、白莲社与明教至宋后期及元代，已混杂不清，据陆游所言，则在南宋初期，已开始合流矣。

五、明教之传播中

明教传播既遍东南，为避免政府之禁令，每与其他秘密会社合，而因地异名，不可究诘。政府则统谓之为左道、妖贼、妖教，或举其特点为吃菜事魔，为吃菜。当时明教之组织、习尚、教规、仪式，屡见于反对明教之政府人士记载中。如结党，火葬，廖刚《乞禁妖教劄子》：

> 今之吃菜事魔，传习妖教，……臣访闻两浙江东西此风方炽，创自一人，其从至于千百为群，阴结死党。犯罪则人出千钱或五百行赇。死则入执柴烧变，不用棺椁衣衾，无复丧葬祭祀之事，一切务灭人道。（《高峰先生文集》卷二）

斋食、清修，方勺记：

> 凡魔拜必北向。……原其平时不饮酒食肉，甘枯槁，趋静默，若有志于为善者。然男女无别，不事耕织，衣食无所得，则务攘夺以挺乱。（《泊宅编》卷五）

不事神佛祖先，不会宾客，裸葬，诵《金刚经》，拜日月，旦望烧香，庄季裕记：

> 事魔食菜，法禁甚严。有犯者家人虽不知情，亦流于远方，以财产半给于告人，余皆没官。而近时事者益众。云自福建流至温州，遂及二浙。……闻其法断荤酒，不事神佛祖先，不会宾客。死则裸葬。方敛尽饰衣冠，其徒使二人坐于尸旁，其一问来时有冠否？则答曰无，遂去其冠。逐一去之，以至于尽。乃云来时何有？曰有胞衣，则以布囊盛尸焉。云事之后致富。小人无识，不知绝酒肉燕祭厚葬，自能积财焉。又始投其党有甚贫者，众率财以助，积微以至于小康矣。凡出入经过虽不识，党人皆馆谷焉。人物用之无间，谓为一家，故有无碍被之说，以是诱惑其众。其魁谓之魔王，佐者谓之魔翁魔母，各诱化人。旦望人出四十九钱于魔翁处烧香，翁母则聚所得缗钱，以时纳于魔王，岁获不赀云。亦诵《金刚经》，取以色见我为邪道，故不事神佛，但拜日月，以为真佛。其说经如是法平等无有高下，则以无字连上句，大抵多如此解释。……而又谓人生为苦，若杀之是救其苦也，谓之度人，度多者则可以成佛。故结集既众，乘乱而起，甘嗜杀人，最为大患。尤憎忌释氏，盖以戒杀与之为戾耳。（《鸡肋编》中）

由此知明教徒信奉其教规律至严，历唐宋二代数百年仍无改其教旨也。所记馆谷党人，用恤贫难，与明教戒悭之旨合。朔望出钱烧香，有类于今日党社之社费。魔王为摩尼化身，魔翁魔母则又明教之明父善母也。至所云度人之说，则显与明教戒杀之旨忤。前所引《九姓回鹘可汗碑》："薰血异俗，化为茹饭之乡，宰杀邦家，变为劝善之国。"可证也。按北魏时有大乘教，主杀人，杀一人者为一住菩萨，杀十人者为十住菩萨，《资治通鉴》卷一百四十八：

> 延昌四年（公元515）六月，"魏冀州沙门法庆惑众以妖幻，与渤海人李归伯作乱，推法庆为主。法庆以归伯为十住菩萨平魔军司定汉王。自号大乘。（《魏书》法庆以杀一人者为一住菩萨，杀十人者为十住菩萨。）又合狂药，令人服之，父子兄弟不复相识，唯以杀害为事。……所在毁寺舍，斩僧尼，烧经像，云新佛出世，除去众魔。"

则秘密宗教中原有度人一派邪教，庄季裕为宋绍兴时人，身经方腊、余五婆之起事，或者尔时教禁方严，教外人不明底蕴，误信官方指摘之文告，遂笔之于书也。至明教徒之组织及背景，则绍兴四年（公元1134）五月，起居舍人王居正曾备述之，居正奏：

> 伏见两浙州县有吃菜事魔之俗。方腊以前，法禁尚宽，而事魔之俗犹未至于甚炽。方腊之后，法禁愈严，而事魔之俗愈不可胜禁。……臣闻事魔者，每乡每村有一二桀黠，谓之魔头，尽录其乡村姓氏名字，相与诅盟为魔之党。凡事魔者不肉食。而一家有事，同党之人皆出力以相赈恤。盖不肉食则费省，费省故易足。同党则相亲，相亲故亲恤而事易济。臣以为此先王导其民使相亲相友相助之意。而甘淡薄，务节俭，有古淳朴之风。今民之师帅，既不能以是为政，乃为魔头者窃取以蛊惑其党，使皆归德于其魔，于是从而附益之以邪僻害教之说。民愚无知，谓吾从魔之言，事魔之道而食易足，事易济也，故以魔头之说为皆可信而争趋归之。此所以法禁愈严而愈不可胜禁。（李心传《建炎以来系年要录》卷七六）

明教互助合作之精神，淳朴节俭之生活，虽其抨击者亦赞叹言之。然在朝廷行之则为王道，在民间倡之则为叛逆。究之法禁愈严而明教之传播愈广，朝廷既不能以是为政，而又深嫉仁政之出于民间，惧移鼎祚。于是从而压制之，强民之就苛政。不听则以兵力剿平之，血流漂杵而明教之传播如故。此读史论今者之不能不深致慨也。佛徒嫉明教最甚，然于其戒律之恪守，则亦叹美无贬辞。《释门正统斥伪志》序：

> 原其滥觞，亦别无他法，但以不茹荤酒为尚。其渠魁者鼓动流俗，以香为信，规其利养，昼寝夜兴，无所不至。阴相交结，称善友。一旦郡邑少隙，则狠者凭愚以作乱，自取诛戮，方腊、吕昂之辈啸聚者是也。其说亦称不立文字，尝曰：天下禅人但传卢行者十二部假禅，若吾徒者即是真禅耳。乃云菩提子，达摩，心地种，透灵台，即其语也。人或质之，则曰不容声也。果容声则吾父母妻子兄弟先得矣。或有问焉，终何所归？则曰不升天，不入地，不成佛，不涉余途，直过之也。以此自陷，亦以陷人。此所谓事魔妖教也。如此魔教愚民皆乐为之。其徒以不杀不饮不荤辛为至严，沙门有行为不谨，反遭其讥，出家守法，可不自勉。（《佛祖统纪》卷三九引）

则在南宋后期，明教且合于禅宗，自以为真禅矣。上文引《摩尼教残经》有明使种十二明王宝树之说，与菩提子达摩栽之禅宗传说极近似，宋儒多引禅宗以讲学，明教则遂与之合矣。

六、明教之传播下

明教在北宋末南宋前期，流行于淮南两浙江东江西福建诸地，深入农村。农民入其教者，一因素食节用而食足；一因结党互助而事济，向之受官吏地主压迫剥削者，均得借入教而得荫庇。信仰既深，蟠结愈固，在平时安居乐业，固皆良民，一旦政府诛求过甚，揭竿而起，立成劲旅，成为农民暴动农民革命之核心力量。

宋代明教徒所领导之暴动，恰与其传教地域合，前仆后起，历久勿衰。其著者如北宋徽宋宣和二年（公元1120）方腊吕师囊起于睦州台州（方勺《泊宅编》，《宋史·童贯传》附《方腊传》）。南宋高宗建炎四年（公元1130）王念经（宗石）起于信州（《建炎以来系年要录》卷三二—三六）。绍兴三年（公元1133）余五婆起事于衢州（同上书卷六三，庄季裕《鸡肋编》中）。十年东阳县"魔贼"起事（《建炎以来系年要录》卷一三八）。十四年俞一起事于径县（同上书卷一五一），二十年信州贵溪"魔贼"起事（同上书卷一七六）。理宗绍定六年（公元1233）陈三枪张魔王据松梓山，出没江西广东，跨三路数州六十寨。（《宋史》卷四一九《陈韡传》）

方腊之起事，以红巾为识，《泊宅编》记：

> 腊自号圣公，改元永乐。置偏裨将，以巾色饰为别，自红巾而上凡六等。无甲胄，惟以鬼神诡秘事相扇诱。

余五婆之起事，其徒亦衣赭服，《鸡肋编》中：

> （绍兴）三年，偶邑人以私怨告众事魔，有白马洞缪罗者杀保正，怒其乞取。其弟四六辄衣赭服，传宣喧动，乃遣官兵往捕，一方被害。

明教徒以明使为白佛，故其徒白衣白冠。至宋南渡前后，又有尚红色紫色之新风气。洪迈所记三山明教徒为首者紫帽宽衫，及方腊余五婆之红巾赭服是也。此种变化，或与祆教佛教有关，以明教原系杂糅祆教佛教而成，祆教之火神色尚红，而佛教净土宗之阿弥陀佛又属红色之故也。白莲社奉阿弥陀佛，明教与白莲社之混合或早在北宋已开其端，故明教徒党又以红色为其举事之标识也（沙畹《摩尼教流行中国考》73页）。方腊之起事，其徒又佩明镜，楼钥《跋先大父（异）徽猷阁直学士诰》，记其祖楼异守处州日，方腊徒党以舟师进犯情形：

少随侍处州。闻其来处也,止以数舟载百余人,绛帛帕首,带镜于上,日光照耀,自龙泉山间,乱鸣钲鼓,顺流而下。(《攻媿集》卷七三)

各地起义行动虽均被政府军所镇压,然明教之流行固自若也。且其势力更进而渗入军伍。李心传记:

绍兴十五年(公元1145)二月庚辰,上曰:"闻军士亦有吃菜者,此曹多素食,则俸给有余,恐骄怠之心易生,可谕诸统兵官严行禁饬。"(《建炎以来系年要录》卷一五三)

军士吃菜,事至寻常,何至劳皇帝注意?因素食而俸给有余,正应奖励之不暇,何至严行禁饬?盖此吃菜实加入明教之别名,而又不欲显言其为明教,惧失军心,故隐约言之耳。越十一年而有朝绅吃菜之狱,则朝野士大夫亦有皈依明教者矣。李心传又记:

绍兴二十三年(公元1153)十月庚申,太府寺丞兼权刑部员外郎史祺孙令吏部差监临江军新淦县酒税。时武臣孙士道等习幻怪之术,而朝士或与之游。祺孙至执弟子礼。大理正石邦哲、谢邦彦皆从之。侍御史魏师逊奏祺孙伤俗败教。上曰:"士大夫学先王之道,乃从妄人习妖怪之术,以欺愚惑众,若不罢斥,无以戒后人。"乃有是命。时士道已系狱,于是邦哲、邦彦皆坐免官。(同上书卷一六五)

此记朝官史祺孙、石邦哲、谢邦彦从孙士道执弟子礼,习妖怪之术,伤俗败教。曰妄人,曰妖术,究不知其何教何术,记录不明。越三年邦哲、邦彦再被论罢,始知前后二贬,皆与明教有关,案中诸人皆明教徒也:

绍兴二十六年四月己卯,左朝请郎两浙西路提点刑狱公事谢邦彦、大理寺丞石邦哲、右通直郎提举两浙西路常平茶盐公事司马倬,并罢。先是平江土居右朝散郎曹云召邦彦、倬于其家,与之蔬食。侍御史汤鹏举论云平江大侩,以卖卜为业,交结士大夫,遂得一官。邦彦邦哲顷与妖人交游,论列放罢,因钟世明荐于魏良臣,复得起用,尚不知自新，倬与王会、曹云为死党。今又赴云吃菜之会，闻坐间设出山佛相，邦彦为师，云为弟子，事实怪诞，臣安得不论。乃并罢之，仍移云郴州居住。（《建炎以来系年要录》卷一七三）

至宁宗时，沈继祖弹朱熹，亦加以吃菜事魔之罪，叶绍翁记：

庆元三年（公元1197）春二月癸丑，省劄："臣窃见朝奉大夫秘阁修撰提举鸿庆宫朱熹，……剽张载程颐之余论，寓以吃菜事魔之妖术，以簧鼓后进，收召四方无行义之徒，以益其党伍，相与飧粗食淡，衣襃带博，……潜形匿影，如鬼如魅。"（《四朝见闻》丁集）

朱熹居山中，食惟脱粟饭。（《宋史》卷三九四《胡纮传》）其刻苦节约类明教徒。其所言理欲二元论又与明教之二宗说，明与暗，善与恶之斗争近。故当时抨击道学者，持以为中伤之柄。道学遭禁，朝廷欲驱斥儒者，则指为道学。明教久已遭禁，时人欲中伤异己，亦指为吃菜或事魔。林栗论熹，太常博士叶适独上《对事》辩之曰：

近忽创为道学之目，郑丙唱之，陈贾和之，居要路者密相付授，见士大夫有稍务洁修，粗能操守，辄以道学之名归之，殆如吃菜事魔影迹犯败之类。（《宋史》卷三九四《林栗传》）

由此可知庆元党禁正密时，明教所处之地位，以及明教与道学之关系。当时政府对明教之禁令极严，《宋会要稿·刑法门》记绍兴敕：

吃菜事魔，或夜聚晓散，传习妖教者绞；从者配三千里；妇人千里编管。托幻变术者减一等，皆配千里；妇人五百里编管。情涉不顺者绞。以上不以赦降原减。情重者奏裁。非传习妖教，流三千里。许人捕至死。财产备赏，有余没官。其本非徒侣而被诳诱，不曾传授他人者减二等。

明教徒因再改名称，或与他教合，以逃避法律制裁。温台等处或名白衣礼佛会及假天兵号迎神会，千百成群，夜聚晓散（《宋会要稿·刑法》二上111页）。宁宗开禧三年（公元1207）李谦任台州守，著戒事魔诗十首，刻石传布，以劝郡人（《嘉定赤城志》卷三七《风土门》）。至嘉定二年（公元1209）江浙闽等地有所谓"道民"，"白衣道者"，"女道"，看经念佛，烧香燃灯，私置庵寮，混杂男女，亦明教也（《宋会要稿·刑法》二下120、132、136页）。降至元代，亦被禁斥，《元史·刑法志》：

> 诸以白衣善友为名，聚众结社者，禁之。

然福建泉州府晋江县有祀摩尼佛之草庵，元代所建也，至万历时犹存。（何乔远《闽书》七《方域志》）

七、弥勒佛白莲社与明教

秘密宗教之传播，因受统治阶级压迫故，最易与其他秘密会社结合，如江河之赴海，汇为一体。明教在会昌禁断后，已合于佛，已混于道，又与出自佛教之大乘教、三阶教合。至北宋末又与出自佛教净土宗之白莲社合，与出自佛教净土宗之弥勒佛教合。（或更前，今未能定。）至元末遂有红军之全面起义。

弥勒教与白莲社，其源均出于佛教净土宗。我国净土之教大别有二：一弥勒净土，奉弥勒佛；二阿弥陀净土，奉阿弥陀佛。弥勒（Maitna-ya）受记于释迦，留住为世间决疑。佛教徒又相传"弥勒菩萨应三十劫当成无上正真等觉"（《增一阿含》第四十二品八难品八大人念经）。佛薄伽梵（Buddha Bhagavat）灭度后八百年、胜军王都有阿罗汉名难提蜜多罗（Nandimitra）在涅槃前预言：人寿七万岁时，十六阿罗汉既护法藏毕，造窣堵波（Stupa）赞叹已，至窣堵波金地之中，入般涅槃，释迦牟尼正法遂灭：

> 次后弥勒如来应正等觉出现世间时，瞻部洲（Jambudirpa）广博严净，无诸荆棘，溪谷堆阜，平正润泽，金沙覆地，处处皆有清池茂林，名华瑞草，及众宝聚，更相辉映，甚可爱乐。人皆慈心，修行十

善,以修善故,寿命长远,丰乐安稳。士女殷稠,城邑邻次,鸡飞相及。所营农稼,一营七获,自然成实,不须耘耨。(《大阿罗汉难提蜜多罗所说法注记》)

瞻部洲佛教徒以之指中国。南北朝初叶时已流传佛教已入末法时代之说,三阶教徒尤持此说甚力(汤用彤《汉魏两晋南北朝佛教史》817页《三阶教之发生》)。佛涅槃后,世界立入苦境,一切恶趣,次第显现。至弥勒现世后,则立成极乐世界,广博严净,丰乐安稳。此与明教之二宗说,明暗斗争,善恶斗争之说比,恰相吻合,则二教之混合,实非偶然也。弥勒经典之迻译盛于两晋,礼拜信仰,无间僧俗。南北朝时佛教造像最多者为弥勒及阿弥陀佛。晋释道安(公元112至185)与其徒八人于弥勒前立誓,往生兜率(慧皎《高僧传·道安传》)。至梁傅大士自称为弥勒降生,济度群生。梁武帝迎之入都,上殿讲论,待以殊礼(道宣《续高僧传·感通门》)。至隋炀帝时遂有自称弥勒佛,入宫为乱者,《隋书·炀帝纪》:

大业六年(公元610)春正月癸亥朔旦,有盗数十人,皆素冠练衣,焚香持华,自称弥勒佛,入自建国门,监门者皆稽首。既而夺卫士仗,将为乱,齐王暕遇而斩之。于是都下大索,与相连坐者千余家。

《隋书·五行志》:

大业"九年,帝在高阳。唐县人宋子贤善为幻术,每夜楼上有光明,能变作佛形,自称弥勒出世。又悬大镜于堂上,纸素上画为蛇为兽及人形。有人来礼谒者,辄侧其镜,遣观来生形象。或映见纸上蛇形,子贤辄告云:'此罪业也,当更礼念。'又令礼谒,乃转人形示之。远近惑信,日数百千人。遂潜谋作乱,将为无遮佛会,因举兵,欲袭击乘舆。事泄,鹰扬郎将以兵捕之,夜至其所,达其所居,但见火坑,兵不敢进。郎将曰:'此地素无坑,此妖妄耳。及进,无复火矣。'遂擒斩之,并坐其党与千余家。其后复有桑门向海明于扶风自称弥勒佛出世，潜谋逆乱，人有归心者辄获吉梦。由是人皆惑之，三辅之士翕然称为大圣，因举兵反，众至数万，官军击破之。"（《隋书》卷二三）

奉弥勒佛者皆素冠练衣，知弥勒佛亦当衣白。先是隋初已有白衣天子之谣，温大雅《大唐创业起居注》一：

> 开皇（公元581至600）初，太原童谣云："法律存，道德在，白旗天子出东海。"亦云白衣天子。故隋主恒服白衣，每向江都，拟于东海。

或即奉弥勒佛者所造作宣传，为后来举事地步，故越二十余年而有建国门之事也。至唐玄宗开元三年（公元715）十一月十七日遂下敕禁断，敕云：

> 比有白衣长发，假托弥勒下生，因为妖讹，广集徒侣，释解禅观，妄说灾祥。或别作小经，诈云佛说。或辄畜弟子，号为和尚。多不婚娶，眩惑闾阎，触类实繁，蠹政为甚。（《唐大诏令集》卷一一三）

事在明教遭禁之前十七年。由上引数事知弥勒和尚白冠练衣，与明教徒之白衣白冠同，亦焚香，亦说灾祥，亦有小经，亦集徒侣，与后起之明教盖无不相类。至唐末河西一带"白衣为主"之谣又甚盛，敦煌本《手决》备记其事。后来张承奉自号为金山白衣天子，即欲应此谶也。①至北宋仁宗庆历七年（公元1047）贝州（今河北清河）宣毅军小校王则又倡弥勒出世，杀官吏据城起事，《宋史》记：

> 恩（贝州）冀俗妖幻，相与习《五龙》、《滴泪》等经，及图谶诸书，言释迦佛衰，弥勒佛当持世。初则去涿，母与之诀别，刺福字于其背以为记。妖人因妄传字隐起，争信事之。……亟以七年冬至叛。……僭号东平郡王。……建国曰安阳，榜所居门曰中京，居室厩

---

① 《北平图书馆刊》九卷六号王重民《金山国坠事零拾》，此亦承向觉明先生教。

库，皆立名号。改年日得圣，以十二月为正月。……旗帜号令，率以佛为称。（《宋史》卷二九二《明镐传》，李攸《宋朝事实》卷一六）

《五龙经》、《滴泪经》即唐开元敕所云小经。小经者对佛教弥勒净土经典言，或即明教之《五末子曲佛说啼哭经》，或宋法令所指不根经文。《五末子曲佛说啼哭经》原属弥勒小经，以二教合流，故遂指为明教经典也。

白莲社源出于佛教之阿弥陀净土宗，其历史可远溯至东晋庐山慧远之莲社，其所崇礼者为阿弥陀佛，主念佛修行，其最后之归宿为西方净土。慧远尊信弥陀，于晋安帝元兴元年（公元402）与同志百二十三人于阿弥陀像前，建斋立誓，期生净土（《高僧传·慧远传》）。云生无量寿国，宝幢为之前导，金莲为之受质（《宋戒珠净土往生传序》）。或云弥陀佛国以莲花九品次第接人（宋道诚《释氏要览》卷一）。阿弥陀佛色红，明教初起已含有祆教教义，祆教大神色尚红。弥陀净土宗为隋唐以来之显教，则明教遭禁后，混入显教以托庇，亦意中事也。宋宁宗开禧时李谦所著《戒事魔诗》十首，其一云：

> 金针引透白莲池，此语欺人亦自欺，何似田桑家五亩，鸡豚犬豕勿违时。（《嘉定赤城志》卷三七）

西方净土白莲池为白莲教徒所憧憬之往生地，诗劝民勿信明教而涉及白莲池，则明教之久已合于白莲社可知。《佛祖统纪》于卷末述事魔邪党摩尼、白莲、白云三派下，注引《释门正统》：

> 良渚曰："此三者皆假名佛教以诳愚俗，犹五行之有沴气也。今摩尼尚扇于三山，而白莲、白云处处有习之者。大抵不事荤酒故易于裕足，而不杀物命，故近于为善。愚民无知，皆乐趋之，故其党不劝而自盛。甚至第宅姬女，为魔女所诱，入其众中，以修忏念弥佛为名，而实通奸秽，有识士夫，宜加禁止。"

由此知三派佛教徒并斥为事魔邪党。不事荤酒，不杀物命，修忏念佛，均托于佛教，则三派之混合已久可知。至元代对宗教采放任政策，白莲社亦得公开传教。元成宗时（公元1295至1307）并曾特降旨许其受政府保护。其教徒并建有寺院，有报恩堂、清应堂、复一堂诸祠宇，以都掌教为首领（《元典章》卷三三《礼部六·白莲教》）。武宗至大元年（公元1308年）五月丙子，下诏禁白莲社，毁其祠宇，以其人还隶民籍（《元史》卷二二《武宗纪》）。英宗至治二年（公元1322）又下诏禁白莲佛事（同上书卷二八《英宗纪》）。自此白莲社遂成秘密团体，不能公开活动。

八、弥勒降生，明王出世

白莲社遭禁后十七年，民间又流行"弥勒降生"之传说，《元史》记：

> 泰定二年（公元1325）六月，"息州民赵丑厮、郭菩萨妖言弥勒佛当有天下，有司以闻。命宗正府刑部枢密院御史台及河南行省官杂鞫之。"（同上书卷二九《泰定帝纪》）

后赵丑厮、郭菩萨均被杀（《新元史》卷一九《泰定帝纪》）。息州今河南息县。十二年后棒胡又以弥勒为号召，起事于信阳。《元史》记：

> 至元三年（公元1337）二月，"棒胡反于汝宁信阳州。棒胡本陈州人，名闰儿，以烧香惑众，妄造妖言，作乱，破归德府鹿邑，焚陈州，屯营于杏冈。命河南行省左丞庆童领兵讨之。……己丑汝宁献所获棒胡弥勒佛小旗、伪宣敕并紫金印、量天尺。"（《元史》卷三九《顺帝纪》）

信阳今河南信阳。棒胡为陈州人，盖即后梁贞明时明教徒母乙董乙之乡里。二次起事前后相距四百余年，在同一地区，此中亦不无线索可寻也。同年朱光卿等起事于广东，自拜其徒为定光佛：

> 正月癸卯，广州增城县民朱光卿反，其党石昆山、钟大明率众从之，伪称大金国，改元赤符。命指挥狗札里江西行省左丞沙的讨

之。……四月……己亥惠州归善县民聂秀卿、谭景山等造军器，拜戴甲为定光佛，与朱光卿相结为乱。命江西行省左丞沙的捕之。（《元史》卷三九《顺帝纪》）

次年四月袁州（今江西宜春）民周子旺起义。据《明太祖实录》卷八：

> 庚子（至正二十年，公元1360）闰五月"戊午……初袁州慈化寺僧彭莹玉以妖术惑众，其徒周子旺因聚众欲作乱。事觉，元江西行省发兵捕诛子旺等。莹玉走至淮西匿民家，捕不获。既而麻城人邹普胜复以其术鼓妖言，谓弥勒佛下生，当为世主，遂起兵为乱。以（徐）寿辉相貌异众，乃推以为主，举红巾为号。"

彭莹玉为袁州僧，赣、饶、信一带盖南宋初明教徒屡次发难之根据地也。莹玉为西系红军之组织者及领导者，初命周子旺举事失败，亡命十数年，卒得邹普胜、徐寿辉等为徒侣，拥之起事。时人记蕲、黄红军，多属之彭和尚，如叶子奇云：

> 至正壬辰癸巳（公元1352—1353）间，浙江潮不波，其时彭和尚以妖术为乱，陷饶信杭徽等州。未几克复，又为张九四（士诚）所据。浙西不复再为元有。（《草木子》卷三《克谨篇》）

明陆深《平胡录》亦云：

> 先是浏阳人彭和尚名翼，号妖彭，能为偈颂，劝人念弥勒佛号，遇夜燃火炬名香，念偈礼拜。愚民信之，其徒遂众。

彭翼即彭莹玉。莹玉所推举领袖徐寿辉以至正十一年（公元1351）称帝于蕲水，建天完国。至正二十年（公元1360）为其下陈友谅所杀。友谅因寿辉之基业建汉国。寿辉之别将朋玉珍先率兵入蜀，闻天完亡，不肯臣友谅，遂于至正二十三年称帝于成都，建国号夏，下令尽去释老二教，止奉弥勒（黄标《平夏录》）。汉夏后均为东系红军朱元璋所灭。

与彭莹玉同时活动于河南北一带者为白莲教首领韩山童。山童败死，其子林儿称小明王，建国号宋，建元龙凤。林儿立十二年为其下朱元璋所杀。元璋因小明王之基业，削平群雄，建大明帝国。《元史》卷四十二《顺帝纪》：

> 初栾城人韩山童祖父以白莲会烧香惑众，谪徙广平永平县。至山童倡言天下大乱，弥勒佛下生，河南及江淮愚民皆翕然信之。（刘）福通与杜遵道、罗文素、盛文郁、王显忠、韩咬儿复鼓妖言，谓山童实宋徽宗八世孙，当为中国主。福通等杀白马黑牛誓告天地，欲同起兵为乱。事觉，县官捕之急，福通遂反，山童就擒。其妻杨氏其子韩林儿逃之武安。

"时天下承平已久，法度宽纵，贫富不均，多乐从乱，不旬日众殆数万人"（《草木子》卷三《克谨篇》）。时顺帝至正十一年（公元1351）五月也。起事时以红巾为号，故号红军。以烧香礼弥勒佛，又号香军（权衡《庚申外史》）。林儿父子又倡"明王出世"之说，明代官书如《元史》及《明实录》多讳言之，清人修《明史》亦不之及。惟明代私家著述有涉及者，如高岱《鸿猷录》：

> 山童自其祖父以白莲会烧香惑众，至山童倡言：天下当大乱，弥勒佛下生，明王出世。河南江淮之人翕然信之。（《鸿猷录》卷七《宋事始末》）

何乔远《名山藏》：

> 小明王韩林儿者，徐人群盗韩山童子。自其祖父为白莲会惑众，众多从之。元末山童倡言：天下乱，弥勒佛下生，明王出。江淮之人骚然皆动。黄河南徙，元用贾鲁凿求禹故道。山童阴作石人一眼，当道埋之，镌其背曰石人一眼，天下四反。河下掘得相惊诧。于是颍人刘福通与其党杜遵道、盛文郁、罗文素等告众曰：山童，宋徽宗八世孙也，当帝天下。我刘光世后，合辅之。聚众三千人于白鹿庄，杀黑牛白马，誓告天地，约起兵，兵用红巾为志。（《名山藏》卷四三《天因记》）

以"弥勒降生"与"明王出世"并举，明其即以弥勒当明王。山童唱明王出世之说，事败死，其子继称小明王，则山童生时之必以明王或大明王自称可决也。此为韩氏父子及其徒众胥属明教徒，或至少羼入明教成分之确证。韩氏父子自号大小明王出世，另一系统据蜀之明玉珍初不姓明，亦改姓为明以实之。朱元璋承大小明王之后，因亦建国曰大明。至明人修《元史》以韩氏父子为白莲教世家，而不及其"明王出世"之说。试证以元末明初人之记载，如徐勉《保越录》、权衡《庚申外史》、叶士奇《草木子》、刘辰《国初事迹》诸书，记韩氏父子及其教徒事（包括明太祖在内）均称为红军，为红巾，为红寇，为香军。言其特征，则烧香；诵偈；奉弥勒。无一言其为白莲教者。则知《元史》所记，盖明初史官之饰辞，欲为明太祖讳，为明之国号讳，盖彰彰明甚矣。

韩山童起事后。同年（至正十一年）八月萧县李二及老彭赵君用亦起义，陷徐州。李二号芝麻李，亦以烧香聚众起事。（《元史》卷四二《顺帝纪》）时彭莹玉一系已起事于蕲、黄，亦以红巾为号。与韩林儿一系成东西呼应之局面，皆称红军。除此二大系之红军外，时又有南锁红军，北锁红军，权衡《庚申外史》云：

> 至正十一年五月，颖川红军起，号为香军，盖以烧香礼弥勒佛得名也。其始出赵州栾城韩学究家。已而河东襄陕之民翕然从之。故荆汉许汝山东丰沛，以及两淮红军皆起应之。起颖上者推杜遵道为首，陷朱皋，据仓粟，从者数十万，陷汝宁光息信阳；起蕲、黄者，宗彭莹玉和尚，推徐真逸（寿辉）为首，陷德安沔阳武昌江陵江西诸郡；起湘汉者，推布三王孟海马号南锁红军，奄有均房襄阳荆门归峡；起丰沛者，推芝麻李为首，亦奄有徐州近县，及宿州五河虹县丰沛灵璧，西并安丰濠泗。

九、明太祖与红军

明太祖曾为僧，为明教徒，为红军小卒，超擢以至为大将，封公封王，终至于杀其所尝臣事之宋主，代之而建新朝。中间其诸将且曾一度欲奉小明王，以诸将皆濠泗丰沛子弟，夙受彭莹玉之教化，且多为宋主部曲，天完汉降将，其人又皆明教徒也。终为新进之浙东儒生地主刘基、宋濂、叶琛、章溢等所阻。儒生斥佛为异端，且基辈均与小明王父子无渊源，又皆浙东巨室豪绅，遵封建礼法，重保守传统，相率团结土著，捍地方，卫家业，与红军异趣；自成一系统，利用明太祖之雄厚军力，拥之建新朝，以保持千年来传统之秩序习惯与巨室豪绅之特殊利益：遂与出自明教红军之诸将，成地主与农民、儒生与武将相持之局，赞助明太祖以阴谋杀小明王，自为领袖。明太祖亦利用巨室豪绅之护持、儒术之粉饰，建帝王之业。自树势力，终于取宋而代之。第以其部曲多红军，为笼络宋主旧部、徐陈降将，为迎合民心，均不能放弃"明王出世"之说。建大明为国号，一以示其承小明王而起，一以宣示"明王"已出世，使后来者无所借口。儒生辈所乐于讨论者：则以"明"义为光明，分之则为日月，礼有祀"大明"、"朝日"、"夕月"之文；千余年来"大明"日月均列为正祀，无论列为郊祭或特祭，均为历朝所重视；且新朝自南方建国，与历史上之以北定南者异势；以阴阳五行之说，则南方为火，为祝融，北方属水，为玄冥；元建都于北平，起自更北之蒙古，以火克水，以明制暗，斯又汉以来儒生所津津喜道者：故亦力赞以明为国号。一从明教教义，一从儒家经说，并行不悖，人自以为如其所计度。凡此皆明人所讳言，明官书所不载，今据明初记载及太祖自述，以年分列太祖与红军之关系，以实吾说。《明史·太祖本纪》：

> 至正四年（公元1344）旱蝗大饥疫，太祖时年十七。

是太祖生于元天历元年（公元1328）也。先是至元三年（公元1337

棒胡起义于信阳，太祖时年十岁。次年周子旺起义于袁州，彭莹玉亡命淮西传教，太祖时年十一岁。《纪》又言：至正四年"入皇觉寺为僧，逾月游食合肥，……凡历光、固、汝、颍诸州，三年复还寺。"光、固、汝、颍诸州为红军杜遵道之根据地，亦即彭莹玉所曾布教之区域，太祖之接受明教教义，当为此三年内事。

至正八年（公元1348）太祖年二十一岁。

> 复还皇觉寺。《御制皇陵碑》："一浮云乎三载，年方二十而强。时乃长淮盗起，民生攘攘。于是思亲之心昭著，日遥盼乎家邦。已而既归，乃复业于觉皇。"

至正十一年（公元1351），太祖二十四岁。

五月刘福通、徐寿辉东西二系红军兵起。

至正十二年（公元1352），太祖二十五岁。

二月定远人郭子兴与其党孙德崖等起兵濠州。子兴烧香聚众，称亳州节制元帅（《明史》卷一《太祖纪》，俞本《皇明纪事录》）。《御制皇陵碑》：

> 住方三载，而又雄者跳梁，起自汝、颍，次及凤阳之南厢。未几陷城，深高城隍，拒守不去，号令彰彰。友人寄书，云及趋降。既忧且惧，无可筹详。旁有觉者，将欲声扬。当此之际，逼迫而无已，试与知者相商。乃告之曰："果束手以待毙，亦奋臂而相戕。"知者为我画计，且默祷以阴相。如其言往卜去守之何详？神乃阴阴乎有警，其气郁郁乎洋洋，卜逃卜守则不吉，将就凶而不妨。

《皇朝本纪》：

> 天下兵乱，过寺，寺焚僧散。将晓，上归祝伽蓝，以珓卜吉凶。……时神意必从雄而后已，因是固守所居。未旬日友人以书从乱离中来，略言从雄大意，览毕即焚之。又旬日有人告旁有知书来者，意在觉其事，上心知之。复三日，斯人果至，与语观其辞色未见相，

复礼待而归。复几旬日,又有来告,先欲觉知事者今云不忍,欲令他人来加害,乞幽察以从告。上深思之,以四境逼迫,讹言蜂起,乃决意从诸雄。(参看沈节甫《纪录汇编》本《御制纪梦》及《天潢玉牒》)

闰三月甲戌朔入濠州,《御制纪梦》:"以壬辰闰三月初一日至城门,守者不由分诉,执而欲斩之,良久得释。"《御制皇陵碑》:"即起趋降而附城,几被无知而创,少顷获释,身体安康,从愚朝暮,日日戎行。""子兴收为步卒,入伍既两月余为亲兵,终岁如之。"(《御制纪梦》)

至正十三年(公元1353)太祖二十六岁。

以功升镇抚。(《明史》卷一《太祖纪》)

宋龙凤元年(元至正十五年,公元1355),太祖二十八岁。

三月郭子兴卒。时刘福通迎立韩山童子林儿于亳(号小明王),国号宋,建元龙凤。

檄授子兴子天叙为都元帅,子兴部将张天祐为右副元帅,太祖为左副元帅(同上,参《皇朝本纪》)。"乃用其年号以令军中。"(同上)

九月都元帅郭天叙右副元帅张天祐战死,太祖独任元帅府事。(《皇明纪事录》)

宋龙凤二年(元至正十六年,公元1356),太祖二十九岁。

三月亳都升太祖为枢密院同签,以帅府都事李士元为经历。寻升太祖为江南等处行中书省平章。以故元帅郭天叙弟天爵为右丞。经历李士元改名善长,为左右司郎中,以下诸将皆升元帅。(同上)

宋龙凤四年(元至正十八年,公元1358),太祖三十一岁。

"五月宋将刘福通破汴梁,迎(宋帝)韩林儿都之。"十二月太祖自将克婺州,改为宁越府。"辟范祖干、叶仪、许元等十三人,分直讲经史。"(《明史》卷一《太祖纪》)于宁越置中书分省,于省门建二旒大黄旗,上书:"山河奄有中华地,日月重开大宋天。"下揭二牌:"九天日月开黄道,宋国江山复宝图。"(《皇明纪事录》)

宋龙凤五年（元至正十九年，公元1359），太祖三十二岁。

五月升仪同三司江南等处行中书省左丞相（同上）。

八月元察罕帖木儿复汴梁，（刘）福通以林儿（宋帝）退保安丰（今安徽寿县）。（《明史》卷一《太祖纪》）

宋龙凤六年（元至正二十年，公元1360），太祖三十三岁。

三月戊子征刘基、宋濂、章溢、叶琛至。（同上）

宋龙凤七年（元至正二十一年，公元1361），太祖三十四岁。

正月封吴国公。（《皇明纪事录》）

宋龙凤九年（元至正二十三年，公元1363），太祖三十六岁。

二月张士诚将"吕珍破安丰，杀刘福通。三月辛丑，太祖自将救安丰，珍败走，以（宋帝）韩林儿归滁州"（《明史》卷一《太祖纪》）。

十四日制赠太祖曾祖父三代为司空司徒太尉等官。（钱谦益《国初群雄事略》引《龙凤事迹》）

宋龙凤十年（元至正二十四年，公元1364），太祖三十七岁。

宋帝在滁州。

春正月丙寅朔，李善长等率群臣劝进，……乃即吴王位，建百官。（《明史》卷一《太祖纪》）

初太祖以韩林儿称宋后，遥奉之。岁首中书省设御座行礼，（刘）基独不拜曰："牧竖耳，奉之何为？"因见太祖陈天命所在。①

宋龙凤十一年（元至正二十五年，公元1365），太祖三十八岁。

---

① 《明史》卷一二八《刘基传》，高岱《鸿猷录》二《宋事始末》："诸将议于中书省设御座奉韩林儿，刘基从后踢上所坐胡床曰：'牧竖子耳！奉之何为？'密陈天命所在。上意悟。会陈友谅来入寇，遂议征讨，不果奉。"何乔远《名山藏·天因记》："龙湾之捷（按陈友谅龙湾之败，事在至正二十年闰五月，时宋帝在安丰），诸将欲奉小明王为帝，刘基怒不许，陈天命所在。然高帝用其年纪如初。"

宋帝在滁州。

冬十月戊戌，下令讨张士诚。（《明史》卷一《太祖纪》）

宋龙凤十二年（元至正二十六年，公元1366），太祖三十九岁。

宋帝在滁州。

五月二十一日，太祖以檄数张士诚罪状：

皇帝圣旨，吴王令旨：近睹有元之末，王居深宫，臣操威福，官以贿成，罪以情免，宪台举亲而劾仇，有司差贫而优富。庙堂不以为忧，方添冗官，又改钞法，役数千万民，湮塞黄河，死者枕藉于道，哀苦声闻于天。致使愚民，误中妖术，不解偈言之妄诞，误信弥勒之真有，冀其治世，以苏其苦，聚为烧香之党，根据汝颍，蔓延河洛。妖言既行，凶谋遂逞，焚荡城郭，杀戮士夫，荼毒生灵，无端万状。元以天下钱粮兵马大势而讨之，略无功效，愈见猖獗，终不能济世安民。是以有志之士，旁观熟虑，乘势而起，或假元氏为名，或托香军为号，或以孤军独立，皆欲自为。由是天下土崩瓦解。余本濠县之民，初列行伍，渐至提兵，灼见妖言不能成事，又度胡运难与立功，遂引兵度江。……龙凤十二年五月二十一日。（吴宽《平吴录》，祝允明《九朝野史》卷一）

十二月遣廖永忠沈宋帝小明王韩林儿于瓜步，宋亡。（朱权《通鉴博论》，钱谦益《太祖实录辨证》）

宋龙凤十三年（元至正二十七年，公元1367），太祖四十岁。大明洪武元年（元至正二十八年，公元1368），太祖四十一岁。

春正月乙亥，……（太祖）即皇帝位，定有天下之号曰明，建元洪武。（《明史》卷二《太祖纪》）

十、大明帝国与明教

太祖因明教建国，故以明为国号。然"明王出世"、"弥勒降生"均含有革命意义，明暗对立，互为消长，而终克于明。弥勒则有三十次入世之说。使此说此教仍继续流传，则后来者人人可自命为明王，为弥勒，取明而代之，如明太祖之于宋小明王。以此明太祖虽以红军小卒起事，自龙凤十二年以后即讳言其为红军支系。于讨张士诚檄中，且深斥弥勒之传说，以为妄诞，以为妖言，而于"明王出世"之说则不及只字。此盖受刘基、宋濂等反红军系儒生地主之劝说，隐去旧迹，为建新朝地步也。越一年而建国。洪武元年四月甲子幸汴梁，闰七月丁未还南京，因李善长之请，诏禁白莲社及明尊教。王世贞撰《李善长传》：

> 高帝幸汴还。……又请禁淫祀白莲社、明尊教、白云巫觋，扶鸾祷圣书符咒水邪术。诏可。（《名卿绩纪》卷三）

遂著于律。《明律》十一《礼》一：

> 凡师巫假降邪神，书符咒水，扶鸾祷圣，自号端公太保师婆，及妄称弥勒佛、白莲社、明尊教、白云宗等会，一应左道乱正之术，或隐藏图像，烧香集众，夜聚晓散，伴修善事，扇惑人民，为首者绞，为从者各杖一百，流三千里。

原注："西方弥勒佛、远公白莲社、牟尼明尊教、释氏白云宗是四样。"

牟尼即摩尼，明尊教即明教也，说见前文。

时温州仍有大明教流行。熊鼎以洪武元年任浙江按察司佥事，分部台温（《明史》卷二八九《熊鼎传》）。以大明教名犯国号禁绝之，宋濂《故岐宁卫经历熊府君墓铭》：

> 洪武改元。……温有邪师曰大明教，造饰殿堂甚侈，民之无业者咸归之。君以其瞽俗眩世，且名犯国号，奏毁之，官没其产，而驱其众为农。（《芝园续集》卷四）

泉州晋江县华表山亦有明教徒所立之摩尼庵；因郁新杨隆请得不毁。何乔远《闽书》卷七《方域志》：

> 华表山山背之麓有草庵，元时物也，祀摩尼佛。摩尼佛名末摩尼光佛，苏邻国人，又一佛也，号具智大明使。……会昌中汰僧，明教在汰中。有呼禄法师者，来入福唐，授侣三山，游方泉郡，卒葬郡北山下。至道中，怀安士人李廷裕得佛像于京城卜肆，鬻以五十千钱，而瑞相遂传闽中。真宗朝，闽士人林世长取其经以进，授守福州文学。
>
> 皇朝太祖定天下，以三教范民，又嫌其教名上逼国号，摈其徒，毁其宫。户部尚书郁新、礼部尚书杨隆奏留之。①

温泉之明教均相继以"教名上逼国号"被禁断。温之明教自后遂不见于记载。闽则易名为师氏法，亦式微矣。何氏又记：

> 今民间习其术者，行符咒，名师氏法，不甚显云。

政府对明教之压迫虽严，而明教徒仍数数起事。洪武永乐间陕西田九成自称后明皇帝，改元龙凤，帝号与年号均直承小明王。其党则称弥勒佛四天王等。《明成祖实录》卷六十五：

> 永乐七年（公元1409）七月戊戌，"妖贼王金刚奴伏诛。金刚奴陕西阶州人，自洪武初聚众作耗，称三元帅，往来劫掠，而于沔县西黑山天池平等处潜住，常以佛法惑众。后又与沔县贼首邵福等作耗。其党田九成者僭号后明皇帝，改元龙凤。高福兴称弥勒佛，金刚奴称四天王，前后攻破屯塞，杀死官军。会长兴侯耿秉文引兵剿捕，余党悉散。惟金刚奴与贼仇占儿等未获，仍逃聚黑山天池平，时出劫掠。至是潜还本州，为官军所擒，械送京师伏诛"。

永乐四年（公元1406）蕲州有白莲社之狱。《明成祖实录》卷

---

① 按《明史》卷一百十一《七卿年表》，太祖朝与郁新任户部尚书同时之礼部尚书为李原名、任亨泰、门克新、郑沂、陈迪、宋礼、李至刚等，无杨隆名。《明史》卷一百五十《郁新传》，"新，临淮人"，仕迹亦未尝履闽。

四十五：

九月丙子，"湖广蕲州广济县妖僧守座聚男女立白莲社，毁形断指，假神扇惑。事觉，官捕诛之"。

田九成起事于西北，即红军入西北者之余党，至蕲州则彭莹玉、徐寿辉起事之地也。至永乐七年复有李法良之起事，《明成祖实录》卷六十六：

九月"辛未，诛叛贼李法良。法良江西人，行弥勒教，流入湘潭，聚众为乱"。

江西又宋代明教之重要传教区也。至十六年又有刘化自称弥勒佛。《明成祖实录》卷一百一十：

十六年五月辛亥，"顺天府昌平县民刘化以谋叛伏诛。化初名僧保，畏避从军，逃匿保定府新城县民家，衣道人服，自称弥勒佛下世，当主天下，演说《应劫五公》诸经，鼓诱愚民百四十余人，皆信从之。已而真定容城山西洪洞等县人民皆受戒约，遂相聚为乱。事闻，悉捕诛之。"

永乐以后，类似之暴动史不绝书，姑举其著者数事，如宣宗朝转轮王出世之狱。《明宣宗实录》卷六十一：

宣德五年（公元1430）正月戊申，"山东文登县执妖僧明本、法钟等解京师。明本等皆栖霞县太平寺僧，以化缘至成山卫，依百户朱胜。因涂改旧领敕谕度牒，为妖言惑众，诈称转轮王出世，作伪诏记涌安年号，遣法钟持诣文登，诱惑愚民。县官执之以闻，而成山卫亦执胜等械至京，……付锦衣卫穷治之。"

英宗朝"七佛祖师"之暴动。《明英宗实录》卷十二：

宣德十年（公元1435）十二月己亥，"妖贼张普祥伏诛。普祥真定卫军，以妖书惑众，潜居井陉县，自号七佛祖师，遣其党往河南山东山西直隶等处度人，约先取彰德城，以次攻夺诸城。其党李名显等百余人入磁州城，焚千户所，官军攻败之。普祥挈家属窜伏柏乡县，递运大使魏景原引官军至其党张林家土洞内获之，械送京师。上命廷臣鞫实诛之。"

宪宗朝贵州有"明王"之起事，托称为明玉珍后裔，《明史》记：

> 成化十一年（公元1475），总兵官李震奏：乌罗苗人石全州妄称元末明氏子孙，僭称明王，纠众于执银等处作乱，邻洞多应之。因调官军往剿，石全州已就擒，而诸苗攻劫未已，命镇巡官设策抚捕，未几平。（《明史》卷三一六《贵州土司传·铜仁传》）

至嘉靖时李福达自称弥勒佛，与武定侯郭勋交通，至起大狱。（详《明史》、《明史纪事本末》、《世庙识余录》）天启二年（公元1622）有山东白莲教徒王好贤、徐鸿儒之起事。（《明史》卷二五七《赵彦传》，《明史纪事本末》）溯其源流，又皆明教之余响也。

一九四〇年十二月二十五日于昆明东郊萝莎坡唐祠

（原载《清华学报》十三卷一期）

晚明"流寇"之社会背景

——"殷鉴不远，在夏后之世"

（一）

明末流寇的兴起，是一个社会组织崩溃时必有的现象，如瓜熟蒂落一般。即使李自成、张献忠这一群农民领袖不出来，有那贵族、太监，官吏和绅士所组成的压迫阶级，也是要被它脚底下踏着的阶级所打倒的。这阶级的对立，在当时已经有人看出。崇祯十七年（1644）正月兵科都给事中曾应遴奏道："臣闻有国家者不患寡而患不均，不患贫而患不安。今天下不安甚矣，察其故原于不均耳。何以言之？今之绅富，率皆衣租食税，安坐而吸百姓之髓，平日操奇赢以役愚民而独拥其利，有事欲其与绅富出气力，同休戚，得乎？故富者极其富而每至于剥民，贫者极其贫而甚至于不能聊生，以相极之数，成相恶之刑，不均之甚也。"①富者愈富，贫者愈贫，仕绅阶级利用他们所有的富力，和因此而得到的政治势力，加速地把农民剥削和压迫，农民穷极无路，除自杀外只能起来反抗，用暴力来推翻这一集团的吸血精，以争得生存的权利。

流寇的发动和实力的扩展，自然是当时的统治者所最痛心疾首的。他们有的是过分充足的财富；舒服，纵佚，淫荡，美满的生活。他们要维持现状，要照旧加重剥削来增加他们生活上更自由的需要。然而现在眼见要被打倒，被屠杀了。他们不能不联合起来，为了他们这一阶级的安全。同时，为着个人利害的冲突，这一集团的中坚分子，彼此间还是充满了嫉妒、猜疑……勾心斗角地互相计算。

---

① 《崇祯长编》卷二。

在反面，农民是欢迎流寇的，因为是同样在饥饿中挣扎性命的人。他们自动作内应，请流寇进来。河曲之破，连攻城的照例手续都用不着。据《绥寇纪略》卷一："辛未（1631）二月，上召辅臣九卿科道及各省盐司于文华殿。上问山西按察使杜乔林曰：河曲之城，何以贼到辄破？乔林曰：贼未尝攻，有饥民为内应，故失守。"和统治者的御用军队的骚扰程度相较，农民宁愿用牛酒来欢迎流寇："樊人苦左兵淫掠，杀槁桔燔烧之，良玉怒，夺巨商峨牗重装待发，身率诸军营于高阜。汉东之人，牛酒迎贼。"①

官兵不敢和流寇接触，却会杀手无寸铁的老百姓报功。到这田地，连剩下的一些过于老实的老百姓也不得不加入反抗者的集团了。据《烈皇小识》卷四："将无纪律，兵无行伍，淫污杀劫，惨不可言，尾贼而往，莫敢奋臂，所报之级，半是良民，民间遂有贼兵如梳，官兵如栉之谣，民安得不为盗！盗安得不日繁！"

举一个具体的例子，《平寇志》卷二记兵科给事中常自裕奏："皇上赫然振怒，调兵七万，实不满五万，分之各处，未足遏贼。凤阳焚劫四日而马扩至，归德围解三日而邓玘来，颍亳安庐之贼返斾而北，尤世威等信尚杳然。至贺人龙等到处淫掠，所谓贼梳而军栉也。"

在到处残破、遍地糜烂的景况下，统治者为了军费的需要，仍然盲目地加重农民的负担，左捐右输，迫得百姓不能不投到对面去。《平寇志》卷八说："崇祯十七年二月甲戌，贼遣伪官于山东河南州县。先遣牌至，士民苦征输之急，痛恨旧官，借势逐之。执香迎导，远近若狂。"也有不愿和统治者合作，消极地不肯抵抗"流寇"的。"宣府陷，巡抚朱之冯悬赏守城，无一应者。三命之，咸叩头曰：愿中丞听军民纳款。之冯独行巡城见大炮，曰：汝曹试发之，杀贼千百人，贼虽齑粉我，无恨矣。众又不应。之冯自起燃火，兵民竟挽其手。之冯叹曰：人心离叛，一至于此。"

---

① 《绥寇纪略》卷九。

在一些地方，百姓一听见流寇是不杀人，免徭赋的，高兴得满城轰动，结彩焚香去欢迎流寇进来。①

在军事地带的人民尚受盘剥，比较安静的区域更不用说了。崇祯十四年（1641）吴中大旱瘟疫，反加重赋，据《启祯记闻录》二："是岁田禾，夏苦亢旱，少不插莳，即莳亦皆后时，至秋间复为蝗虫所食。有幸免蝗祸者，又因秋杪旱寒，遂多秕死。大约所收不及十之三四。岁凶异常，抚按交章上请，不惟不蒙宽恤，征赋反有加焉。糙粮每亩二斗五升有零，折银每亩一钱七分有零。又急如星火，勒限残岁完粮，连差督饷科臣至吴中者两三员，赐剑专敕行事，人皆惶骇不安，大户役重粮多，中人支吾不给，贫民困馁死亡，井里萧条，乡城同象，非复向时全盛矣。"

苏州如此，他处可知。政府不因灾荒蠲免，地主亦复不能例外。同书又记常熟民变事："崇祯十一年（1638）八月抚臣屡疏以旱蝗上闻，而得谕旨征粮，反有加焉。至收租之际，乡民结党混赖，田主稍加呵斥，每至起衅生乱，田主有乡居者，征租于佃户，各佃聚众焚其居，抢掠其资。"

（二）

流寇的组成分子是，"一乱民，一驿卒，一饥黎，一难氓"②。这是崇祯七年（1634）三月己丑南京右都御史唐世济疏中所说的。以陕西发难地而论，则"延绥以北为逃兵，为边盗，延绥以南为土寇，为饥民"③。边盗土寇可以归入乱民一类；加上逃兵，约略地可分五类。

关于乱民之起，《明史·杨鹤传》说："关中频岁祲，有司不恤下，白水王二者鸠众墨其面，闯入澄城，杀知县张耀采，由是府谷王嘉允、汉

---

①《明史》卷二六三，《朱之冯传》。
②《平寇志》卷一。
③《绥寇纪略》卷一。

南王大梁、阶州周大旺群贼蜂起，三边饥军应之，流氛之始也。"则亦是因饥举事。

关于驿卒的加入，《明史·流寇传》说："以给事中刘懋议裁驿站，山陕游民仰驿糈者无所得食，俱从贼，贼转盛。"

《绥寇纪略》卷一引御史姜思睿疏也说："各递贫民千百为群依辇舆以续命者，饥饿待死，散为盗。"

据《明史·五行志》三："崇祯元年夏旱，畿辅赤地千里。陕西饥，延巩民相聚为盗。二年山西、陕西饥，五年淮、扬诸府饥，流殍载道，六年陕西、山西大饥，淮、扬浡饥，七年京师饥，太原大饥，人相食，九年南阳大饥，有母烹其女者，江西亦饥，十年浙江大饥，父子兄弟夫妻相食，十二年两畿、山东、山西、陕西、江西饥，河南大饥，人相食。十三年北畿山东、河南、陕西、山西、浙江、三吴皆饥，自淮而北至畿南，树皮食尽，发瘗胔以食。十四年南畿饥，山东浡饥，德州斗米千钱，父子相食，行人断绝，大盗滋矣。"在十四年中，灾荒迭起，河北更是厉害，内中山西、陕西、河南被灾情形最严重，次数也最多，由此可以知道流寇发难于秦晋，和流寇以秦晋人为中心的原因。

关于逃兵之加入，《明史·李自成传》记："京师戒严，山西巡抚耿如杞勤王兵哗而西，延绥总兵吴自勉、甘肃巡抚梅之焕勤王兵亦溃与群盗合。"

在这样情形之下，当时的统治者仍是蒙蒙昧昧，不但不想法补救，反而以为是"疥癣之疾"不足致虑。地方官也未尝不知道叛乱之起是由于饥荒，而不但不加抚恤，反而很轻松地说："此饥氓，徐自定耳。"他们对于低低在下的民众，本来不屑置意，只要民众能忍辱负重地像羔羊一般供他们的宰杀剥削，他们便可以高枕而卧了。他们想不到饥民的集合暴动，最初固然是毫无政治企图，只求免于饿死；但等到一有了势力以后，他们也会恍然于敌人之无能，会来夺取政权，打倒旧日曾鱼肉他们的阶级的。

（三）

在叛乱起后，统治者的措施是一面愚蠢地冀图用武力削平，一面加重搜括来应付非常的军费，在叛乱发生前农民被强迫加负的有嘉靖三十年（1551）的"加派"一百二十万，三十七年的"提编"四十万，万历四十六年（1618）的"辽饷"三百万，前后递增到五百二十万，在叛乱起后，崇祯三年（1630）又增百六十五万，八年增"助饷"，十一年行"均输"及"加征"，十三年加"练饷"。统计在万历末年合九边饷止二百八十万，到崇祯时加派"辽饷"到九百万，"剿饷"到三百三十万，"练饷"七百三十万。①这些都是农民的血汗，有政治势力的地主绅士商人是不用负担的。

就陕西一地而论，民众的新加负担有"新饷"，有"均输"，有"间架"，其他琐细的勒索，更无从数起。②关于民间的苦痛，崇祯六年（1633）正月御史祁彪佳疏陈十四项：曰里甲，曰虚粮，曰行户，曰搜赃，曰钦提，曰隔提，曰评讼，曰寓访，曰私税，曰私铸，曰解运，曰马户，曰盐丁，曰难民。③其最为农民所苦者是虚粮，据说当时纳税的则例"小民多未见闻，第据县符，便为实数。遂致贫户反溢数倍，豪家坐享余租，此飞洒之弊也。近来苦盗苦荒，迁徙载道，丁粮缺征，里甲代偿，富户化而为贫，土著化而为客，此逃亡之弊也。又有户产尽废，户粮犹存，买产之家，视若隔体，代纳之户，惨于剥肤，此赔垫之弊也"。为工人所苦者是行户："一小民以刀锥博什一，为八口计也。有司金为铺行，上自印官，下及佐贰，种票一纸，百物咸输，累月经年，十不偿一。又有供应上司，名曰借办，每物有行，每行有簿。"为小商人所苦者是私税："大

---

① 《明史》卷七八，《食货志》二。
② 《明史》卷三〇九，《李自成传》。
③ 《明史》卷二七五，《祁彪佳传》。

江以北，凡贸易之家，官为给帖，下至鸡豚，无得免者，至隘口渡头，有少年无赖借牙用为名，横加剥夺，蝇头未获，虎吻旋吞。"为一般百姓所苦者是私铸："私铸之为钱法害，固也。而南中为甚，每钱止重七分，每百不盈三寸。更有私铸奸人控官请禁，小民畏罪，去之惟恐不速，此辈一铸一卖，一禁一收，利五六倍，而小民何以堪哉！"①

不但农民的负担增加，他们积欠官府的陈年烂账也不曾被放松，崇祯八年（1635）二月侍读倪元璐上疏说："今民最苦无若催科。未敢冀停加派，惟请自崇祯七年以前，一应逋负，悉可改从折色，此二者于下诚益，于上无损，民之脱此，犹汤火也。至发弊而追数十年之事，纠章一上，蔓延十休，扳贻而旁及数千里之人，部文一下，冤号四彻，谁以民间此苦告之陛下者。及今不图，日蔓一日，必至无地非兵，无民非贼，刀剑多于牛犊，阡陌决为战场，陛下亦安得执空版而问诸兵燹之区哉！"②

（四）

使人民愁苦的，除了捐税之项目的和数量的增加以外，还有皇帝私人的聚敛。万历以下诸帝把家族的财富比国家的富强更看得重要，努力积聚，为纵情享乐计。但是国家的财政有定额的支配，皇帝只能夺取一部分过来，为着内库的充积计不能不另外想法去收敛财货，除了可以公开的进奉献纳及临时的征发如大工大婚的费用外，皇帝也收受贿赂，捐款，更不时的想法加罪臣下，目的是为籍没他们的财产，例如万历初年张居正、冯保的得罪，张鲸的因献财免罪，天启时代的追赃。

皇帝聚敛财货的爪牙是太监，太监代表着皇帝出来剥削民众和官吏，

---

① 《祁忠惠公遗集》卷一，《陈民间十四大苦疏》。
② 《平寇志》卷二。

在刘瑾用事的时候,"凡入觐出使官皆有厚献"。有许多官吏因为不能照规定的数额进贿,甚至自杀。①魏忠贤用事的时候,朝中宰执卿贰都甘愿作他的义子干儿,有五虎五彪十狗四十孙儿之目。②自万历二十四年(1596)以后,到处派税使矿监,"大珰大监,纵横驿骚,吸髓饮血,以供进奉。大率入公帑者不及什一而天下萧然,生灵涂炭矣"。这一些皇帝代表的作恶情形,如《明史·陈增梁永传》所记:"大作奸弊,称奉密旨搜金宝。募人告密,诬大商巨室藏违禁物,所破产什倾家。杀人莫敢问。"陈奉在荆州,恣行威虐,每托巡历,鞭笞官吏,剽劫行旅。其党至入民家,奸淫妇女,或掠入税监署中。马堂在临清,诸亡命从者数百人,白昼手银铛夺人产,抗者辄以违禁罪之。中人之家,破者大半。梁永在陕西尽发历代陵寝,搜摸金玉,旁行劫掠,所至邑令皆逃。税额外增耗数倍。二十年中所遣内官到处苛削百姓,引起民变,毒遍天下。这种情形,皇帝不是不知道,但是他却故意放纵,来收受他的代表所剥削的十分之一的残沥。《明史》说:"神宗宠爱诸税监,自大学士赵志皋、沈一贯而下,廷臣谏者不下百余疏,悉寝不报,而诸税监有所纠劾,朝上夕下,辄加重谴,以故诸税监益骄。"

(五)

皇帝太监之下,便是皇族、官吏和绅士。明代是以八股文取士的,人们只要认得字,会凑上几段滥调,便很容易从平民而跃登特殊阶级,加入仕绅的集团,文理不通的只要花一点钱捐一个监生,也可仗着这头衔,不受普通人所受的约束,翻转头来去剥削他从前所隶属的阶级。他们不但没

---

① 《明史》卷三〇四,《刘瑾传》。
② 《明史》卷三〇五,《魏忠贤传》。

有普通农民所被派定的负担,并且可以利用他们的地位做种种违法的事,小自耕农受不了赋税的征索,除了逃亡以外,便只能投靠在仕绅阶级的门下作佃户,借他们作护符来避免赋役。往往一个穷无立锥的八股作家,一旦得了科名,便立地变成田主,农民除了中央政府、地方官吏的两重负担外,还须作就地豪绅的俎上鱼肉。这般科举中人一作了官,气焰更是厉害,连国法也范围不住他们。《明史·杨士奇传》:"士奇子稷居乡,尝横暴杀人,言官交劾,朝廷不加法,以其章示士奇。又有人发稷横虐数十事,乃下之理。"《梁储传》:"储子次摅为锦衣百户,居家与富民杨端争民田,端杀田主,次摅遂灭端家二百余人。武宗以储故,仅发边卫立功。"宰相的儿子杀人纵虐,都非政府所能干涉。杨端用大地主的地位杀小田主,梁次摅以大绅士的地位杀两百多人,大不了的罪名也只是充军。《姬文允传》:"白莲贼徐鸿儒薄滕县,民什九从乱。知县姬文允徒步叫号,驱吏卒登陴不满三百,望贼辄走,存者才数十。问何故从贼?曰:祸由董二。董二者,故延绥巡抚董国光子也,居乡贪暴,民不聊生。"王应熊作了宰相,其弟王应熙在乡作恶的罪状至四百八十余条,赃银一百七十余万。①温体仁、唐世济的族人甚至作盗,为盗奥主。②土豪汤一泰倚从子汤宾尹之势,至强夺已字之女,逼之至死。③戴澳作顺天府丞,其家便怙势不肯输赋。④茅坤的家人也倚仗主势横行乡里。⑤陈于泰、陈于鼎兄弟的在乡作恶,致引起民变。⑥勋贵戚臣甚至惟意所欲,强夺民田,弘治间外戚王

---

①《明史》卷二五三,《王应熊传》。
②《明史》卷二五七,《冯元飏传》。
③《明史》卷三〇三,《徐贞女传》。
④《明史》卷二七八,《詹兆恒传》。
⑤《明史》卷二八七,《茅坤传》。
⑥《明史》卷二四五,《蒋英传》。

源令其家奴别立四至，占夺民产至二千二百余顷。①嘉靖中泰和伯陈万言奏乞庄田，帝以八百顷给之，巡抚刘麟、御史任洛复言不宜夺民地，勿听。②武定侯郭玹夺河间民田庐，又夺天津屯田千亩。③潞简王庄田多至四万顷。④

（六）

　　从另一方面看来，明代官俸之薄，是历史上所仅见的。据《明史·李贤传》当时指挥使月俸三十五石者实支仅一石，当时米一石折钞十贯，钞一贯仅值钱二三文，由此知指挥使一月所得不过二三十文。推而上之，正一品月俸八十七石，折钱也不过七八十文。正七品七石，每月俸饷更仅可怜到只有二三文钱了。其后又定官俸折银例，虽然稍为好一点，可是专靠俸饷，也非饿死不可。况且上司要贿赂，皇帝要进献，太监大臣要进献，家庭要生活，层层逼迫，除了剥削民众以外更没有什么办法。要做好官，便非像潘蕃那样，做了若干年的方面大臣，罢官后连住宅也盖不起，寄住人家终老。海瑞扬历内外，死后全家产只有一两银子，连买棺木也不够。这些自然是可忽略的例外，大多数官吏很容易寻出生财的大道。

　　贪赃不用说了，许多官吏，或他们的戚党宗族同时也是操奇计赢的大商人。他们可以不顾国禁，到海外去贸易番货，他们可以偷关漏税，经商内地，他们可以得到种种方便，去打倒或吞并其他无背景无势力的小商家。他们独占了当时最大的企业盐和茶业。他们有的广置店房，例如郭勋在京师的店舍多至千余区。⑤他们也放高利债，例如会昌伯孙忠的家人贷

---

① 《明史》卷三〇〇，《王镇传》。
② 《明史》卷三〇〇，《陈万言传》。
③ 《明史》卷一三〇，《郭英传》。
④ 《明史》卷一二〇，《潞王翊镠传》。
⑤ 《明史》卷一三〇，《郭英传》。

钱给滨州的人民"规利数倍",有司为之兴狱索偿。① 他们在自己的势力范围内可以科私税。② 他们为着自己的经济利益可以左右政局。《明史·朱纨传》:"初明祖定制,片板不许入海。承平久,奸民阑出入勾倭人及佛郎机、葡萄牙诸国入互市。闽人李光头、歙人许栋踞宁波之双屿为之主,司其质契,势家护持之。"由海外贸易而引起倭寇的侵掠。朱纨巡海道下令禁止出海,福建人一旦失了衣食的贸源,仕绅阶级失去不费力而得的重利,联合起来排斥朱纨,福建人作京官的从中主持,结果是朱纨被劾落职自杀,倭寇的毒焰自此遂一发不可收拾。启祯间郑芝龙以海盗受招抚为朝廷官吏,独占海外贸易,海舶不得郑氏令旗不能往来,每一舶例入三千金,岁入千万计。③

(七)

贵族、太监、官吏和绅士所构成的上层阶级一方面自相剥削,一方面又联合地方种种方式去剥削农民。在上的在穷奢极欲,夜以继日;皇帝大臣们在讲长生,求"秘法",肆昏淫,兴土木。绅士、豪商和其他有闲分子更承风导流。妓女,优伶,小唱,赌博,酗酒,成为日常生活的要素。昆曲和小品文发达正是这时代性的表现。假如一部文学作品是可以作一个时代的象征的话,无疑地《金瓶梅》是象征这一时代的。另一方面,农民却在饥饿线下挣扎着,被力役、赋税、苛捐、盗匪、灾荒、官吏、乡绅逼迫着;他们忍耐了几辈子,受苦了几十年,终于等到了大时代的来临,火山口的爆发,从火光血海中,才仿佛看见自己的出路!他们丧失了,或被天灾所迫而舍去了耕地,便成为流浪的难民。他们即使能找到别的工作,

---

① 《明史》卷三〇〇,《孙忠传》。
② 《明史》卷三〇〇,《张崇传》。
③ 《南明野史》中。

也仍不免于冻饿。据《徐氏庖言》卷一："都下贫民佣一日得钱二十四五文，仅足给食。三冬之月，衣不蔽体。"他们有生存的权利，有要求吃饱的权利。我们试一考查当时的米价：

天启四年（1624）苏州米一石一两二钱。①

崇祯二年（1629）苏州粮一石折银一两有余。②

四年（1631）延绥斗米四钱。③

十年（1637）苏州冬粟每石一两二钱，白粟一两一钱。④

十三年（1640）山东米石二十两，河南米石百五十两。⑤苏松米每石一两六钱，秋杪糙米至每石二两。⑥

十四年（1641）山东临清米石二十四两。⑦苏州白米每石三两零。⑧

十五年（1642）苏州米每升至九十文有零。⑨

这虽是一个简略不完的统计，并且只是几个地方在荒歉时的情形，不过也可由此窥见当时农民苦痛情形的一斑，由此以例全国，大概是不会相距过远的。

在这种情形下的农民，陡然遇见了得救的机会，即使不很可靠的机会，也会毫不迟疑地抓住，牺牲一切，先去装饱肚皮和打倒过去曾压迫过他们的敌人。这机会便是腐溃了几十年的社会经济所产生的"流寇"暴动。

---

① 《启祯记闻录》卷一。
② 《启祯记闻录》卷一。
③ 《明史·李继贞传》。
④ 《启祯记闻录》卷二。
⑤ 《明史·左懋第传》。
⑥ 《启祯记闻录》卷二。
⑦ 《明史·左懋第传》。
⑧ 《启祯记闻录》卷二。
⑨ 《启祯记闻录》卷二。

（八）

统治者剥削的结果是使占全人口极大多数的生产者——无告的农民陷于饥饿线下，在另一方面，流寇的口号却是"吃他娘，着他娘，吃着不尽有闯王，不当差，不纳粮"①，以除力役，废赋税，保障生活为号召，以所掠散饥民，百姓称这军队为李公子仁义兵。破洛阳时散福邸中库金及富人赀给百姓。②又下令保护田禾，马腾入田苗者斩之。对于一般地方官吏和绅富阶级，却毫不矜闵地加以残杀。《平寇志》卷六："城陷若获富室仕宦，则献之巨帅，索其积而杀之。"唯一例外是有德于民的退休官吏。《明吏·王徵俊传》："崇祯十七年二月贼陷阳城，被执不屈，系之狱。士民争颂其德，贼乃释之。"《明吏·忠义传》所记无数的乡官和八股家的死难殉节，被史家文饰为忠义报国的，其实不过是自己知道作恶过多，反正活不了，不如先自杀，或作困兽之斗，企图落一个好名声而已。

流寇的初起，是各地陆续发动的，人自为战，目的只在不被饥饿所困死。后来势力渐大，始有意识作打倒统治者的企图。最后到了李自成在1643年渡汉江陷荆襄后，始恍然于统治者之庸劣无能，可取而代之。从此后便攻城守地，分置官守，作夺取政权的步骤。③果然不到两年北京政府即被推翻，长江以北大部被统治在新政权之下。这是在流寇初起事时所意料不及的。其实与其说这是流寇的功绩，还不如说是这古老的社会、经济制度的自然崩溃为比较妥当。戴笠作《流寇长篇序》，就统治阶级的不合作这一点来说明流寇之成功，他说："国之致亡，祖功宗德，天时人事均有之，非尽流寇之罪，贼虽凶狡绝人，亦借成就者之力也。主上则好察而不明，好佞而恶直，好小人而疑君子，好速效而无远计，好自大而耻下人，

---

① 《平寇志》卷八。
② 《绥寇纪略》卷九。
③ 《绥寇纪略》卷九；《平寇志》卷六。

好自用而不能用人。廷臣则善私而不善公，善结党而不善自立，善逢迎而不善执守，善蒙蔽而不善任事，善守资格而不善求才能，善因循而不善改辙，善大言虚气而不善小心实事。百年以来，习为固然。有忧念国事者则共诧之如怪物。武臣非无能兵者，而必压以庸劣文臣，间有不庸劣者而又信任不深，兵食不足，畏人以偏见邪说持其后，无敢展布。至于阉侍之情况，古今同然，不必言也。煤山之祸，众力所共，闯贼独受其名耳。"以明统治权之倾覆为众力所共。文震孟于崇祯八年（1635）上疏论致乱之源说："堂陛之地，欺猜愈深，朝野之间，刻削日甚，缙绅蹙靡骋之怀，士民嗟束湿之困，商旅咨叹，百工失业，本犹全盛之海宇，忽见无聊之景色，此又致乱之源也。"这是说统治者的内部崩溃。"边事既坏，修举无谋，兵不精而自增，饷随兵而日益，饷益则赋重，赋重则刑繁，复乘之以天灾，加之以饥馑，而守牧慑功令之严，畏参罚之峻，不得不举鸠形鹄面无食无衣之赤子而笞之禁之……下民无知，直谓有司仇我虐我，今而后得反之也。"①这是说统治者的驱民死地，自掘坟墓。李自成檄数统治者的罪状说："明朝昏主不仁，宠宦官，重科第，贪税敛，重刑罚，不能救民水火，日馨师旅，掳掠民财，奸人妻女，吸髓剥肤。"②前部的四项罪状都是古已有之，是这古老社会的病态，不是崇祯及其廷臣所能负责的。在檄文中他特别提出他是代表农民利益，他本人是出于农民阶级的，他说："本营十世务农良善，急兴仁义之师，拯民涂炭，士民勿得惊惶，各安生理。各营有擅杀良民者全队皆斩。"③标着显明的农民革命的旗帜向旧统治致死命的攻击，对方则犹茫然于目前的危机，对内则互相猜嫌排斥，表现充分的不合作精神，对民则加力压榨，驱其反抗，两方的情势达于尖锐化，以一小数的溃腐的统治集团来抵抗全体农民的袭击，自然一触即摧，明室的

---

① 《烈皇小识》卷四。
② 《平寇志》卷六。
③ 《平寇志》卷六。

统治权于此告了终结，同时拥护这统治权的仕绅阶级的寿命也从此中断，假如没有建州部族的乘机窜入，也许这反对宦官、科举制度，诛锄绅富的新统治者会给未来的历史以新的意义和设施。然而他们终于被一更新兴的部族所粉碎，昙花一现的新统治权也跟着被消灭，给铲除未尽的八股家、地主、商人们的旧集团以更苏的机会，虽然这一旧灵魂已不复能恢复过去所有的势位，然而他们会从文字的记载来诋毁他们的已失败的故人，从此片面的历史遂决定了所谓"流寇"事件的反面意义。在文字上所见的流寇只是一些极凶极恶、杀人、放火、屠城等等惨酷残忍的记载。

最后，我们再引两条可信的记载，说明这旧社会之必然的崩溃。崇祯十六年（1643）秋冬之间，外寇内乱，已经到了岌岌不可终日的地步，在同一国家同一祸福的江南，却仍踵事增华，作升平之歌舞。《启祯记闻录》三："七月二十五日，枫桥有好事者敛银于粮食行中，以为赛会之资，风闻从来未有之盛……衿绅士庶男女老幼，顷城罢市，肩舆舟楫之价，皆倍于常。通国若狂。"次年三月十九日北京政府颠覆，在得到国变消息后的吴江，竟举行从来未有之盛会。同书记："四月初二日吴江赛会，目睹者云富丽异常，为郡中从来所未有。是时北都不祥之说已竟传，民间犹为此举，可见人无忧国之心！"这不是偶然的！

（原载《大公报·史地周刊》，第五、六期，1934年10月19日、26日）

论皇权

谁在治天下

在论社会结构里所指的皇权，照我的理解应该是治权。历史上的治权不是由于人民的同意委托，而是由于凭借武力的攫权、独占。也许我所用的"历史"两个字有语病，率直一点说，应该修正为"今天以前"。我的意思是说，在今天以前，任何朝代任何形式的治权，都是片面形式的，绝对没有经过人民的任何形式的同意。

假如把治权的形式分期来说明，秦以前是贵族专政，秦以后是皇帝独裁，最近几十年是军阀独裁。"皇权"这一名词的应用，限于第二时期，时间的意义是从公元前221到公元1911，有2100多年的历史。

皇权是今天以前治权形式的一种，统治人民的时间最长，所加于人民的祸害最久，阻碍社会进展的影响最大，离今天最近，因之，在现实社会里，自觉的或不自觉的毒素中的也最深。例子多得很，袁世凯不是在临死以前，还要过八十三天的皇帝瘾吗？溥仪不是在逊位之后，还在宫中作他的皇帝，后来又跑到东北，在日本卵翼之下，建立伪满洲国，作了几年康德皇帝吗？不是一直到今天，乡下人还在盼望真命天子坐龙庭，少数的城里人也还在想步袁世凯的覆辙吗？

在封建的宗法制度下，无论是贵族专政，是皇帝独裁，是军阀独裁，都是以家族作单位来统治的，都是以血统的关系来决定继承的原则的。一家的家长（宗主）是统治权的代表人，这一家族的荣辱升沉，废兴成败，一切的命运决定于这一个代表人的成败。在隋代有一个笑话，说是某地的一个地主，想作皇帝，招兵买马，穿了龙袍，占了一两个城市，战败被俘,在临刑时,监斩官问他,你父亲呢?说太上皇蒙尘在外。兄弟呢?征东将军死于乱军之中,征西将军不知下落。他的老婆在旁骂:"都是这张嘴,闹到如此下场!"他说:"皇后,崩即崩耳,世上岂有万年天子?"说完伸脖子挨刀,倒也慷慨。这一个历史故事指出为了作几天、作一两个城市的皇帝,有人愿意付出一家子生命的代价。为了这一家子的皇权迷恋,又不知道有几百千家被毁灭、屠杀。

"成则为王,败则为寇。"流氓刘邦,强盗朱温,流氓兼强盗的朱元璋,作了皇帝,建立皇朝以后,史书上不都是太祖高皇帝吗?谥法不都是圣神文武钦明启运俊德成功,或者类此的极人类好德性的字眼吗?黄巢、李自成呢?失败了。是盗、是贼、是匪、是寇,尽管他们也作过皇帝。旧史家是势利的。不过也说明了一点,在旧史家的传统概念里,军事的成败决定皇权的兴废,这一点是无可置疑的。

皇帝执行片面的治权,他代表着家族的利益,但是,并不代表家族执行统治。换言之,这个治权,不但就被治者说是片面强制的,即就治者集团说,也是独占的、片面的。即使是皇后、皇太子、皇兄皇弟,甚至太上皇、太上皇后,就对皇帝的政治地位而论,都是臣民,对于如何统治是不许参加意见的;一句话,在家庭里,皇帝也是独裁者。正面的例子,如刘邦作了皇帝,他老太爷依然是平民,叨了人的教,让刘邦想起,才尊为太上皇,除了过舒服日子以外,什么事也管不着。反面的例子,石虎的几个儿子过问政事,一个个被石虎所杀。李唐创业是李世民的功劳,虽然捧他父亲李渊作了些年皇帝,末了还是来一手逼宫,杀兄屠弟,硬把老头子挤下宝座。又如武则天要作皇帝,杀儿子,杀本家,一点也不容情。宋朝的基业是赵匡胤打的,兄弟赵匡义也有功劳,赵匡胤作皇帝年代太久了,"烛影斧声",赵匡义以弟继兄。后来赵匡胤的长子德昭,在北征后请皇帝行赏,也只是一个建议而已,匡义大怒说,等你作皇帝,爱怎么办就怎么办!一句话逼得德昭只好自杀。从这些例子,可以充分说明皇权的独占性和片面性。权力的占有欲超越了家庭的感情，造成了无量数骨肉相残的史例。

皇帝不和他的家人共治天下，那么，到底和谁共治呢？有一个著名的故事，可以答复这个问题，和皇帝治天下的是士大夫。故事的出处是宋李焘《续资治通鉴长编》卷二二一。

> 熙宁四年（公元1071）三月戊子，上召二府对资政殿，文彦博言："祖宗法制具在，不须更张，以失人心。"上曰："更张法制，于士大夫诚多不悦，然于百姓何所不便。"彦博曰："为与士大夫治天下，非与百姓治天下也。"上曰："士大夫岂尽以更张为非，亦自有以为当更张者。"

这故事的有意义，在于第一，辩论的两方都同意，皇权的运用是与士大夫治天下，非与百姓治天下。第二，文彦博所说的失人心，宋神宗承认是于士大夫诚多不悦，人心指的是士大夫的心。第三，文彦博再逼紧了，宋神宗就说士大夫也有赞成新法的，不是全体反对。总之，尽管双方对于如何巩固皇权——即保守的继承传统制度或改革的采用新政策——的方案有所歧异，但是，对于皇权是与士大夫治天下，皇权所代表的是士大夫的利益，决非百姓的利益，这一基本的看法是完全一致的。

那么，为什么皇帝不与家人治天下，反而与无血统关系的外姓人士大夫治天下呢？理由是家人即使是父子兄弟夫妇，假如与皇帝治天下的话，会危害到皇权的独占性、片面性，"太阿倒持"是万万不可以的。其次，士大夫是帮闲的一群，是食客，他们的利害和皇权是一致的，生杀予夺之权在皇帝之手，作耳目，作鹰犬，六辔在握，驱使自如，士大夫愿为皇权所用，又为什么不用？而且，可以马上得天下，不能以马上治天下，马上政府是不存在的。治天下得用官僚，官僚非士大夫不可，这道理不是极为明白吗？

士大夫治天下也就是社会结构里的绅权，这问题留在论绅权时再说。

皇权有约束吗？

皇权有没有被约束呢？费孝通先生说有两道防线，一道是无为政治，使皇权有权而无能。一道是绅权的缓冲，在限制皇权，使民间的愿望，能自下上达的作用上，绅权有他的重要性。（这条防线不但不普遍，而且不常是有效的。）于此，我们来讨论费孝通先生所指的第一道防线。

假如费先生所指的无为政治的意义，即是上文所引的文彦博的话："祖宗法制具在，不须更张。"因承祖先的办法，不求有利，但求无弊，保守传统的政治原则，我是可以同意的。或者如另一例子，《汉书·曹参传》说他从盖公学黄老治术，相齐九年，大称贤相，萧何死，代为相国，一切事务，无所变更，都照萧何的老办法做，择郡国吏谨厚长者作丞相史，有人劝他作事，就请其喝酒，醉了完事。汉惠帝怪他不治事，他就问："你可比你父亲强？"说："差多了。""那么，我跟萧何呢？""也似乎不如。"曹参说："好了。既然他俩都比我俩强，他俩定的法度，你，垂拱而治，少管闲事；我，照老规矩做，不是很好吗？"这是无为政治典型的著例。这种思想，一直到17世纪前期，像刘宗周、黄道周一类的官僚学者，还时时以"法祖"这一名词，来劝主子恪遵祖制。假如无为政治的定义是法祖，我也可以同意的。

成问题的是无为政治并不是使皇帝有权而无能的防线。

相反，无为政治在官僚方面说，是官僚作官的护身符，不求有功，但求无过，好官我自为之，民生利弊与我何干，因循、敷衍、颟顸、不负责任等等官僚作风，都从这一思想出发。一句话，无为政治即保守政治，农村社会的保守性、惰性，反映到现实政治，加上美丽的外衣，就是无为政治了。（关于这一点，无为政治和农业的关系，我在另一文章农业与政治上谈到。）

在皇帝方面说，历史上的政治术语是法祖。法祖的史例很多，一类如宋代的不杀士大夫，据说宋太祖立下遗嘱"不杀士大夫"。从太祖以后，大臣废逐，最重的是过岭，即谪戍到岭南去，没有像汉朝那样朝冠朝衣赴市，说杀就杀，不是下狱，就是强迫自裁。甚至如明代的夏言正刑西市。为什么宋代特别优礼士大夫呢？因为宋代皇帝是"与士大夫治天下"的缘故。一种例如明代的东西厂和锦衣卫，两个恐怖的特务机构，卫是明太祖创设的，厂则从明成祖开头，这两个机构作的孽太多了，配说祸"国"殃民（这个"国"严格的译文是皇权），反对的人很多，当然以士大夫为主体，因为士大夫也和平民一样，在厂卫的淫威之下战栗恐惧。可是在祖制的大帽子下，这两个机构始终废除不掉。到明代中期，士大夫们不得已而求其次，用祖制来打祖制，说是祖制提人（逮捕）必须有驾帖或精微批文（逮捕状），如今厂卫任意捉人，闹得人人自危，要求恢复祖制，捉人得凭驾帖；这样，两个祖制打了架，士大夫们在逻辑上已经放弃原来的立场，默认特务可以逮捕官民，只不过要有逮捕状罢了。前一例因为与士大夫治天下，所以优礼士大夫，政治上失宠失势的不下狱，不杀头，只是放逐到气候风土特别坏的地方，让他死在那里（宋代大臣过岭生还的是例外），从而争取士大夫的支持。后一例子，时代不同了，士大夫不再是伙计，而是奴才，要骂就骂，要打就打，廷杖啦、站笼啦、抽筋剥皮，诸般酷刑，应有尽有，明杀暗杀，情况不同，一落特务之手，决无昭雪之望，祖制反而成为残杀士大夫的工具了。

从这类例子来看，无为政治——法祖并不是使皇权有权而无能的防线。

从另一方面看，祖先的办法，史例，有适合于提高或巩固皇权的，历代的皇帝往往以祖制的口实接受运用。反之，只要他愿意作什么，就不必管什么祖宗不祖宗了。例如要加收田赋，要打内战，要侵略边境弱小民族，要盖宫殿等等，一道诏书就行了。好像明武宗要南巡，士大夫们说不行，祖宗没有到南边去玩过，不听，集体请愿，大哭大闹，明武宗发了火，叫都跪在宫外，再一顿板子，死的死，伤的伤，无为政治不灵了，年青皇帝还是到南边去大玩了一趟。

那么，除祖宗以外，有没有其他的制度或办法来约束或防止皇权的滥用呢？我过去曾经指出，第一有敬天的观念，皇帝在理论上是天子，人世上没有比他再富于威权的人，他作的事不会错，能指出他错的只有比他更高的上帝。上帝怎么来约束他的儿子呢？用天变来警告，例如日食、山崩、海啸，以及风、水、火灾、疫疬之类都是。从《洪范》发展到诸史的五行志，从董仲舒的学说发展到刘向的灾异论，天人合一，天灾和人事相适应，士大夫们就利用这个来作政治失态的警告。但是，这着棋是不灵的，天变由你变之，坏事还是要做，历史上虽然有在天变时，作皇帝的有易服避殿素食放囚，以至求直言的诸多记载，也只是宗教和政治合一的仪式而已，对实际政治是不能发生改变的。

第二是议的制度，有人以为两汉以来，国有大事，由群臣集议，博士儒生都可发表和政府当局相反的意见，以至明代的九卿集议，清代的王大臣集议，是庶政公之舆论，是皇权的约束。其实，并不如此。第一，参加集议的都是官僚，都是士大夫。第二，官高的发言的力量愈大。第三，集议的正反结论，最后还是取决于皇帝个人。第四，议只是皇权逃避责任的一种制度，例如清代雍正帝要杀他的兄弟，怕人说闲话，提出罪状叫王大臣集议，目的达到了，杀兄弟的道德责任由王大臣集议而减轻。由此，与其说这制度是约束皇权的，毋宁说它是巩固皇权的工具。

此外，如隋唐以来的门下封驳制度、台谏制度，在官僚机构里，用官僚代表对皇帝诏令的同意副署，来完成防止皇权滥用的现象，一切皇帝的命令都必需经过中书起草，门下审核封驳，尚书施行的连锁行政制度，只存在于政治理论上，存在于个别事例上。所谓"不经凤阁鸾台，何谓为敕？"诏令不经过中书、门下的，不发生法律效力。可是，说这话的人，指斥这手令（墨敕斜封）政治的人，就被这个手令所杀死，不正是对这个制度的现实讽刺吗？又如谏官，职务是对人主谏诤过举，听不听是绝无保证的，传说中龙逢、比干谏而死，是不受谏的例，史书上的魏徵、包拯直言尽谏，英明的君主如唐太宗、宋仁宗明白谏官的用意是为他好，有受谏的美名，其实，不受谏的史例更多。谏诤的目的在于维护政权的持续，说是忠君爱主，其实也就是爱自己的官位财产，因为假如这个皇权垮了，他们这一集团的士大夫也必然同归于尽也。

从上文的说明，所得到的结论，皇权的防线是不存在的。虽然在理论上，在制度上，曾经有过一套以巩固皇权为目的的约束办法，但是，都没有绝对的约束力量。

假如从另一角度来看，上文所说的这一些，也许正是费孝通先生所说的绅权的缓冲。不同的是我所指的这一些并不代表民间的愿望，至多只能说是士大夫的愿望，其方向也不是由下而上的，而是皇权运用的一面。这些约束不但不普遍，而且是常常无效的。

（原载《观察》第4卷第6期，1948年4月3日）

论绅权

"绅权固当务之急矣！"

前几天，读到胡绳先生的《梁启超及其保皇党思想》（《读书与出版》第三卷第三期）。他指出梁启超是主张"兴绅权"的人，以兴绅权为兴民权的前提：

> 受"甲午之战"失败的刺激，又受"维新运动"宣传的影响，湖南省出现了一批新的绅士，他们企图以一省为单位实行一些新政，达到省自治的目的，以便在全国危亡时，一省还可自保。这样的想法在当时各省的绅士门阀中都有，不过在湖南，因地方长官同情卵翼这些想法，所以特别发达。梁启超入湘后，除办时务学堂外，又和当地绅士合组南学会。康有为这时仍全神贯注于向皇帝上书，而梁启超则展开了在湖南绅士中的工作。他甚至鼓吹"民权"，但他说的却是："欲兴民权，宜先兴绅权；欲兴绅权，宜以学会为之起点。"又说："绅权固当务之急矣，然他日办一切事舍官莫属也。即今日欲开民智，开绅智，欲假手于官力者尚不知凡几也。"（《上陈宝箴书》）——由此可见，他的想法是在官僚的支持下建立地方绅士的权力，这就是他的"民权"思想。

这一段话不但清理出五十年前梁启超的绅权论，也指出五十年前一般绅士对救亡维新的看法。其要在"欲兴民权，宜先兴绅权（开绅智）；欲兴绅权，宜以学会为之起点"。结论是学会为兴民权之起点的起点，而办这些事，欲假手于官力者不知凡几也。

梁启超先生本人是当时的绅士，他看绅权和民权是两件事，绅权和官权则是一件事，无论就历史的或现实的意义说，都是正确的。

五十年前的保皇党，五十年后的自由主义者，何其相似到这步田地？历史是不会重演的，绅权也无从兴起，即使有更多的"援"，更多的"货"，也还是不相干！

"为与士大夫治天下"

官僚、士大夫、绅士，是异名同体的政治动物，士大夫是综合名词，包括官僚、绅士两专名。官僚、绅士必然是士大夫，士大夫可以指官僚说，也可以指绅士说。官僚是士大夫在官时候的称呼，而绅士则是官僚离职、退休、居乡（当然居城也可以），以至未任官以前的称呼。例如梁启超以举人身份，在办学堂，办报，办学会，非官非民，可以作官，或将要作官。而且，已经脱离了平民身份，经常和官府来往，可以和官府合作。

绅士的身份是可变的，有尚未作官的绅士，有作过多年官的绅士，也有作过了官的绅士，免职退休，不甘寂寞，再去作官的。作过大官的是大绅士，作过小官的是小绅士，小官可以爬到大官，小绅士也有希望升成大绅士，自己即使官运不亨，还可指望下一代。不但官官相护，官绅也相护，不只因为是自己人，还有更复杂的体己利害关系。譬如绅士的父兄亲党在朝当权，即使不是权臣而是御史之类有弹劾权的官咧。更糟的是居乡的宰相公子公孙，甚至老太爷、老岳丈，一纸八行，可以摘掉地方官的印把子，这类人不一定作过官，甚至不一定中过举，一样是大绅士。至于秀才、举人、进士之类，眼前虽未作官，可是前程远大，十年八年内难保不作巡方御史，以至顶头上司，地方官是决不敢怠慢的。《儒林外史》上范进中举后的情形，便是绝好的例子。

以此，与其说，绅士和地方官合作，不如说地方官得和绅士合作。在通常的情形下，地方官到任以后的第一件事，是拜访绅士，联欢绅士，要求地方绅士的支持。历史上有许多例子指出，地方官巴结不好绅士，往往被绅士们合伙告掉，或者经由同乡京官用弹劾的方式把他罢免或调职。

官僚是和绅士共治地方的。绅权由官权的合作而相得益彰。

贪污是官僚的第一德性，官僚要如愿的发扬这德性，其起点为与绅士分润，地方自治事业如善堂、积谷、修路、造桥、兴学之类有利可图的，照例由绅士担任；属于非常事务的，如办乡团、救灾、赈饥、丈量土地、举办捐税一类，也非由绅士领导不可，负担归之平民，利益官绅合得。两皆欢喜，离任时的万民伞是可以预约的。

上面所说的地方自治事业，和现代所谓"自治"意义不同，不容混为一谈。而且，这类事业名义上是为百姓造福，实质上是为官僚绅士聚财，假使确曾有一丝丝利及平民的话，那也只是漏出来的涓滴而已。现代许多管税收的衙门墙上四个大字"涓滴归公"，正确的解释是只有一涓一滴归公，正和这个情形一样。

往上更推一层，绅士也和皇权共治天下。

绅权和皇权的关系，即士大夫的政治地位在历史上的变化，大体上可以分三个时期，第一时期从秦到唐，第二时期从五代到宋，第三时期从元到清。当然这只是大概的划分，并不包含有绝对的年代意义。

具体的先从君臣的礼貌来说吧，在宋以前，有三公坐而论道的说法，贾谊和汉文帝谈话，不觉膝之前席，可见都是坐着的。唐初的裴监甚至和高祖共坐御榻，十八学士在唐太宗面前也都还有坐处。可是到宋朝，便不然了，从太祖以后，大臣在皇帝面前无坐处，一坐群站，三公群卿立而论政了。到明清，不但不许坐，站着都不行，得跪着奏事了，清朝大官上朝得穿特制的护膝，怕跪久了吃不消。由坐而站而跪，说明了三个时期君臣的关系，也说明了绅权的逐步衰落和皇权的节节提高。

从形式再说到本质。

前一时期的典型例子是魏晋六朝的门阀制度。

汉代的若干世宦家族，如关西杨氏、汝南袁氏之类，四世三公，门生故吏遍天下，庄园遍布州县，奴仆数以千计，有雄厚的经济基础。在黄巾动乱时代，地方豪族如孙策、马超、许褚、张辽、曹操之类，为了保持土地和特殊权益，组织地主军队保卫乡里，造成力量，有部曲，有防区，小军阀投靠大军阀，三个大军阀三分天下，这两类家族也就占据高位，变成高级官僚了。大军阀作了皇帝，这些家族原是共建皇业的，利害共同，在九品中正的选举制度下，"上品无寒门，下品无势族"，大官位为这些家族所独占。东晋南渡，司马家和王、谢等家到了建康，东吴的旧族顾、陆、朱、张诸家虽然是本地高门，因为是亡国之余，就吃了亏，在政治地位上屈居第二等。这些高门世执国政，王、谢子弟更平步以至公卿，到刘裕以田舍翁称帝，陈霸先更是寒人，在世族眼光里，皇家只是暴发户，朝代尽管改换，好官我自为之。士大夫集团有其传统的政治社会经济以至文化地位，非皇权所能增损，绅权虽然在侍候皇权——因为皇帝有军队——目的在以皇权来发展绅权，支持绅权。经隋代两帝的有意摧残，取消九品中正制，取消长官辟举僚属办法，并设进士科，用公开的考试制度，以文字来代替血统任官，但是，文字教育还是要钱买的，大家族有优越的经济地位、人事关系，唐朝三百年的宰相，还是被二十个左右的家族所包办。

门阀制度下的绅权有历史的传统，有庄园的经济基础，有包办选举的工具，甚至有依门第高下任官的制度，有依族姓高下缔婚的风气，高门华阀成为一个利害共同的集团。并且，公卿子弟熟习典章制度，治国（办例行公事）也非他们不可。在这情形下，绅权是和皇权共存的，只有两方合作才能两利。而且，皇帝人人可做，只要有军力便行。士大夫却不然，寒人门役要成为士大夫，等于骆驼穿针孔，即使有皇帝手令帮忙，也还是办不到。何事非君，绅权可以侍候任何一姓的皇权，一个拥有大军的军阀，如得不到士大夫的支持，却作不了皇帝。

考试制度代替了门阀制度，真正发挥作用是10世纪的事。

经过甘露之祸，白马之祸，多数的著名家族被屠杀。经过长期的军阀混战，五代乱离，幸存的士族失去了庄园，流徙各地，到唐庄宗作皇帝，要选懂朝廷典故的旧族子弟作宰相都很不容易了。宋太祖太宗只好扩大进士科名额（唐代每科平均不过三十人，宋代多至千人）。用进士来治国，名额宽，考取容易，平民出身的进士在数量上压倒了残存的世族。进士一发榜即授官，进士出身的官僚绅士和皇权的关系是伙计和掌柜，掌柜要买卖作得好，得靠伙计卖劲，宋朝家法优礼士大夫，文彦博说为与士大夫共治天下，正是这个道理。

和前一时期不同的，前期的世族子弟有了庄园，才能中进士作官，再去扩大庄园。这时期呢，作了官再置庄园，名臣范仲淹置苏州义庄，派儿子讨租，讨得几船谷子便是好例子。

更应该注意的是印刷术发明了，得书比较容易，书籍的流通比较普遍，知识也比较不为少数家族所囤积独占，平民参加考试的机会增加了；"遗金满籯，不如教子一经"。念书，考进士，作官，发财，"万般皆下品，惟有读书高"。"天子重英豪，文章教尔曹"。政府的提倡，社会的鼓励，作官作绅士得从科举出身，竭一生的聪明才智去适应科举，"天下英雄入我彀中"，皇权永固，官爵恩泽，出于皇帝，士大夫不能不为皇帝所用，共存谈不上，共治也将就一下了。皇家是士大夫的衣食饭碗，非用全力支持不可，士大夫是皇家的管家干事，俸禄从优，有福同享，君臣间的距离不太近，也不太远，掌柜和伙计间的恩意是密切照顾到的。

从共存到共治已经江河日下了。元明清三代连共治也说不上，从合伙到作伙计，猛然一跌，跌作卖身的奴隶，绅权成为皇权的奴役了。

蒙古皇朝以马上得天下，也以马上治天下，军中将帅就是朝廷的官僚，军法施于朝堂，朝官一有过错，一顿棍子板子鞭子，挨不了被打死，侥幸活着照样作官。明太祖革了元朝的命，学会了这一套，殿廷杖责臣僚，叫作"廷杖"，在历史上大大有名。光打还不够，有现任官镣足办事的，有戴斩罪办事的。不但礼貌谈不上，连生命都时刻在死亡的威胁中。

皇帝越威风，士大夫越下贱，要不作官吧，有官法硬给绑出去，非作不可，再不干，便违反了皇章，"士不为君用"，得杀头。君臣的关系一变而为主奴，说是主奴吧，连起码的主子对奴才的照顾也不存在的。前朝的旧家巨室被这个党案、那个逆案给扫荡光了，土地财产被没收。老绅士绝了种，用八股文所造成的新绅士来代替，新绅士是从奴化教育里成长的，不提反抗，连挨了打都是"恩谴"，削职充军，只要留住脑袋便感谢圣恩不尽，服服帖帖，比狗还听话。到清朝，旗人对皇帝自称奴才，汉官连自称奴才的资格也不够，不但见皇帝得跪，连见同事的王爷贝勒也得跪。到西方强国来侵掠，打了几次败仗，订结了多少次屈辱条约以后，皇权动摇，洋权日盛，对皇权的自卑被洋人所代替，结果是洋权控制了皇权，洋教育代替了八股，旧士大夫改装为知识分子以及自由主义者，出奴入主，要说说洋人所说的话，要听听国外的舆论，要做做外国人所示意的，在被谴责被训斥之后，还得陪笑脸，以兴绅权为兴民权之起点，办报纸，立学会，假手于官力，为自己找"新路"，这些绅士除了服装以外，面貌是和五十年前那些人一模一样的。

绅权在历史上的三变，从共存到共治，降而为奴役，真是一代不如一代。历史说明了两千年来绅权的没落和必然的淘汰。梁启超的时代过去了，我们今天来研究这一五十年前被提出的课题，不但很有趣，也是很重要的。

关于历史上绅士所享受的特权，将在另一文中讨论。

（原载《时与文》第3卷第1期，1948年4月）

再论绅权

一、士庶之别

唐代柳芳论魏晋以来的士族——绅士家族——在政治上的特权说：

> 魏氏立九品，置中正，尊世胄（世代作官的），卑寒士（祖先不曾作过官的），权归右姓（大家族）已。其州大中正、主簿，郡中正、功曹，皆取著姓士族为之，以定门胄，品藻人物，其别贵贱，分士庶，不可易也。①

士族的成立是由世代作官而来的，凡三世有三公的称为膏粱，有尚书、中书令仆（射）的为华腴，祖先作过领（军）、护（军）而上的为甲姓，九卿和方伯的为乙姓，散骑常侍、大中大夫的为丙姓，吏部正员郎为丁姓，统称四姓，也叫右族。

就个别的绅士家族而论，士族南渡的为侨姓，王、谢、袁、萧是大族；东南土著叫吴姓，朱、张、顾、陆最大；山东为郡姓，王、崔、卢、李、郑是大族；关中的郡姓以韦、裴、柳、薛、杨、杜最著名；代北为虏姓，如元、长孙、宇文、于、陆、源、窦等家族都是。从4世纪到10世纪大约七百年间，中国的政治舞台被这三十个左右的绅士家族所独占。

士族子弟作官依族姓门第高下，有一定的出身，甲族子弟二十岁便任官。后门则须满三十岁才能考试作小官。②名家有国封的，初出仕便拜员外散骑侍郎。③谢景仁到三十岁才作著作佐郎，有人替他抱屈说，司马庶人父

---

① 《新唐书》卷一九九，《柳冲传》。
② 参见《南史》卷六，《梁武帝纪》。
③ 参见《南史》卷二十，《谢弘微传》。

子怎么能不垮？谢景仁这样人三十岁才做这个官！①甚至同一家族，还分高下，王家有乌衣诸王和马粪诸王两支，马粪王是甲族，甲族是不作台宪官的；王僧虔作御史中丞，自己解嘲说，这是乌衣诸郎的坐处，我将就作一下。②至于作郎官的，那更是绝少的事。③

北魏孝文帝曾和廷臣辩论士庶任官的典制。

孝文帝问："近世高卑出身，各有常分，此果如何？"

李冲对："未审上古以来，张官列位，为膏粱子弟乎？为致治乎？"

孝文帝："当然是为致治。"

李冲："然则陛下何为专取门品，不拔才能乎？"

孝文帝："苟有过人之才，不患不知。然君子之门，借使无当世之用，要自德行纯笃，朕故用之。"

李冲："傅说、吕望，岂可以门第得之？"

孝文帝："非常之人，旷世乃有一二耳。"

秘书令李彪："陛下若专取门第，不审鲁之三卿，孰若四科？"

著作佐郎韩显宗："陛下岂可以贵袭贵，以贱袭贱？"

孝文帝："必有高明卓然、出类拔萃者，朕亦不拘此制。"

不久，刘昶入朝。

孝文帝告诉刘昶：

或言唯能是寄，不必拘门，朕以为不尔。何者，清浊同流，混齐一等，君子小人，名器无别，此殊为不可。我今八族以上，士人品第有九，九品之外，小人之官复有七等。若有其人，可起家为三公。正恐贤才难得，不可止为一人，浑我典制也。④

---

① 参见《南史》卷十九，《谢景仁传》。
② 参见《南史》卷二十二，《王僧虔传》。
③ 参见《南史》卷二十二，《王筠传》。
④ 《资治通鉴》卷一百四十。

这段谈话说明士庶在政治上的相对地位，士是君子，是清流，是德行纯笃的。庶人呢，是小人，是浊流的，是要不得的。要维持治权，就得分别士庶，使之高卑出身，各有常分。

其次，士族都是大地主，大庄园的占有者。大量土地的取得手段是兼并，官僚资本转变为土地资本。更重要的方式是无条件的占领，非私人的产业如山林湖沼，豪强的绅士径自封占，据为己有，这情形到处都是，皇权被损害了，严立法禁，不许绅士强占，可是绅士集团不理会，政府没办法，妥协了，采分赃精神，依官品立格，准许绅士有权按照官品高下封山占水，下面一段史料说明了5世纪中期的情形：

> 扬州刺史西阳王子尚上言：山湖之禁，虽有旧科，人俗相因，替而不奉，炕山封水，保为家利。自顷以来，颓弛日甚，富强者兼岭而占，贫弱者薪苏无托，至渔采之地，亦又如兹，斯实害人之深弊，为政所宜去绝，损失旧条，更申恒制。

子尚是皇族，代表皇家利益要求重申禁令，政府当局根据壬辰诏书所立法制，占山护宅强盗律论，赃一丈以上皆弃市，尚书右丞羊希以为：

> 壬辰之制，其禁严刻，事既难遵，理与时弛，而占山封水，渐染复滋，更相因仍，便成先业，一朝顿去，易致怨嗟。今更刊革，立制五条：凡是山泽，先恒炕燫，养种竹木杂果为林苡，及陂湖江海鱼梁鰌鲨场，恒加功修作者，听不追夺。官品第一第二听占山三顷，第三、第四品二顷五十亩，第五、第六品二顷，第七、第八品一顷五十亩，第九品及百姓一顷，皆依定格，条上赏薄。若先已占山，不得更占，先占阙少，依限占足。若非前条旧业，一不得禁。有犯者水土一尺以上，并计赃依常盗律论。停除咸康二年壬辰之科。从之。[①]

即承认过去的封占为合法，并规定各官品的封占限额。皇权向绅权屈

[①]《南史》卷三十六，《羊玄保传》。

伏了，绅士由政治的独占侵入经济，享有封山占水的特权。

此外，士族还有不服兵役的特权。①

二、士大夫和寒人

士族是一个特殊的阶级，不但严格讲求谱系阀阅、郡望房次、官位爵邑，来保证朝廷官位的占有，并且严格举行同阶层的通婚，用通婚来加强右族的团结。当时寒人要加入这个集团，比登天还难。随便举几个例子，如宋文帝时的要官秋当、周赳，不见礼于同官张敷，《南史》卷三十二《张敷传》：

> 敷迁正员中书郎，中书舍人秋当、周赳并管要务，与敷同省名家，欲诣之，赳曰：彼若不相容接，便不如勿往，讵可轻行？当曰：吾等并已员外郎矣，何忧不得共坐。敷先旁设二床，去壁三四尺。二客就席，敷呼左右曰：移我远客！赳等失色而去。

徐爰被拒交于王球、殷景仁：

> 中书舍人徐爰有宠于上，上尝命王球及殷景仁与之相知。球辞曰：士庶区别，国之章也，臣不敢奉诏。上改容谢焉。②

蔡兴宗不礼王道隆，王昙首见秋当不命坐，王球拒接弘兴宗：

> 齐明帝崩，右军将军王道隆任参国政，权重一时，蹑履到兴宗前，不敢就席，良久方去，竟不呼坐。元嘉初中书舍人秋当诣太子詹事王昙首不敢坐。其后中书舍人弘兴宗为文帝所爱遇，上谓曰：卿欲作士人，得就王球坐，乃当判耳。殷、刘并杂，无所益也。若往诣球，可称旨就席。及至，球举扇曰：君不得尔！弘还，依事启闻。帝

---

① 参见《南史》卷三十四，《沈怀文传》。
② 《南史》卷二十三，《王球传》。

曰：我便无如此何！①

纪僧真要作士大夫，被拒于江斅：

> 永明七年（公元489）侍中江斅为都官尚书。中书舍人纪僧真得幸于上，容表有士风。请于上曰：臣出于本县武吏（《南史》作臣小人出自本县武吏），遭逢圣时，阶荣至此，为儿昏得荀昭光女，即间无所复须。唯就陛下乞作士大夫。上曰：此由江斅谢瀹，我不得措意，可自诣之。僧真承旨诣斅，（登榻）坐定，斅便命左右曰：移吾床远客。僧真丧气而退，告武帝曰：士大夫故非天子所命。②

南朝中书舍人关谳表启，发署诏敕，为天子亲信，权倾天下，最是一时要官。历来多用寒人武吏。③虽然地要权重，有的还承皇帝特敕，要求和士大夫交游，可是，都被拒绝了，士庶不但有别，而且，士族深闭固拒，绝对不给寒人以礼貌，更不必说准许寒人参加士大夫集团了。

在朝廷如此，在地方也是一样，最著的例子是庾荜父子，庾荜拒邓元起作州从事：

> 荜为荆州别驾。初梁州人益州刺史邓元起功勋甚著，名地卑琐，愿名挂士流。时始兴忠武王憺为州将，元起位已高，而解巾不先州官，则不为乡里所悉。元起乞上籍出身州从事，憺命荜用之，荜不从，憺大怒，召荜责之曰：元起已经我府，卿何为苟惜从事？荜曰：府是尊府，州是荜州，宜须品藻。憺不能折，遂止。

庾乔又拒范兴话作州主簿：

> 乔复仕为荆州别驾。时元帝为荆州刺史，而州人范兴话以寒贱仕叨九流，选为州主簿，又皇太子及之，故元帝勒乔听兴话到职。及属元日，州府朝贺，乔不肯就列，曰：庾乔忝为端右，不能与小人范兴

---

① 《南史》卷二十九，《蔡兴宗传》。
② 《资治通鉴》卷一三六；《南史》卷三十六，《江斅传》。
③ 参见《南史》卷六十，《傅昭传》；卷七十七，《恩幸传序》。

话为雁行。元帝闻,乃进乔而停兴话。兴话羞惭,还家愤卒。①

寒人处处碰壁,被摈于士大夫集团之外,只有两条路可走,一条是以才力得主知,挤到要地,作要官,却作不了大官、清流官。一条路是从军,用战功用武力来抢地盘,进一步抢政权,篡位作皇帝,如刘裕和陈霸先,前者是田舍翁,后者是寒人,便是著例。

寒人被抑勒出清流之外,和寒人有同样情况,庶人中的工商,凭借雄厚的财力,操奇计赢,长袖善舞,要进一步保障既得利益,和发展业务,也用尽一切手段,挤进政治舞台来了。绅士们感觉威胁,一致抗拒,运用政治权力,限制工商出仕,抑勒工商不入流品,工商任官的只能任低级官。如公元477年的法令:

> 北魏太和元年,诏曰:工商皂隶,各有厥分,而有司纵滥,或染流俗(流俗,《北史》作清流)。自今户内有工役者,官止本部丞,若有勋劳者,不从此制。②

到隋文帝开皇十六年(公元596)更下诏制定,工商不得仕进。③唐制工商杂类不得预于仕伍④,"依选举令:官人身与同居大功以上亲,自执工商,家专其业者不得仕。其旧经职任,因此解黜,后能修改,必有事业者,三年以后听仕。其三年外仍不修改者,追毁告身,即依庶人例"⑤。则不但工商不能入仕,连已入仕的官人同居大功以上亲也不许经营工商业了。

---

①《南史》卷四十九,《庾荜传》。
②《资治通鉴》卷一三四。
③参见《资治通鉴》卷一七八。
④参见《旧唐书》卷四十八,《食货志》上;卷四十三,《职官志》。
⑤《唐律疏议》四,《诈伪》。

三、一千年后的绅权

隋唐以降，门阀被摧毁了，士族在社会大动荡中逐渐式微了。李唐时代的二十个左右大家族已经不完全是六朝时代的三十家族，到宋代这些家族都听不见说起了。考试制度代替了门阀制度，新官僚代替了旧官僚。

虽然如此，前代士族的特权仍然遗留给后代的新绅士。绅士的本质变了，绅权并没有什么大变。试举明代的例子来作对照。

明代士庶两阶级的分别，从大明律名例条关于文武官犯私罪一款最清楚。这条例规定："文武官职，举人，监生，生员，冠带官，义官，知印，承差，阴阳生，医生，但有职役者，犯赃犯奸，并一应行止有亏，具发为民。"发为民就是褫夺绅士所享的特权。

绅士最重要的特权是免役，关于见任官的免役，洪武十年（公元1377）二月特降诏令说：

> 食禄之家，与庶民贵贱有等。趋事执役以奉上者，庶民之事。若贤人君子，既贵其身而复役其家，则君子野人无所分别，非劝士待贤之道。自今百司见任官员之家，有田土者输租税外，悉免其徭役，著为令。①

见任官是作官的本人，见任官的父兄子弟则是乡绅。两年后又令"自今内外官致仕还乡者，复其家终身无所与"②。则不但见任官，连退休官也享有免役权了。嘉靖二十四年（公元1545）规定，京官一品免三十丁，二品二十四丁，至九品免六丁，外官各减一半。③不但见任或退休官员，连学校生员除本身外，也免户内差徭二丁。④明代的里役最为人民所苦，有二十

---

① 《明太祖实录》卷一一一。
② 《明太祖实录》卷一二六。
③ 《皇明太学志》二。
④ 《大明会典》卷七十八，《学校》。

亩产业的中农，要是不出一个秀才，一轮到值役，便立刻破产。①里役有里长、甲长两种，十年轮值一次，原则上是由殷户充当的，殷户中最殷实的是绅士，绅士不服里役，负担便全部转嫁给平民了。16世纪末年，大概现年里役，得破费一百两银子，恰是中人的家当。至于一被签为南粮解户，即使是中小地主，也非破产不可。②以一般情形而论，大县有秀才千人以上，假定这县有十万顷田地，秀才占五万顷，余下的五万顷的地主就得当十万顷的差；秀才如占九万顷，余下的一万顷得当十万顷的差，一句话，地方上的绅士愈多，人民愈倒霉，绅士愈富，人民愈穷，贫富的对立也更尖锐。③

其次是豁免田赋，正德十六年（公元1521）的优免事例，规定京官三品以上免田四顷，五品以上三顷，七品以上二顷，九品以上一顷。嘉靖二十四年又改为京官一品免粮三十石，二品二十四石，到九品免粮六石，外官减半。④生员无力完粮，可以奏销豁免。甚至可以于每月朔望到知县衙门恳准词十张，名为乞恩，包揽富户钱粮立于自名下隐吞，一年约摸有二百两银子，也够花销了。⑤

其次是居乡的礼貌，洪武十二年的诏令规定："致仕官居乡里，惟于宗族序尊卑如家人礼。若筵宴则设别席，不许坐于无官者之下。如与同致仕者会则序爵，爵同序齿。其与异姓无官者相见，不必答礼。庶民则以官礼谒见，敢有凌侮者论如律，著为令。"⑥婚丧之家，招待绅士另辟一室名大宾堂，不和平民共起坐。出门坐大轿，扇盖引导，有的地方官还送门

---

① 《温宝忠遗稿》五，《士民说》。
② 刘宗周：《刘子文编》五，《责成巡方职掌疏》。
③ 参见顾炎武：《亭林文集》一，《生员论中》。
④ 参见《皇明太学志》二。
⑤ 参见顾公燮：《消夏闲记摘钞》中。
⑥ 《明太祖实录》卷一二六。

皂、吏书、承应。生员出门，也有门斗张油伞前导。①

畜养奴婢也是特权之一，明制庶民是不许存养奴婢的，《明律·户律》："庶民之家存养奴婢者，杖一百，即放从良。"

法律所赋予的特权之外，还有法外的权力。把持官府，嘱托词讼，武断乡曲，封山占水，甚至杀人，无所不为，例子太多了，不必列举。这一类非法权力的形成，赵南星有一解释："乡官之中多大于守令者，是以乡官往往凌虐平民，肆行吞噬，有司稍稍禁戢，则明辱暗害，无所不至。"②以为守令官小，不敢得罪比他大的乡官。顾公燮以为是师生和同年的年谊作怪："缙绅尤重师生年谊，平昔稍有睚眦，即嘱抚按访拿。甚至门下之人，遇有司对簿将刑，豪奴上禀主人呼唤，立即扶出，有司无可如何。其他细事虽理曲者，亦可以一帖弭之。"其实最主要的原因，还是皇权对绅权的有意宽容放纵，士大夫成为皇权的统治工具，只要不直接和皇权冲突，违反皇家的利益，动摇皇家的基础，区区凌虐剥削百姓的琐事，皇家是不会也不肯加以干预的。

一千年后的明代情形，和魏晋南北朝没有什么两样，理由是封建关系不变，绅权也不变。

（原载《时与文》第3卷第9期，1948年6月）

---

① 参见《消夏闲记摘钞》；徐学谟：《世庙识余录》二十。
② 《赵忠毅公文集》十三，《敬循职掌剖露良心疏》。

官僚政治的故事

一、航海攻心战术

明崇祯十五年（公元1642年）九月，李自成决黄河，灌开封，十月，大败明督师孙传庭于郏县、南阳。十一月，清军分道入侵，连破蓟州、真定、河间、临清、兖州，北京震动。

兵科给事中曾应遴上条陈，提出航海攻心战术。大意是由政府造战船三千艘，载精兵六万，从登莱渡海，直入三韩，攻后金国腹心。这样一来，清军非退不可。崇祯帝大为嘉许，以为真是妙算，可以克敌制胜，手令"该部议奏"。

造船是工部的职掌，作战归兵部管。工部署印侍郎陈必谦复奏：照老规矩，和作战有关的工程，由兵、工二部分任，请特敕兵部分造战船一千五百艘。

内阁票拟（签呈），奉旨"工程由兵、工二部分任，即日兴工"。

造船要一笔大款子，工部分文无有，估价工料银是六百万两。于是上奏："因内战交通断绝，地方款项不能解京。本部库藏空空，无可指拨。只有开封、归德等府积欠臣部料价银五百多万两，可以移作造船之用。"

这时候，开封被水淹没，归德等府为农民起义军占领。内阁奉旨："着工部勒限起解，造船攻心，以救内地之急。"

兵部尚书张国维也说："部库如洗，只有凤阳等府积欠臣部马价银四百余万两，足现在正额，不必另行设法。应速催解部，以应造船之用。"

事实上，凤阳一带经几次战争破坏，加上蝗灾、旱灾，已经上十年没有人烟了。

内阁票拟，奉旨："下部勒限起解，以应部用。"

这是闰十月中旬的事，正当嘉许、拨款、勒限，以及"兴工"的时候，清军又已攻破东昌、兖州了。

工部想想不妙，到头来还是脱不了干系，又提出具体建议，说是："战船经费，虽已有整个计划。但是如今京师戒严，九门紧闭。工匠绝迹，无从兴工。原有都水司主事奉派到淮安船厂打造漕船，彼处物料现成，工匠众多，不如就令带造战船，剋日可成，庶不误东征大事。"

内阁又票拟，奉旨依议，特给勒谕，以专责成。

这时候已经十二月初句了。

船厂主事没有拿到一文钱，要造三千条战船，自然办不了。又上条陈说："造船攻心，大臣妙算，事关国家大计，当然拥护。不过臣衙门所造的是内河运粮之船，并非破浪出海之船。运船、海船，构造不同，形式不同，材料不同，帆柁不同，索缆器物不同，操驾水手不同，当然，建造的工匠也不同。如随便敷衍承造，一旦误事，负不起责任。要造海船，要到福建、广东去造，材料、工匠都合式，不如特敕闽广抚臣，勒限完工，就于彼处招募水手，由海道乘风北上，直抵旅顺口上岸，奋武以震刷皇威，快睹中兴盛事。此系因地因材，事有必然，并非推诿。"

公文上去了，到第二年二月中旬，内阁票拟，奉旨："下部移咨福广，敕限造船，以纾京畿倒悬之急。"由都察院移咨闽广抚臣照办，是二月底的事。

五月，清军凯旋，京师解严。

九月，两广总督沈犹龙、福建巡抚张肯堂会衔奏报，第一段极口称颂阁臣的妙算，圣主的神威。第二段说臣等已经召集工人，预备木料，拥护国策，以成陛下中兴盛业。第三段顺笔一转，说是不过如今北方安定，而闽广民穷财尽，与其劳民伤财，造而不用，不如暂时停工。

内阁票拟，奉旨下部："是！"

于是这件纠缠了一年，费了多少笔墨的航海攻心战术的公案就此结束。

所谓官僚政治，有三个字可以形容之：一骗，二推，三拖。

曾应遴要凭空建立一个六万人的海军，一无钱，二无兵，三无计划，更谈不到组织、训练、武器、服装、给养、运输、指挥这一些大问题。信口胡柴，提出口头建议，这是骗。

崇祯帝何尝不明白这道理，只是明白了又怎么样呢？当时无处借款，也无人助战，无友邦支持，一切都无，总得要表示一下呀，于是手令"该部议奏"，也是骗。

工部说这工程该和兵部分任，这是推。

阁臣签呈，由兵、工两部分任，一个钱不给，叫人从纸上空出一队海军，这是骗。

工部说钱是有的，在沉沦的开封，和沦陷的归德。兵部说我也有钱，在十年无人烟的淮西，这又是骗。

建议，再建议，签呈又签呈，一上一下个把月，这是拖。

骗而下不了场，又一转而推，工部把这差使推给船厂主事，船厂主事推给闽广抚臣，又是奏本、票拟，从北京到淮安，淮安到北京，又从北京到闽广，闽广到北京，（中间还有从闽到广，从广到闽，会衔这一段公文旅行。）来来去去，去去来来，半年过去了，从推又发生拖的作用，推和拖本质上又都是骗。

最后，清兵撤退了，皆大欢喜，内阁以一"是"字了此公案。

大事化为小事，小事化为无事。

从骗到推，到拖，而无。这故事是中国官僚政治的一个典型例子。

也有人说，过去中国的政治，是无为政治，那么，就算这故事是一个无为政治的故事吧。①

---

①参看戴笠、吴殳：《怀陵流寇始终录》卷十五，《和看花行者的谈往》。

二、碰头和御前会议

清末大学士瞿鸿禨的僿直、遇恩,《圣德纪略》和金梁(息侯)的《四朝见闻》、《光宣小纪》两书,有许多地方可以互相印证。

在瞿中堂的书里,所见到的满纸都是碰头,见皇上碰头,见太后碰头,上朝碰头,索荷包碰头,赐宴碰头再碰头。碰头大概和请安不同,据金息侯的记载,请安是双膝跪在地下,两手垂直的,而碰头则除此以外,似乎还得弯腰把额角碰在地面上吧。《汉书》上邓通见丞相申屠嘉首出血不解,大概是清人所谓碰响头,碰得额角坟起,以至出血。古书上所谓"泥首",大概也是以首及泥的意思。不过,虽然碰头于古有据,而碰头之多,之数,之津津乐道,满纸都是,则未可以为渊源于古,只能说是清代的特色。

清人作官的秘诀,相传有六个字:"多碰头,少说话。"

年老的官僚多半要作一个护膝,即在膝盖上特别加上一块棉质的附属品,以为长跪时保护膝盖之用。

左宗棠有一次在颐和园行礼,跪久了,腰酸向前伏了一会,立时被弹劾,以为失仪。

军机大臣朝见两宫议事,一顺溜跪在拜垫上,有几个便殿,地方窄挤成一团,名位低的军机跪得比较远,什么也听不见,议是谈不上的。

照例,一大堆文件,皇太后翻过了,出去上朝,在接见第一批臣僚的短短时间内,军机大臣几人匆匆翻了一下,到召见时,有的事接头,大部分都莫名其妙。两个坐着,一群人跪着,首班跪近,还摸着一点说什么,其余的便有点不知所云了。往往弄得所答非所问,丈二和尚摸不着头脑。说了一阵子,国家大事小事便算定局。

王大臣会议也是这个作风,小官说不了话,大臣不敢说话,领班的亲王不知道说什么话,讨论谈不上,争辩更不会有。多半是亲王说如此如此，大家点头，散会。以后再由属员拟稿，分送各大臣签署奏报。

金息侯叹气说："这真是儿戏！"其实儿戏又何可厚非，小孩子到底天真，这批老官僚的天真在哪里？道道地地的官僚作风而已，儿戏云乎哉！（本节仅凭记忆）

（原载《中国建设》第7卷第1期，1948年10月1日）

宋明间统治阶级的内部矛盾

从北宋一直到明末，将近七百年左右时间，尽管换了不少朝代，一个统治阶级替换原来的统治阶级，一个家族推翻原来的统治家族，爬上统治的宝座，除旧布新，废止旧的某些苛政，颁布一些新的巩固统治的法令。但是，地主阶级统治的本质并没有改变，依然是占人口极少数的地主统治集团骑在广大农民头上吸吮脂膏，进行穷凶极恶的剥削。

在这期间，农民为了反抗地主阶级的压迫，曾经举行过无数次的武装起义。

在统治阶级集团内部，也由于经济情况的变化，特别是东南地区经济的发展、繁荣、壮大，文化水平的提高，要求对束缚生产力的某些规章制度作适当的改变，要求在政治上有他们自己地区的代言人；也由于南北长期分裂、对立，南北地主阶级之间也因而形成一种互相轻蔑、不信任的心理状态；同样，由于各地区经济、政治情况的不同，统治阶级内部由于生产资料占有情况和剥削方式的不同发生了矛盾；前两者造成了地区间的相互矛盾；而后者又造成了超越地区间的矛盾，这一些人与那一些人的矛盾；政局的变化和改革的浪潮一个接着一个，南方地区和中原地区的地主阶级代表人物发生矛盾，这一群地主代表和那一群地主代表发生矛盾；形成统治阶级内部的斗争，反映在政治上是新旧党争和其他形式的政治斗争。例如北宋前期北方豪族王旦、寇准和南方新兴地主阶级代表王钦若、丁谓的斗争，中期北方豪族韩琦、富弼、司马光和南方新兴地主阶级代表王安石、吕惠卿之争，后期的北方豪族代表和南方新兴地主阶级代表蔡京之争，这种斗争一直继续到南宋。中间金、元入侵，虽然情况改变了，民族压迫成为主要的矛盾，地主阶级内部矛盾退居次要地位，但是通过民族压迫，北人和南人在政治地位上的差别更显著了。

到明代，北方地主阶级和南方的地主阶级代表的利害冲突，又随着东南地区经济的进一步发展而发展，在政治上表现为当权的北方官僚有意地排斥南方的新进人物。也有时表现为当权的南方官僚有意地排斥北方的官僚。在中期倭患严重时代，更发展为沿海主张对外通商的地主和内地主张断绝通商地主的严重斗争。

统治阶级内部矛盾的一个方面的具体表现是掌握政权的首相地位的争夺，和当时官僚主要出身门路进士的争夺。

以宋朝史事为例，如真宗朝首相王旦是大名府莘县（今山东莘县）的豪族，祖父三代都作官。王钦若是临江军新喻（今江西新喻）人。真宗要任命王钦若作宰相，王旦说："我看祖宗朝从来没有南方人管国家大事的。虽然古人说过立贤无方，但是，也只适用于贤士啊。我作宰相，不敢排斥人。说的是公论。"真宗只好算了。王旦死后，王钦若才作宰相，他告诉人说："王旦一句话，迟了我十年作宰相。"①

王钦若在宋真宗天禧元年（1017）八月被任命为左仆射平章事，由此可见在这一年以前，没有一个南方人曾经作过宰相。宋人笔记因此臆造出宋太祖曾经立石政事堂，说南人不可为相，要后代遵守。事实上宋太祖即位于960年，这时南方有荆南、蜀、南汉、南唐、吴越五国。到963年荆南才投降，965年蜀孟昶降，971年取南汉，975年降南唐，至于吴越，直到宋太宗太平兴国三年（978）吴越王钱俶才纳土投降。王旦、寇准所指的南人，大体上指的是南唐、吴越地区的人，975年以前，南唐、吴越都没有划归宋的版图，怎么有可能让这两个地区的人作宋的宰相呢？

也应该指出，这个故事虽然是臆造的，并无其事，但是，在政治上轻视、排斥南人，不使南人当国执政，却是当时北方地主阶级的比较普遍的

---

① 李焘：《续资治通鉴长编》卷九〇；《宋史》卷二八二，《王旦传》。

企图。这个故事是正确地反映了当时的统治阶级内部斗争情况的。

寇准是华州下邽（今陕西渭南县东北）人。和王旦一样，极力排斥南人。公元1015年的进士考试，照规矩，要由皇帝召见考取前几名的进士，根据各人的仪表语言，决定谁是第一名。这次被召见的有新喻人萧贯和胶水（今山东平度）人蔡齐。蔡齐仪状秀伟，举止端重，真宗一见就喜欢他。寇准又说："萧贯南方下国人，不应该放在第一。"蔡齐就考第一了。真宗很高兴。寇准自命很高，很讨厌南方人轻巧。召见以后，他出来告诉同事说："又给中原夺得一个状元了。"①

不止是文官、进士，连武官也是如此。公元1006年，有人建议诸路巡检要选择武勇、心力强明的，请不要用福建、荆湖、江浙、川峡地方的人。真宗也觉得不对，对王钦若说："人的勇怯，不一定是南人北人的关系，用这办法区别，不是用人之道。"②因为武官是不参预政治的，因此，真宗没有采纳。

元代的台省重要官员，绝大多数都是北方人。汉人、南人在万数人中找不到一两个。③

明初有科场案，洪武三十年（1397）会试发榜，泰和（今江西泰和）人宋琮考第一，北方人一个也没有录取。北方的举人大闹，说主考官刘三吾等都是南方人（刘三吾湖南茶陵人），有私心。明太祖大怒，叫侍讲张信等检阅考卷，结果不满意，考生又攻讦说是刘三吾故意拿不好的卷子复阅。明太祖越发生气，把张信等考官杀了，刘三吾以年老充军。状元宋琮也被罚充军。明太祖亲自出题另考，取了六十人，全是北方人。当时叫作南北榜，又叫春夏榜。④

明英宗时的吏部尚书王翱，盐山（今河北盐山）人。性不喜南士，引

---

① 《长编》卷八四。
② 《长编》卷六三。
③ 叶子奇：《草木子》卷三，《克谨篇》。
④ 《明史》卷一三七，《刘三吾传》。

用的多是北方人。①北方人很喜欢他。到后来桐庐（今浙江桐庐）人姚夔作吏部尚书，又反过来，多引荐南人了。②

明武宗时首相焦芳是泌阳（今河南泌阳）人。他深恶南人，每退一南人就高兴。连谈到古人，也是破口骂南人，只要是北方人就称赞。作了一幅南人不可为相图送给当权的太监刘瑾。③

后期的东林党争，也包含有地方的因素。1654年清世祖和汉臣谈话，指出明末北人南人各自为党，把明朝搞坏了。④东林书院在江苏无锡，东林党人多是南人，魏忠贤是北方人，他的主要爪牙如冯铨等也多是北人，顺治的话是有些道理的。

这七百年间统治阶级的内部斗争，表现的一个方面是北方地主阶级和南方地主阶级代表人物间的斗争，和这一批地主代表和另一群地主代表之间的斗争。

宋、元的统治者都是从北方用武力统一南方的，首都也在北方，自然而然地构成了以北人为主的官僚集团。明代虽然从南方起事，统一北方，但是明太祖从政治上考虑，有意识地扶植北方人出身的官僚，到明成祖迁都北京，情况改变，北人在政治上就越发吃得开了。

从宋到明，东南地区的经济情况逐步改变，生产更加发达了，对外贸易发展了，念书识字的人多了，文化水平在不断提高。相反，中原地区由于战争的破坏，生产下降，经济重心逐步转移到东南地区。特别是从宋太宗以后，进士科扩大考取名额，从唐朝的每科三五十人，扩大到几千人以至万人。同时，由于印刷术的发明和书籍的商品化，结合东南地区的经济上升，就使进士科的地区比例发生变化，南人愈来愈占较大的比重，官

---

① 《明史》卷一七七，《王翱传》。
② 《明史》卷一七七，《姚夔传》。
③ 《明史》卷三〇六，《焦芳传》。
④ 《顺治东华录》二三。

僚集团的地区比例也随之而发生相应的变化。通过考试加入官僚集团的南人，不能不代表本地区新兴的地主阶级和以地主阶级为中心的对外贸易集团的利益，要求变革一些不符合他们利益的规章制度，建立保护他们利益的新制度新办法。这种变革的要求就被中原的地主阶级斥责为"轻巧"，斥责为变乱祖宗成法，坚决反对。道理站不住时就只好拿天变来吓唬了。

宋代新法派的领袖王安石的名言："天变不足畏，人言不足恤，祖宗不足法。"就是针对这种情况发出的抗议。

作者后记：

这篇札记发表以后，宁可先生在《新建设》上发表了《谈宋明间统治阶级的内部矛盾》，提出许多意见，提得很好，非常感谢。这次结集，根据宁可先生的意见作了个别地方的修改。

为什么这个集子还收进这条札记？因为我的看法，只是用札记的形式提出这样一个问题，历史实际中曾经存在的问题。因为是用札记形式写的，只讲问题，也提了一点看法，没有作全面的挖掘，也更不企图在这札记中作全面的分析。假如这个问题提得对，从而引起人们注意，作进一步的研究、讨论，那岂不很好。

海瑞骂皇帝

在封建时代,皇帝是不可侵犯的,连皇帝的名字都要避讳,一个字不幸成为"御讳",就得缺笔闹残废,不是缺胳膊,就是缺腿,成为不全的字。①人们不小心把该避"御讳"的字写了正字,就算犯法,要吃官司,判徒刑。至于骂皇帝,那是很少听说过的事。真正骂过皇帝,而又骂得非常痛快的是海瑞。海瑞骂嘉靖皇帝最厉害的几句话说:"现在人民的赋役要比平常多许多,到处都是这样。您花了许多钱,用在宗教迷信上,而且一天比一天多,弄得老百姓都穷的光光的,这十几年来闹到极点。天下人民就用您改元的年号嘉靖,取这两个字音说,'嘉靖,皆净,家家穷得干干净净,没有钱用。"这样大胆直接骂皇帝的话,不仅嘉靖当了几十年皇帝没有听见过,就是从各朝各代的古书上也很难找到。但却句句刺痛了他的要害,嘉靖又气又恼,十分冒火。

原来嘉靖做皇帝时间长了,懒得管事,不上朝,住在西苑,成天拜神作斋醮(宗教仪式),上青词。青词是给天神写的信,要写得很讲究,宰相严嵩、徐阶都因为会写青词得宠。政治腐败到极点,朝臣中有人提意见的,不是杀头,便是革职,监禁,充军,吓得没人敢说话。海瑞在嘉靖四十五年(公元1566年)二月上的治安疏,便是针对当时的问题,向皇帝提出的质问,要求改革。他在疏中说:

"你比汉文帝②怎么样?你前些年倒还做些好事。这些年呢,只讲修

---

① 例如宋太祖名叫赵匡胤,"胤"字在其他地方用时要避"御讳",少写一笔,写作"胤"。
② 西汉皇帝。他执行减轻租役的政策,免收全国赋税十二年,促进了社会生产的发展,国家开始呈现富饶的景象。

道，大兴土木。二十多年不上朝，滥派官职给人。跟两个儿子也不见面，人家以为你薄于父子。以猜疑诽谤杀戮臣下，人家以为你薄于君臣。尽住西苑不回宫，人家以为你薄于夫妇。弄得天下吏贪将弱，到处有农民暴动。这种情况，你即位初年也有，但没有这样严重。现在严嵩虽然罢相了，但是没有什么改革，还不是清明世界。我看你远不如汉文帝。"

嘉靖自比为尧，号尧斋。海瑞说他连汉文帝也不如，他怎么能不冒火。海瑞接着又说：

"天下的人不满意你已经很久了，内外大小官员谁都知道。

"你一意修道，只想长生不老，你的心迷惑了。过于苛断，你的性情偏了。你自以为是，拒绝批评，你的错误太多了。你一心想成仙得道，长生不老。你看尧、舜、禹、汤、文王、武王①哪个活到现在？你的老师陶仲文教你长生之法，他已经死了。他不能长生，你怎么能求长生呢？你说上天赐你仙桃、药丸，那就更怪了，桃、药是怎么来的呢？是上天用手拿着给你的吗？

"你要知道，修道没有什么好处，应该立即醒悟过来，每天上朝，研究国计民生，痛改几十年的错误，为人民谋些福利。

"目前的问题是君道不正，臣职不明，这是天下第一件大事。这事不说，别的还说什么！"

嘉靖看了，大怒，把奏本丢在地下，叫左右立刻逮捕海瑞，不要让他跑了。宦官黄锦在旁边说："听说这人自知活不了，已向妻子作临死告别，托人准备后事，家里的佣人都吓得跑光了，他不会逃。这个人素性刚直，名声很大，居官清廉，不取官家一丝一粟，是个好官呢！"嘉靖一听海瑞不怕死，倒愣住了，又把奏本拣起来，一面读，一面叹气，下不了决心。过了好些日子，想起来就发脾气，拍桌子骂人。有一天发怒打宫婢，

---

①尧、舜、禹、汤、文王、武王都是我国上古时代或古代传说中的贤君。

宫婢私下哭着说："皇帝挨了海瑞的骂,却拿我们来出气。"嘉靖又派人私下查访,有谁和海瑞商量出主意的。同官的人都怕连累,看到海瑞就躲在一边,海瑞也不以为意,在家等候坐牢。

嘉靖有时自言自语说："这人真比得上比干①,不过我还不是纣王。"他叫海瑞是畜物,口头上和批处海瑞案件的文件上都不叫海瑞的名字。病久了,又有气,和宰相徐阶商量,要传位给太子,说:"海瑞的话都对,只是我病久,怎么能上朝办事呢?"又说:"都是自己不好,不自爱惜,闹了这场病。要是能上朝办事,怎么会挨这个人的骂。"下令逮捕海瑞下狱,追查主使的人。刑部论处海瑞死刑,嘉靖也不批复。过了两个月,嘉靖死了,新皇帝即位,才放海瑞出来,仍回原职,作户部主事②。

海瑞大骂皇帝,同情他和支持他的人到处都是,他的名声越来越大了。万历十四年(公元1586年),海瑞被人向皇帝诬告,青年进士③顾允成、彭遵古、诸寿贤替他辩诬申救,写的文章中说:"我们从十几岁时,就听说海瑞的名声,认为是当代的伟人,永远被人瞻仰,这是任何人都不能赶得上的。"这是当时青年人对他的评价。

刘勉之

(原载《人民日报》,1959年6月16日)

---

①比干是殷纣王的叔父,因为谏纣王的荒淫残暴,而被剖心杀害。
②是户部的官员。
③科举取士制度,在乡试的次年由取得举人资格的人,于北京举行会试。会试合格的,再由皇帝亲自主持一次考试叫做殿试。殿试结果,分为三甲,一甲仅三名,是状元、榜眼、探花,称"进士及第";二甲称"进士出身";三甲称"同进士出身";统称进士。

《金瓶梅》的著作时代及其社会背景

要知道《金瓶梅》这部书的社会背景，我们不能不先考定它的产生时代。同时，要考定它的产生时代，我们不能不把一切关于《金瓶梅》的附会传说肃清，还它一个本来面目。

《金瓶梅》是一部现实主义作品，所集中描写的是作者所处时代的市井社会的侈靡淫荡的生活。它的细致生动的白描技术和汪洋恣肆的气势，在未有刻本以前，即已为当时的文人学士所叹赏惊诧。但因为作者敢对于性生活作无忌惮的大胆的叙述，便使社会上一般假道学先生感觉到逼胁而予以摈斥，甚至怕把它刻板行世会有堕落地狱的危险，但终之不能不佩服它的艺术的成就。另一方面一般神经过敏的人又自作聪明地替它解脱，以为这书是"别有寄托"，替它捏造成一串可歌可泣悲壮凄烈的故事。

无论批评者的观点怎样，《金瓶梅》的作者，三百年来却都一致公认为王世贞而无异辞。他们的根据是：

（1）沈德符的话：说这书是嘉靖中某大名士做的。这一位某先生，经过几度的附会，就被指实为王世贞。

（2）因为书中所写的蔡京父子，相当于当时的严嵩父子。王家和严家有仇，所以王世贞写这部书的目的是（甲）报仇，（乙）讽刺。

（3）是据本书的艺术和才气立论的。他们先有了一个"苦孝说"的主观之见，以为像这样的作品非王世贞不能写。

现在我们不管这些理由是否合理，且把他们所乐道的故事审查一下，看是王世贞作的不是。

一、《金瓶梅》的故事

《金瓶梅》的作者虽然已被一般道学家肯定为王世贞（他们以为这样一来，会使读者饶恕它的"猥亵"描写），但是他为什么要写这书？书中的对象是谁？却众说纷纭，把它归纳起来不外是：

甲、复仇说　对象（1）严世蕃

　　　　　　　　（2）唐顺之

乙、讽刺说　对象——严氏父子

为什么《金瓶梅》会和唐顺之发生关系呢？这里面又包含着另外一个故事——《清明上河图》的故事。

（一）《清明上河图》和唐荆川

《寒花盦随笔》：

"世传《金瓶梅》一书为王弇州（世贞）先生手笔，用以讥严世蕃者。书中西门庆即世蕃之化身，世蕃亦名庆，西门亦名庆，世蕃号东楼，此书即以西门对之"。"或谓此书为一孝子所作，所以复其父仇者。盖孝子所识一巨公实杀孝子父，图报累累皆不济。后忽侦知巨公观书时必以指染沫，翻其书页。孝子乃以三年之力，经营此书。书成黏毒药于纸角，觇巨公外出时，使人持书叫卖于市，曰天下第一奇书，巨公于车中闻之，即索观，车行及其第，书已观讫，啧啧叹赏，呼卖者问其值，卖者竟不见，巨公顿悟为所算，急自营救已不及，毒发遂死。"今按二说皆是，孝子即凤洲（世贞号）也，巨公为唐荆川（顺之），凤洲之父忬死于严氏，实荆川赞之也。姚平仲《纲鉴絜要》载杀巡抚王忬事，注谓"忬有古画，严嵩索之，忬不与，易以摹本。有识画者为辨其赝。嵩怒，诬以失误军机杀之"。但未记识画人姓名，有知其事者谓识画人即荆川，古画者《清明上河图》也。

凤洲既抱终天之恨，誓有以报荆川，数遣人往刺之，荆川防护甚备。一夜，读书静室，有客自后握其发将加刃，荆川曰："余不逃死，然须留遗书嘱家人。"其人立以俟，荆川书数行，笔头脱落，以管就烛，佯为治笔，管即毒弩，火热机发，镞贯刺客喉而毙。凤洲大失望！

后遇于朝房，荆川曰："不见凤洲久，必有所著。"答以《金瓶梅》，实凤洲无所撰，姑以诳语应耳。荆川索之急，凤洲归，广召梓工，旋撰旋刊，以毒水濡墨刷印，奉之荆川。荆川阅书甚急，墨浓纸黏，卒不可揭，乃屡以纸润口津揭书，书尽毒发而死。

或传此书为毒死东楼者。不知东楼自正法，毒死者实荆川也。彼谓以三年之力成书，及巨公索观于车中云云，又传闻异词耳。

这是说王忬进赝画于严嵩，为唐顺之识破，致陷忬于法。世贞图报仇，进《金瓶梅》毒死顺之。刘廷玑的《在园杂志》也提到此事，不过把《清明上河图》换成《辋川真迹》，把识画人换成汤裱褙，并且说明顺之先和王忬有宿怨。他说：

明太仓王思质（忬）家藏右丞所写《辋川真迹》，严世蕃闻而索之。思质爱惜世宝，予以抚本。世蕃之裱工汤姓者，向在思质门下，曾识此图，因于世蕃前陈其真赝，世蕃衔之而未发也。会思质总督蓟辽军务，武进唐应德、顺之以兵部郎官奉命巡边，严嵩筋之内阁，微有不满思质之言，应德领之。至思质军，欲行军中驰道，思质以己兼兵部堂衔难之，应德怫然，遂参思质军政废弛，虚縻国帑，累累数千言。先以稿呈世蕃，世蕃从中主持之，逮思质至京弃市。

到了清人的《缺名笔记》，又把这故事变动一下：

《金瓶梅》为旧说部中四大奇书之一，相传出王世贞手，为报复严氏之《督亢图》。或谓系唐荆川事。荆川任江右巡抚时有所周纳，狱成，罹大辟以死。其子百计求报，而不得间。会荆川解职归，遍阅奇书，渐叹观止。乃急草此书，渍砒于纸以进，盖审知荆川读书时必逐页用纸黏舌，以次披览也。荆川得书后，览一夜而毕，蓦觉舌木强涩，镜之黑矣。心知被毒，呼其子曰："人将谋我，我死，非至亲不得入吾室。"逾时遂卒。

旋有白衣冠者呼天抢地以至，蒲伏于其子之前，谓曾受大恩于荆川，愿及未盖棺前一亲其颜色。鉴其诚许之入，伏尸而哭，哭已再拜而出。及殓则一臂不知所往，始悟来者即著书之人，因其父受缳首之辱，进鸩不足，更残其支体以为报也。

（二）汤裱褙

识画人在另一传说中，又变成非大儒名臣的当时著名装潢家汤裱褙。这一说最早的要算沈德符的《野获编》，他和世贞同一时代，他的祖、父又都和王家世交，所以后人都偏重这一说。《野获编补遗》卷二《伪画致祸》：

严分宜（嵩）势炽时，以诸珍宝盈溢，遂及书画骨董雅事。时鄢懋卿以总鹾使江淮，胡宗宪、赵文华以督兵使吴越，各承奉意旨，搜取古玩，不遗余力。时传闻有《清明上河图》手卷，宋张择端画，在故相王文恪（鏊）胄君家，其家钜万，难以阿堵动。乃托苏人汤臣者往图之，汤以善装潢知名，客严门下，亦与娄江王思质中丞往还，乃说王购之。王时镇蓟门，即命汤善价求市，既不可得，遂嘱苏人黄彪摹真本应命，黄亦画家高手也。

严氏既得此卷，珍为异宝，用以为诸画压卷，置酒会诸贵人赏玩之。有妒王中丞者知其事，直发为赝本。严世蕃大惭怒，顿恨中丞，谓有意绐之，祸本自此成。或云即汤姓怨弇州伯仲自露始末，不知然否？

这一说是《清明上河图》本非王忬家物，由汤裱褙托王忬想法不成功，才用摹本代替，末了还是汤裱褙自发其覆。顾公燮《消夏闲记摘抄》作《金瓶梅缘起王凤洲报父仇》一则，即根据此说加详，不过又把王鏊家藏一节改成王忬家藏，把严氏致败之由，附会为世蕃病足，把《金瓶梅》的著作目的改为讥刺严氏了：

太仓王忬家藏《清明上河图》，化工之笔也。严世蕃强索之，忬不忍舍，乃觅名手摹赝者以献。先是忏巡抚两浙，遇裱工汤姓流落不偶，携之归，装潢书画。旋荐之世蕃。当献画时，汤在侧谓世蕃曰："此图某所目视，是卷非真者，试观麻雀小脚而踏二瓦角，即此便知其伪矣。"世蕃恚甚，而亦鄙汤之为人，不复重用。

会俺答入寇大同，忏方总督蓟、辽，鄢懋卿嗾御史方辂劾忏御边无术，遂见杀。后范长白公允临作《一捧雪》传奇，改名为《莫怀古》，盖戒人勿怀古董也。

忏子凤洲（世贞）痛父冤死，图报无由。一日偶谒世蕃，世蕃问坊间有好看小说否？答曰有，又问何名，仓卒之间，凤洲见金瓶中供梅，遂以《金瓶梅》答之，但字迹漫灭，容钞正送览。退而构思数日，借《水浒传》西门庆故事为蓝本，缘世蕃居西门，乳名庆，暗讥其闺门淫放，而世蕃不知，观之大悦。把玩不置。

相传世蕃最喜修脚，凤洲重赂修工，乘世蕃专心阅书，故意微伤脚迹，阴擦烂药，后渐溃腐，不能入直，独其父嵩在阁，年衰迟钝，票本批拟，不称上旨，宠日以衰。御史邹应龙等乘机劾奏，以至于败。

徐树丕的《识小录》又以为汤裱褙之证画为伪，系受贿不及之故，把张择端的时代由宋升至唐代，画的内容也改为汴人掷骰：

汤裱褙善鉴古，人以古玩赂严世蕃必先贿之，世蕃令辨其真伪，其得贿者必曰真也。吴中一都御史偶得唐张择端《清明上河图》临本馈世蕃而贿不及汤。汤直言其伪，世蕃大怒，后御史竟陷大辟。而汤则先以诖谇遗戍矣。

余闻之先人曰《清明上河图》皆寸马豆人，中有四人樗蒲，五子皆六而一犹旋转，其人张口呼六，汤裱褙曰："汴人呼六当撮口，而今张口是采闽音也。"以是识其伪。此与东坡所说略同，疑好事者伪为之。近有《一捧雪》传奇亦此类也，特甚世蕃之恶耳。

（三）况叔祺及其他

梁章钜《浪迹丛谈》记此事引王襄《广汇》之说，即本《识小录》所载，所异的是不把识画人的名字标出，他又以为王忬之致祸是由于一诗一画：

> 王襄《广汇》："严世蕃常索古画于王忬，云值千金，忬有临幅绝类真者以献。乃有精于识画者往来忬家有所求，世贞斥之。其人知忬所献画非真迹也，密以语世蕃。会大同有房警，巡按方辂劾忬失机，世蕃遂告嵩票本论死。"

又孙之騄《二申野录注》："后世蕃受刑，弇州兄弟赎得其一体，熟而荐之父灵，大恸，两人对食，毕而后已。诗画贻祸，一至于此，又有小人交构其间，酿成尤烈也。"

按所云诗者谓杨椒山（继盛）死，弇州以诗吊之，刑部员外郎况叔祺录以示嵩，所云画者即《清明上河图》也。

综合以上诸说，归纳起来是：

（1）《金瓶梅》为王世贞作，用意：（甲）讥刺严氏；（乙）作对严氏复仇的《督亢图》；（丙）对荆川复仇。

（2）唐荆川潜杀王忬，忬子世贞作《金瓶梅》，荆川于车中阅之中毒卒。

（3）世贞先行刺荆川不遂，后荆川向其索书，遂撰《金瓶梅》以毒之。

（4）唐、王结怨之由是荆川识《清明上河图》为伪，以致王忬被刑。

（5）《金瓶梅》为某孝子报父仇作，荆川因以被毒。

（6）汤裱褙识王忬所献辋川真迹为伪，唐顺之行边与王忬忤，两事交攻，王忬以死。

（7）《清明上河图》为王鏊家物，世蕃门客汤臣求之不遂，托王忬想法也不成功，王忬只得拿摹本应命，汤裱褙又自发其覆，遂肇大祸。

（8）严世蕃强索《清明上河图》于王忬，忬以赝本献，为旧所提携汤姓者识破。

（9）世蕃向世贞索小说，世贞撰《金瓶梅》以讥其闺门淫放，而世蕃不知。

（10）世贞赂修工烂世蕃脚，不能入直，严氏因败。

（11）王忬献画于世蕃，而贿不及汤裱褙，因被指为伪，致陷大辟。

（12）王忬致祸之由为《清明上河图》及世贞吊杨继盛诗触怒严氏。

以上一些五花八门的故事，看起来似乎很多，其实包含着两个有联系的故事——《清明上河图》和《金瓶梅》。

二、王忬的被杀与《清明上河图》

按《明史》卷二〇四《王忬传》："嘉靖三十六年（公元1557）部臣言蓟镇额兵多缺，宜察补。乃遣郎中唐顺之往核。还奏额兵九万有奇，今惟五万七千，又皆羸老，忬与……等俱宜按治。……三十八年二月把都儿辛爱数部屯会州挟朵颜为乡导……由潘家口入渡滦河，……京师大震。御史王渐、方辂遂劾忬及……罪，帝大怒……切责忬令停俸自效。至五月辂复劾忬失策者三，可罪者四，遂命逮忬及……下诏狱……明年冬竟死西市。忬才本通敏，其骤拜都御史及屡更督抚也，皆帝特简，所建请无不从。为总督，数以败闻，由是渐失宠。既有言不练主兵者，帝益大恚，谓忬怠事负我。嵩雅不悦忬，而忬子世贞复用口语积失欢于嵩子世蕃，严氏客又数以世贞家琐事构于嵩父子，杨继盛之死，世贞又经纪其丧，嵩父子大恨，滦河变闻，遂得行其计。"

当事急时，世贞"与弟世懋日蒲伏嵩门涕泣求贷，嵩阴持忬狱，而时为谩语以宽之。两人又日囚服跽道旁遮诸贵人舆搏颡请救，诸贵人畏嵩，不敢言。"（《明史》卷二八七《王世贞传》）

王忬死后，一般人有说他"死非其罪"的，也有人说他是"于法应诛"的，他的功罪我们姑且不管，要之，他之死于严氏父子之手，却是一件不可否认的事实。

我们要判断以上所记述的故事是否可靠，第一我们先要研求王忬和严氏父子结仇的因素，关于这一点最好拿王世贞自己的话来说明。

《弇州山人四部稿》卷一二三《上太傅李公书》：

……至于严氏所以切齿于先人者有三：其一乙卯冬仲芳兄（杨继盛）且论报，世贞不自揣，托所知向严氏解救不遂，已见其嫂代死疏辞慭，少为笔削。就义之后，躬视含殓，经纪其丧。为奸人某某（按即指况叔祺）文饰以媚严氏。先人闻报，弹指唾骂，亦为所诇。其二杨某为严氏报仇曲杀沈鍊，奸罪万状，先人以比壤之故，心不能平，间有指斥。渠误谓青琐之押，先人预力，必欲报之而后已。其三严氏与今元老相公（徐阶）方水火，时先人偶辱见葭莩之末。渠复大疑有所弃就，奸人从中构牢不可解。以故练兵一事，于拟票内一则曰大不如前，一则曰一卒不练，所以阴夺先帝（嘉靖帝）之心而中伤先人者深矣。预报贼耗，则曰王某恐吓朝廷，多费军饷。虏贼既退，则曰将士欲战，王某不肯。兹谤既腾，虽使曾参为子，慈母有不投杼者哉！

以上三个原因：（1）关于杨继盛；（2）关于沈鍊；（3）关于徐阶。都看不出有什么书画肇祸之说。试再到旁的地方找去，《明史》卷二八七《王世贞传》说：

奸人阎姓者犯法，匿锦衣都督陆炳家，世贞搜得之。炳介严嵩以请，不许。杨继盛下吏，时进汤药。其妻讼夫冤，为代草。既死，复棺殓之。嵩大恨。吏部两拟提学，皆不用。用为青州兵备副使。父忬以滦河失事，嵩构之论死。

沈德符《野获编》卷八《严相处王弇州》：

王弇州为曹郎，故与分宜父子善。然第因乃翁思质（忬）方总督蓟、辽，姑示密以防其枝，而心甚薄之。每与严世蕃宴饮，辄出恶谑侮之，已不能堪。会王弟敬美继登第，分宜呼诸孙切责以"不克负荷"诃诮之,世蕃益恨望,日谮于父前,分宜遂欲以长史处之,赖徐华亭(阶)力救得免,弇州德之入骨。后分宜因唐荆川阅边之疏讥切思质,再入鄢剑泉(懋卿)之赞决,遂置思质重辟。

这是说王忬之得祸,是由于世贞之不肯趋奉严氏,和谑毒世蕃,可用以和《明史》相印证。所谓恶谑,丁元荐《西山日记》曾载有一则:

王元美先生善谑,一日与分宜胄子饮,客不任酒,胄子即举杯虐之,至淋漓巾帻。先生以巨觥代客报世蕃,世蕃辞以伤风不胜杯杓,先生杂以诙谐曰:"爹居相位,怎说出伤风?"旁观者快之。

也和《清明上河图》之说渺不相涉。

现在我们来推究《清明上河图》的内容和它的流传经过,考察它为什么会和王家发生关系,衍成如此一连串故事的由来。

《清明上河图》到底是一幅怎样的画呢?李东阳《怀麓堂集》卷九题《清明上河图》一诗描写得很清楚详细:

宋家汴都全盛时,四方玉帛梯航随,清明上河俗所尚,倾城士女携童儿。城中万屋翚甍起,百货千商集成蚁,花棚柳市围春风,雾阁云窗粲朝绮。芳原细草飞轻尘,驰者若飚行若云,红桥影落浪花里,捩舵撇篷俱有神。笙声在楼游在野,亦有驱牛种田者,眼中苦乐各有情,纵使丹青未堪写!翰林画史张择端,研朱吮墨镂心肝,细穷毫发夥千万,直与造化争雕镌。图成进入缉熙殿,御笔题签标卷面,天津一夜杜鹃啼,倏忽春光几回变。朔风卷地天雨沙,此图此景复谁家?家藏私印屡易主,赢得风流后代夸。姓名不入《宣和谱》,翰墨流传藉吾祖,独从忧乐感兴衰,空吊环州一抔土!丰亨豫大纷彼徒,当时谁进流民图?乾坤頫仰意不极,世事荣枯无代无!

钱谦益《牧斋初学集》卷八五《记清明上河图卷》:

嘉禾谭梁生携《清明上河图》过长安邸中,云此张择端真本也。……此卷向在李长沙家,流传吴中,卒为袁州所钩致,袁州籍没后已归御府,今何自复流传人间?书之以求正于博雅君子。天启二年壬戌五月晦日。

按长沙即李东阳,袁州即严嵩。据此可知这图的收藏经过是:

(1)李东阳家藏;

(2)流传吴中;

(3)归严氏;

(4)籍没入御府。

一百年中流离南北,换了四个主人,可惜不知道在吴中的收藏家是谁。推测当分宜籍没时,官中必有簿录,因此翻出《胜朝遗事》所收的文嘉《钤山堂书画记》,果然有详细的记载,在《名画部》宋有:张择端《清明上河图》。

> 图藏宜兴徐文靖(徐溥)家,后归西涯李氏(东阳),李归陈湖陆氏,陆氏子负官缗,质于昆山顾氏,有人以一千二百金得之。然所画皆舟车城郭桥梁市廛之景,亦宋之寻常画耳,无高古气也。

按田艺蘅《留青日札》严嵩条记嘉靖四十四年(公元1565)八月抄没清单有:

> 石刻法帖三百五十八册轴,古今名画刻丝纳纱纸金绣手卷册共三千二百零一轴。内有……宋张择端《清明上河图》……乃苏州陆氏物,以千二百金购之,才得其赝本,卒破数十家。其祸皆成于王彪、汤九、张四辈,可谓尤物害民。

这一条记载极关重要,它所告诉我们的是:

(1)《清明上河图》乃苏州陆氏物。

(2)其人以千二百金问购,才得赝本,卒破数十家。

(3)诸家记载中之汤裱褙或汤生行九,其同恶为严氏鹰犬者有王彪、张四诸人。

考陈湖距吴县三十里,属苏州。田氏所记的苏州陆氏当即为文氏所记之陈湖陆氏无疑。第二点所指明的也和文氏所记吻合。由苏州陆氏的渊源,据《钤山堂书画记》:"陆氏子负官缗,质于昆山顾氏。"两书所说相同,当属可信。所谓昆山顾氏,考《昆新两县合志》卷二〇《顾梦圭传》:

> 顾懋宏字靖甫,初名寿,一字茂俭,潜孙,梦圭子。十三补诸生,才高气豪,以口过被祸下狱,事白而家壁立。依从父梦羽蕲州官舍,用蕲籍再为诸生。寻东还,游太学,举万历戊子乡荐。授休宁教谕,迁南国子学录,终莒州知州。自劾免。筑室东郊外,植梅数十株吟啸以老。

按梦圭为嘉靖癸未(公元1523)进士,官至江西布政使。他家世代做官,为昆山大族。其子懋宏十三补诸生。嘉靖四十一年(公元1562)五月严嵩事败下狱,四十四年三月严世蕃伏诛,严氏当国时代恰和懋宏世代相当,由此可知传中所谓"以口过被祸下狱,事白而家壁立"一段隐约的记载,即指《清明上河图》事,和文田两家所记相合。

这样,这图的沿革可列成下表:

(一)宜兴徐氏;

(二)西涯李氏;

(三)陈湖陆氏;

(四)昆山顾氏;

(五)袁州严氏;

(六)内府。

在上引的史料中,最可注意的是《钤山堂书画记》。因为文嘉家和王世贞家是世交,他本人也是世贞好友之一。他在嘉靖四十四年(公元1565)应何宾涯之召检阅籍没入官的严氏书画,到隆庆二年(公元1568)整理所记录成功这一卷书。时世贞适新起用由河南按察副使擢浙江布政使司左参政分守湖州。假如王氏果和此图有关系,并有如此悲惨的故事包含在内,他决不应故没不言!

在以上所引证的《清明上河图》的经历过程中,很显明安插不下王忬或王世贞的一个位置。那么，这图到底是怎样才和王家在传说中发生关系的呢？按《弇州山人四部稿续稿》卷一六八《清明上河图》别本跋：

张择端《清明上河图》有真赝本，余均获寓目。真本人物舟车桥道官室皆细于发，而绝老劲有力，初落墨相家，寻籍入天府为穆庙所爱，饰以丹青。

赝本乃吴人黄彪造，或云得择端稿本加删润，然与真本殊不相类，而亦自工致可念，所乏腕指间力耳，今在家弟（世懋）所。此卷以为择端稿本，似未见择端本者。其所云于禁烟光景亦不似，第笔势遒逸惊人，虽小龛率，要非近代人所能办，盖与择端同时画院祗候，各图汴河之胜，而有甲乙者也。吾乡好事人遂定为真稿本，而谒彭孔嘉小楷，李文正公记，文徵仲苏书，吴文定公跋，其张著、杨准二跋，则寿承、休承以小行代之，岂惟出蓝！而最后王禄之、陆子傅题字尤精楚。陆于逗漏处，毫发贬驳殆尽，然不能断其非择端笔也。使画家有黄长睿那得尔？

其第二跋云：

按择端在宣政间不甚著，陶九畴纂《图绘宝鉴》，搜括殆尽，而亦不载其人。昔人谓逊功帝以丹青自负，诸祗候有所画，皆取上旨裁定。画成进御，或少增损。上时时草创下诸祗候补景设色，皆称御笔，以故不得自显见。然是时马贲、周曾、郭思、郭信之流，亦不致泯然如择端也。而《清明上河》一图，历四百年而大显，至劳权相出死构，再损千金之值而后得，嘻！亦已甚矣。择端他图余见之殊不称，附笔于此。

可知此图确有真赝本，其赝本之一确曾为世贞爱弟世懋所藏，这图确曾有一段悲惨的故事；"至劳权相出死构，再损千金之值而后得"。这两跋都成于万历三年（公元1575）以后，所记的是上文所举的昆山顾氏的事，和王家毫不相干。这一悲剧的主人公是顾懋宏，构祸的是汤九或汤裱褙，权相是严氏父子。

由以上的论证，我们知道一切关于王家和《清明上河图》的记载，都是任意捏造，牵强附会。无论他所说的是辋川真迹，是《清明上河图》，是黄彪的临本，是王鏊家藏本，或是王忬所藏的，都是无中生有。事实的根据一去，当然唐顺之或汤裱褙甚至第三人的行踏或指证的传说，都一起跟着不存在了。

但是，像沈德符、顾公燮、刘廷玑、梁章钜等人，在当时都是很有名望的学者，沈德符和王世贞是同一时代的人，为什么他们都会得捕风捉影，因讹承讹呢？

这原因据我的推测，以为是：

（1）是看不清《四部稿》两跋的原意，误会所谓"权相出死力构"是指他的家事，因此而附会成一串故事。

（2）是信任《野获编》作者的时代和他与王家的世交关系，以为他所说的话一定可靠，而靡然风从，群相应和。

（3）是故事本身的悲壮动人，同情被害人的遭遇，辗转传述，甚或替它装头补尾，虽悖"求真之谛"亦所不惜。

次之因为照例每个不幸的故事中，都有一位丑角在场，汤裱褙是当时的名装潢家，和王、严两家都有来往，所以顺手把他拉入作一点缀。

识画人的另一传说是唐顺之，因为他曾有疏参王忬的事迹，王忬之死多少他应负一点责任。到了范允临的时候，似乎又因为唐顺之到底是一代大儒，不好任意得罪，所以在他的剧本——《一捧雪》传奇中仍旧替回了汤裱褙。几百年来，这剧本到处上演，剧情的凄烈悲壮，深深地感动了千万的人，于是汤裱褙便永远留在这剧本中做一位挨骂的该死丑角。

三、《金瓶梅》非王世贞所作

最早提到《金瓶梅》的,是袁宏道的《觞政》:

> 凡《六经》、《语孟》所言饮式,皆酒经也。其下则汝阳王《甘露经酒谱》……为内典。……传奇则《水浒传》、《金瓶梅》为逸典。(《袁中郎全集》卷一四,十之《掌故》)

袁宏道写此文时《金瓶梅》尚未有刻本,已极见重于文人,拿它和《水浒》并列了。可惜袁宏道只给了我们一个艺术价值的暗示,而没提出它的著者和其他事情。稍后沈德符的《野获编》卷二五《金瓶梅》所说的就详细多了,沈德符说:

> 袁中郎《觞政》以《金瓶梅》配《水浒传》为外典,予恨未得见。丙午(公元1606)遇中郎京邸,问曾有全帙否?曰第睹数卷甚奇快,今惟麻城刘延白承禧家有全本,盖从其妻家徐文贞录得者。又三年小修(袁中道,宏道弟)上公车,已携有其书,因与借抄挈归。吴友冯犹龙见之惊喜,怂恿书坊以重价购刻。马仲良时榷吴关,亦劝予应梓人之求,可以疗饥。予曰:"此等书必遂有人板行,但一刻则家传户到,坏人心术,他日阎罗究诘始祸,何辞置对?吾岂以刀锥博泥犁哉!"仲良大以为然,遂固箧之。未几时而吴中悬之国门矣。然原本实少五十三回至五十七回。遍觅不得。有陋儒补以入刻,无论肤浅鄙俚,时作吴语,即前后血脉,亦绝不贯串,一见知其赝作矣。
>
> 闻此为嘉靖间大名士手笔,指斥时事,如蔡京父子则指分宜,林灵素则指陶仲文,朱勔则指陆炳,其他各有所属云。

关于有刻本前后的情形,和书中所影射的人物,他都讲到了,单单我们所认为最重要的著者,他却只含糊地说了"嘉靖间大名士"了事,这六个字的含义是:

(1)作者是嘉靖时人;

(2) 作者是大名士；

(3)《金瓶梅》是嘉靖时的作品。

几条嘉靖时代若干大名士都可适用的规限，更不妙的是他指这书是"指斥时事"的，平常无缘无故的人要指斥时事干什么呢？所以顾公燮等人便因这一线索推断是王世贞的作品，牵连滋蔓，造成上述一些故事。康熙乙亥（公元1696）刻的《金瓶梅》谢颐作的序便说：

> 《金瓶梅》一书传为凤洲门人之作也。或云即出凤洲手。然洋洋洒洒一百回内，其细针密线，每令观者望洋而叹。

到了《寒花盦随笔》、《缺名笔记》一些人的时代，便索性把或字去掉。一直到近人蒋瑞藻《小说考证》还认定是弇州之作而不疑：

> 《金瓶梅》之出于王世贞手不疑也。景倩距弇州时代不远，当知其详。乃断名士二字了之，岂以其诲淫故为贤者讳欤！（《小说考证》二，96页）

其实，一切关于《金瓶梅》的故事，都只是故事而已，都不可信。应该根据真实史料，把一切荒谬无理的传说，一起踢开，还给《金瓶梅》以一个原来的面目。

第一，我们要解决一个问题，要先抓住它的要害点，关于《清明上河图》，在上文已经证明和王家无关。次之就是这一切故事的焦点——作《金瓶梅》的缘起和《金瓶梅》的对象严世蕃或唐荆川之被毒或被刺。因为这书据说是作者来毒严氏或唐氏的，如两人并未被毒或无被毒之可能时，这一说当然不攻自破。

甲、严世蕃是正法死的，并未被毒，这一点《寒花盦随笔》的作者倒能辨别清楚。顾公燮便不高明了，他以为王忬死后世贞还去谒见世蕃，世蕃索阅小说，因作《金瓶梅》以讥刺之。其实，王忬被刑在嘉靖三十九年（公元1560）十月初一日，殁后世贞兄弟即扶柩返里，十一月二十七日到家，自后世贞即屏居里门，到隆庆二年（公元1568）始起为河南按察副使。另一方面严嵩于四十一年五月罢相,世蕃也随即被刑。王忬死后世贞方痛恨严氏父子之不暇,何能觍颜往谒贼父之仇?而且世贞于父死后即返里屏居,中间无一日停滞,南北相隔,又何能与世蕃相见?即使可能,世蕃已被放逐,不久即死,亦何能见?如说此书之目的专在讽刺,则严氏既倒,公论已明,亦何所用其讽刺?且《四部稿》中不乏抨责严氏之作,亦何庸写此洋洋百万言之大作以事此无谓之讽刺?

再次,顾氏说严氏之败是由世贞贿修工烂世蕃脚使不能入直致然的,此说亦属无稽,据《明史》卷三〇八《严嵩传》所言:

嵩虽警敏,能先意揣帝指,然帝所下手诏语多不可晓,惟世蕃一览了然。答语无不中。及嵩妻欧阳氏死,世蕃当护丧归,嵩请留侍京邸,帝许之,然自是不得入直所代嵩票拟,而日纵淫乐于家。嵩受诏多不能答,遣使持问世蕃,值其方耽女乐,不以时答,中使相继促嵩,嵩不得已自为之,往往失旨。所进青词又多假手他人不能工,以是积失帝欢。

则世蕃之不能入直是因母丧,嵩之败是因世蕃之不代票拟,也和王世贞根本无关。

乙、关于唐顺之,按《明史》:"顺之出为淮扬巡抚,兵败力疾过焦山,三十九年春卒。"王忬死在是年十月,顺之比王忬早死半年。世贞何能预写《金瓶梅》报仇?世贞以先一年冬从山东弃官省父于京狱,时顺之已出官淮扬,二人何能相见于朝房?顺之比王忬早死半年,世贞又安能遣人行刺于顺之死后?

第二,"嘉靖中大名士"是一句空洞的话,假使可以把它迁就为王世贞,那么,又为什么不能把它归到曾著有杂剧四种的天都外臣汪道昆?为什么不是以杂剧和文采著名的屠赤水、王百谷或张凤翼?那时的名士很多,又为什么不是所谓前七子广五子后五子续五子以及其他的山人墨客?我们有什么反证说他们不是"嘉靖间的大名士"?

第三，再退一步承认王世贞有作《金瓶梅》的可能（自然，他不是不能做）。但是问题是他是江苏太仓人，并且是土著，有什么保证可以断定他不"时作吴语"？《金瓶梅》用的是山东的方言，王世贞虽曾在山东做过三年官（公元1557—1559），但是能有证据说他在这三年中，曾学会了甚至和土著一样地使用当地的方言吗？假使不能，又有什么根据使他变成《金瓶梅》的作者呢？

前人中也曾有人断定王世贞绝不是《金瓶梅》的作者，清礼亲王昭梿就是其中的一个，他说：

> 《金瓶梅》其淫亵不待言。至叙宋代事，除《水浒》所有外，俱不能得其要领。以宋、明二代官名羼杂其间，最属可笑。是人尚未见商辂《宋元通鉴》者，无论宋元正史！弇州山人何至谫陋若是，必为赝作无疑也。（《啸亭续录》卷二）

作小说虽不一定要事事根据史实，不过假如是一个史学名家作的小说，纵使下笔十分不经意，也不至于荒谬到如昭梿所讥。王世贞在当时学者中堪称博雅，时人多以有史识史才许之，他自身亦以此自负。且毕生从事著述，卷帙甚富，多为后来修史及研究明代掌故者所取材。假使是他作的，真的如昭梿所说："何至谫陋若是！"不过昭梿以为《金瓶梅》是赝作，这却错了。因为以《金瓶梅》为王世贞作的都是后来一般的传说，在《金瓶梅》的本文中除掉应用历史上的背景来描写当时的市井社会奢侈放纵的生活以外，也丝毫找不出有作者的什么本身的暗示存在着。作者既未冒王世贞的名字，来增高他著述的声价，说他是赝作，岂非无的放矢。

四、《金瓶梅》是万历中期的作品

小说在过去时代是不登大雅之堂的，尤其是"猥亵"的作品。因此小说的作者姓名往往因不敢署名，而致埋没不彰。更有若干小说家不但不敢署名，并且还故意淆乱书中史实，极力避免含有时代性的叙述，使人不能捉摸这一作品的著作时代。《金瓶梅》就是这样的一个作品。

但是，一个作家要故意避免含有时代性的记述，虽不是不可能，却也不是一件容易的事。因为他不能离开他的时代，不能离开他的现实生活，他是那时候的现代人，无论他如何避免，在对话中，在一件平凡事情的叙述中，多少总不能不带有那时代的意识。即使他所叙述的是假托古代的题材，无意中也不能不流露出那时代的现实生活。我们要从这些作者所不经意的疏略处，找出他原来所处的时代，把作品和时代关联起来。

常常又有原作者的疏忽为一个同情他的后代人所删削遮掩，这位同情者的用意自然是匡正作者，这举动同样不为我们所欢迎。这一事实可以拿《金瓶梅》来做一例证。

假如我们不能得到一个比改订本更早的本子的时候，也许我们要被作者和删节者瞒过，永远不能知道他们所不愿意告诉我们的事情。

幸而，最近我们得到一个较早的《金瓶梅词话》刻本，在这本子中我们知道许多从前人所不知道的事。这些事都明显地刻有时代的痕迹。因此，我们不但可以断定这部书的著作时代，并且可以明白这部书产生的时代背景，和为什么这样一部名著却包含有那样多的描写性生活部分的原因。

（一）太仆寺马价银

《金瓶梅词话》本第七回页九至十有这样一段对话：

张四道："我见此人有些行止欠端，在外眠花宿柳，又里虚外实，少人家债负，只怕坑陷了你！"

妇人道："四舅，你老人家，又差矣！他就外边胡行乱走，奴妇人家只管得三层门内，管不得那许多三层门外的事，莫不成日跟着他走不成！常言道：世上钱财倘来物，那是长贫久富家。紧着起来，朝廷爷一时没有钱使，还问太仆寺支马价银子来使。休说买卖人家，谁肯把钱放在家里！各人裙带上衣食，老人家倒不消这样费心。"

在崇祯本《金瓶梅》（第七回第十页）和康熙乙亥本第一奇书（第七回第九页）中，孟三儿的答话便删节成：

> 妇人道："四舅，你老人家又差矣！他少年人就外边做些风流勾当，也是常事。奴妇人家，那里管得许多。若说虚实，常言道，世上钱财倘来物，那是长贫久富家。况姻缘事皆前生分定，你老人家倒不消这样费心。"

天衣无缝，使人看不出有删节的痕迹。

朝廷向太仆寺借银子用，这是明代中叶以后的事，《明史》卷九二《兵志·马政》：

> 成化二年以南土不产马，改征银。四年始建太仆寺常盈库，贮备用马价。……隆庆二年，提督四夷馆太常少卿武金言，种马之设，专为孳生备用，备用马既别买，则种马可遂省。今备用马已足三万，宜令每马折银三十两解太仆，种马尽卖输兵部，一马十两，则直隶山东河南十二万匹，可得银百二十万，且收草豆银二十四万。御史谢廷杰谓："祖制所定，关军机，不可废"。兵部是廷杰言。而是时内帑乏，方分使括天下逋赋，穆宗可金奏，下部议。部请养、卖各半，从之。太仆之有银也自成化时始，然止三万余两。及种马卖，银日增。是时通贡互市，所贮亦无几。及张居正作辅，力主尽卖之议。……又国家有兴作赏赉，往往借支太仆银，太仆帑益耗。十五年，寺卿罗应鹤请禁支借。二十四年，诏太仆给陕西赏功银，寺臣言先年库积四百余万，自东西二役兴，仅余四之一。朝鲜用兵，百万之积俱空。今所存者止十余万。况本寺寄养马岁额二万匹，今岁取折色，则马之派征甚少，而东征调兑尤多，卒然有警，马与银俱竭，何以应之！章下部，未能有所厘革也。崇祯初，核户、兵、工三部借支太仆马价至一千三百余万。

由此可知太仆寺之贮马价银是从成化四年（公元1468）起，但为数极微。

到隆庆二年（公元1568）百年后定例卖种马之半，藏银始多。到万历元年（公元1573）张居正作首相尽卖种马，藏银始达四百余万两。又据《明史》卷七九《食货志》三《仓库》：

> 太仆，则马价银归之。……隆庆中……数取光禄太仆银，工部尚书朱衡极谏不听。……至神宗万历六年……久之，太仓、光禄、太仆银括取几尽，边赏首功向发内库者亦取之太仆矣。

则隆庆时虽曾借支太仆银，尚以非例为朝臣所谏诤。到了张居正死后（公元1582），神宗始无忌惮地向太仆支借，其内库所蓄，则靳不肯出。《明史》卷二一三《张居正传》载居正当国时：

> 太仓粟充盈可支十年。互市饶马，乃减太仆种马，而令民以价纳，太仆金亦积四百余万。

在居正当国时，综核名实，令出法行，所以国富民安，号称小康，即内廷有需索，亦往往为言官所谏止，如《明史》卷二二九《王用汲传》说：

> 万历六年……上言……陛下……欲取太仓光禄，则台臣科臣又言之，陛下悉见嘉纳，或遂停止，或不为例。

其用途专充互市抚赏，《明史》卷二二二《方逢时传》说：

> 万历五年召理戎政。……言……财货之费，有市本有抚赏，计三镇岁费二十七万，较之乡时户部客饷七十余万，太仆马价十数万，十才二三耳。

到了居正死后，朝政大变，太仆马价内廷日夜借支，宫监佞幸，为所欲为，专以货利导帝，《明史》卷二三五《孟一脉传》说：

> 居正死，起故官。疏陈五事：言……数年以来，御用不给，今日取之光禄，明日取之太仆，浮梁之磁，南海之珠，玩好之奇，器用之巧，日新月异。……锱铢取之，泥沙用之。

不到十年工夫，太仆积银已空；《明史》卷二三三《何选传》：

> 光禄太仆之帑，括取几空。

但还搜括不已，恣意赏赐，如《明史》卷二三三《张贞观传》所记：

> 三王并封制下，……采办珠玉珍宝费至三十六万有奇，又取太仆银十万充赏。

中年内外库藏俱竭，力靳内库银不发，且视太仆为内廷正供，廷臣请发款充军费，反被谯责。万历三十年时：

> 国用不支，边储告匮，……乞发内库银百万及太仆马价五十万以济边储，复忤旨切责。（《明史》卷二二〇《赵世卿传》）

万历时代借支太仆寺马价银的情形，朱国桢《涌幢小品》卷二说得很具体：

> 太仆寺马价隆庆年间积一千余万，万历年间节次兵饷借去九百五十三万。又大礼大婚光禄寺借去三十八万两。零星宴赏之借不与焉。至四十二年老库仅存八万两。每年岁入九十八万余两，随收随放支，各边年例之用尚不足，且有边功不时之赏，其空虚乃尔，真可寒心。

明神宗贪财好货，至为御史所讥笑，如《明史》卷二三四《雒于仁传》所载四箴，其一即为戒贪财：

> 十七年……献四箴。……传索帑金，括取币帛，甚且掠问宦官，有献则已，无则谴怒，李沂之疮痍未平，而张鲸之赀贿复入，此其病在贪财也。

再就嘉靖、隆庆两朝内廷向外库借支情况作一比较，《明史》卷二〇六《郑一鹏传》：

> 嘉靖初……官中用度日侈，数倍天顺时，一鹏言：今岁灾用诎，往往借支太仓。

《明史》卷二一四《刘体乾传》：

> 嘉靖二十三年……上奏曰：又闻光禄库金自嘉靖改元至十五年，积至八十万，自二十一年以后，供亿日增，余藏顿尽。……隆庆初进南京户部尚书，……召改北部，诏取太仓银三十万两，……是时内供已多，数下部取太仓银。

据此可知嘉、隆时代的借支处只是光禄和太仓，因为那时太仆寺尚未存有大宗马价银，所以无借支的可能。到隆庆中叶虽曾借支数次，却不如万历十年以后的频数。穆宗享国不到六年（公元1567—1572），朱衡以隆庆二年九月任工部尚书，刘体乾以隆庆三年二月任户部尚书，刘氏任北尚书后才疏谏取太仓银而不及太仆，则朱衡之谏借支太仆银自必更在三年二月以后。由此可知在短短的两三年内，即使借支太仆，其次数决不甚多，且新例行未久，其借支数目亦不能过大。到了张居正当国，厉行节俭，足国富民，在这十年中帑藏充盈，无借支之必要，且神宗慑于张氏之威棱，亦无借支之可能。由此可知《词话》中所指"朝廷爷还问太仆寺借马价银子来使"必为万历十年以后的事。

《金瓶梅词话》的本文包含有万历十年以后的史实，则其著作的最早时期必在万历十年以后。

（二）佛教的盛衰和小令

《金瓶梅》中关于佛教流行的叙述极多，全书充满因果报应的气味。如丧事则延僧作醮追荐（第八回，第六十二回），平时则许愿听经宣卷（第三十九回，第五十一回，第七十四回，第一百回），布施修寺（第五十七回，第八十八回），胡僧游方（第四十九回），而归结于地狱天堂，西门庆遗孤且入佛门清修。这不是一件偶然的事实，假如作者所处的时代佛教并不流行，或遭压迫，在他的著作中决不能无中生有捏造出这一个佛教流行的社会。

明代自开国以来，对佛道二教，初无歧视，后来因为政治关系，对喇嘛教僧稍予优待，天顺、成化间喇嘛教颇占优势，佛教徒假借余光，其地位在道教之上。到了嘉靖时代，陶仲文、邵元节、王金等得势，世宗天天在西苑玄修作醮，求延年永命，一般方士偶献一二秘方，便承宠遇。诸官僚翰林九卿长贰入直者往往以青词称意，不次大拜。天下靡然风从，献灵芝、白鹿、白鹊、丹砂，无虚日。朝臣亦天天在讲符瑞，报祥异，甚至征伐大政，必以告玄。在皇帝修养或作法事时，非时上奏的且得殊罚。道士遍都下，其领袖贵者封侯伯，位上卿，次亦绾牙牌，跻朝列，再次亦凌视士人，作威福。一面则焚佛牙，毁佛骨，逐僧侣，没庙产，熔佛像，佛教在世宗朝算是销声匿迹，倒尽了霉。

到隆、万时，道教失势了，道士们或贬或逐，佛教徒又承渥宠，到处造庙塑佛，皇帝且有替身出家的和尚，其煊赫比拟王公（明列帝俱有替身僧，不过到万历时代替身僧的声势，则为前所未有）。《野获编》卷二七《释教盛衰》条：

> 武宗极喜佛教，自列西番僧，呗唱无异。至托名大庆法王，铸印赐诰命。世宗留心斋醮，置竺乾氏不谈。初年用工部侍郎赵璜言，刮正德所铸佛镀金一千三百两。晚年用真人陶仲文等议，至焚佛骨万二千斤。逮至今上，与两宫圣母首建慈寿、万寿诸寺，俱在京师，穹丽冠海内。至度僧为替身出家，大开经厂，颁赐天下名刹殆遍。去焚佛骨时未二十年也。

由此可知武宗时为佛教得势时代，嘉靖时则完全为道教化的时代，到了万历时代佛教又得势了。《金瓶梅》书中虽然也有关于道教的记载，如六十二回的潘道士解禳，六十五回的吴道士迎殡，六十七回的黄真人荐亡，但以全书论，仍是以佛教因果轮回天堂地狱的思想作骨干。假如这书著成于嘉靖时代，决不会偏重佛教到这个地步！

再从时代的习尚去观察，《野获编》卷二五《时尚小令》：

> 元人小令行于燕、赵，后浸淫日盛。自宣、正至成、宏后，中原又行《锁南枝》、《傍妆台》、《山坡羊》之属，李崆峒先生初自庆阳徙居汴梁，闻之以为可继国风之后。何大复继至，亦酷爱之。今所传《泥捏人》及《鞋打卦》、《熬髭髻》三阕为三牌名之冠，故不虚也。自兹以后，又有《耍孩儿》、《驻云飞》、《醉太平》诸曲，然不如三曲之盛。嘉、隆间乃兴《闹五更》、《寄生草》、《罗江

怨》、《哭皇天》、《乾荷叶》、《粉红莲》、《桐城歌》、《银纽丝》之属，自两淮以至江南，渐与词曲相远，不过写淫媟情态，略具抑扬而已。比年以来又有《打枣竿》、《挂枝儿》二曲。其腔调约略相似，则不问南北，不问男女，不问老幼良贱，人人习之，亦人人喜听之，以至刊布成帙，举世传诵，沁人心腑。其谱不知从何来，真可骇叹！又《山坡羊》者，李、何二公所喜，今南北词俱有此名，但北方惟盛爱数落《山坡羊》，其曲自宣、大、辽东三镇传来。今京师妓女惯以此充弦索北调，其语秽亵鄙浅，并桑濮之音亦离去已远，而羁人游婿嗜之独深，丙夜开樽，争先招致。

《金瓶梅词话》中所载小令极多，约计不下六十种。内中最流行的是《山坡羊》，综计书中所载在二十次以上（见第一、八、三十三、四十五、五十、五十九、六十一、七十四、八十九、九十一诸回）；次为《寄生草》（见第八、八十二、八十三诸回）；《驻云飞》（见第十一、四十四诸回）；《锁南枝》（见第四十四、六十一诸回）；《耍孩儿》（见第三十九、四十四诸回）；《醉太平》（见第五十二回）；《傍妆台》（见第四十四回）；《闹五更》（见第七十三回）；《罗江怨》（见第六十一回），其他如《绵搭絮》、《落梅风》、《朝天子》、《折桂令》、《梁州序》、《画眉序》、《锦堂月》、《新水令》、《桂枝香》、《柳摇金》、《一江风》、《三台令》、《货郎儿》、《水仙子》、《荼蘼香》、《集贤宾》、《一见娇羞》、《端正好》、《宜春令》、《六娘子》……散列书中，和沈氏所记恰合。在另一方面，沈氏所记万历中年最流行的《打枣竿》、《挂枝儿》二曲，却又不见于《词话》。《野获编》书成于万历三十四年（丙午，公元1606），由此可见《词话》是万历三十四年以前的作品，《词话》作者比《野获编》的作者时代略早，所以他不能记载到沈德符时代所流行的小曲。

（三）太监、皇庄、皇木及其他

太监的得势用事，和明代相终始。其中只有一朝是例外，这一朝代便是嘉靖朝。从正德宠任刘瑾、谷大用等八虎，坏乱朝政以后，世宗即位，力惩其敝，严抑宦侍，不使干政作恶。嘉靖九年（公元1530）革镇守内臣。十七年（公元1538）从武定侯郭勋请复设，在云贵、两广、四川、福建、湖广、江西、浙江、大同等处各派内臣一人镇守，到十八年四月以彗星示变撤回。在内廷更防微极严，不使和朝士交通，内官因之奉法安分，不敢恣肆。根基不厚的大珰，有的为了轮值到请皇帝吃一顿饭而破家荡产，无法诉苦。在有明一代中嘉靖朝算是宦官最倒霉失意的时期。反之在万历朝则从初年冯保、张宏、张鲸等柄用起，一贯地柄国作威，政府所有设施，须先请命于大珰，初年高拱任首相，且因不附冯保而被逐。张居正在万历初期的新设施，新改革，所以能贯彻实行，是因为在内廷有冯保和他合作。到张居正死后，宦官无所顾惮，权势更盛，派镇守，采皇木，领皇庄，榷商税，采矿税。地方官吏降为为宦寺的属下，承其色笑，一拂其意，缇骑立至。内臣得参奏当地督抚，在事实上几成地方最高长官。在天启以前，万历朝可说是宦官最得势的时代。

《词话》中有许多关于宦官的记载，如清河一地就有看皇庄的薛太监，管砖厂的刘太监，花子虚的家庭出于内臣，王招宣家与太监缔姻。其中最可看出当时情形的是第三十一回西门庆宴客一段：

> 说话中间，忽报刘公公、薛公公来了。慌的西门庆穿上衣，仪门迎接。二位内相坐四人轿，穿过肩蟒，缨枪队喝道而至。西门庆先让至大厅上，拜见叙礼，接茶。落后周守备、荆都监、夏提刑等武官，都是锦绣服，藤棍大扇，军牢喝道，僚掾跟随，须臾都到了门口，黑压压的许多伺候，里面鼓乐喧天，笙箫迭奏。上坐递酒之时，刘、薛二内相相见。厅正面设十二张卓席，都是帏拴锦带，花插金瓶，卓上摆着簇盘定胜，地下铺着锦茵绣毯。

西门庆先把盏让坐次,刘、薛二内相再三让逊:"还有列位大人!"周守备道:"二位老太监齿德俱尊。常言三岁内宦,居于王公之上,这个自然首坐,何消泛讲。"彼此逊让了一回。薛内相道:"刘哥,既是列位不首,难为东家,咱坐了罢。"

于是罗圈唱了个喏,打了恭,刘内相居左,薛内相居右,每人膝下放一条手巾,两个小厮在傍打扇,就坐下了。其次者才是周守备,荆都监众人。

一个管造砖和一个看皇庄的内使,声势便煊赫到如此,在宴会时座次在地方军政长官之上,这正是宦官极得势时代的情景,也正是万历时代的情景。

皇庄之设立,前在天顺、景泰时代已见其端,正德时代达极盛期。世宗即位,裁抑恩幸,以戚里佞幸得侯者著令不许继世。中惟景王就国,拨赐庄田极多。《明史》卷七七《食货志》一说:

世宗初命给事中夏言等清核皇庄田,言极言皇庄为厉于民。自是正德以来投献侵牟之地,颇有给还民者。而宦戚辈复中挠之。户部尚书孙交造皇庄新册,额减于旧,帝命核先年顷亩数以闻,改称官地,不复名皇庄。诏所司征银解部。

由此可知嘉靖时代无皇庄之名,只称官地。《食货志》一又记:

神宗赉予过侈,求无不获。潞王、寿阳公主恩最渥,而福王分封,括河南山东湖广田为王庄,至四万顷,群臣力争,乃减其半。王府官及诸阉丈地征税,旁午于道,扈养厮役,廪食以万计,渔敛惨毒不忍闻,驾帖捕民,格杀庄佃,所在骚然。

由此可知《词话》中的管皇庄太监,必然指的是万历时代的事情。因为假如把《词话》的时代放在嘉靖时的话,那就不应称为管皇庄,应该称为管官地的才对。

所谓皇木,也是明代一桩特别的恶政,《词话》第三十四回有刘百户盗皇木的记载:

>西门庆告诉:"刘太监的兄弟刘百户因在河下管芦苇场,撰了几两银子。新买了一所庄子。在五里店拿皇木盖房。……"

明代内廷兴大工,派官往各处采大木,这木就叫皇木。这事在嘉靖万历两朝特别多,为民害极酷。《明史》卷八二《食货志》六说:

>嘉靖元年革神木千户所及卫卒。二十年宗庙灾,遣工部侍郎潘鉴、副都御史戴金于湖广四川采办大木。

>二十六年复遣工部侍郎刘伯跃采于川、湖、贵州。湖广一省费至三百三十九万余两。又遣官核诸处遗留大木,郡县有司以迟误大工,逮治褫黜非一,并河州县尤苦之。

>万历中三殿工兴,采楠杉诸木于湖广、四川、贵州,费银九百三十余万两,征诸民间,较嘉靖年费更倍。而采鹰平条桥诸木于南直浙江者,商人逋直至二十五万。科臣劾督运官迟延侵冒,不报。

>虚縻乾没,公私交困焉。

按万历十一年慈宁宫灾,二十四年乾清、坤宁二宫灾,《词话》中所记皇木,当即指此而言。

《词话》第二十八回有女番子这样一个特别名词。

>经济道:"你老人家是个女番子,且是倒会的放刀……"

所谓番子,《明史·刑法志》三说:

>东厂之属无专官,掌刑千户一,理刑百户一,亦谓之贴刑,皆卫官。其隶役悉取给于卫。最轻黠狷巧者乃拨充之。役长曰档头,帽上锐,衣青素褡褶,系小绦,白皮靴,专主伺察。其下番子数人为干事,京师亡命诓财挟仇视干事者为窟穴,得一阴事,由之以密白于档头,档头视其事大小,先予之金。事曰起数,金曰买起数。既得事,帅番子至所犯家左右坐曰打桩,番子即突入执讯之,无有左证符牒,贿如数,径去。少不如意,榜治之名曰干榨酒,亦曰搬曾儿,痛楚十倍官刑。且授意使牵有力者,有力者予多金,即无事,或靳不予,予不

足，立闻上，下镇抚司狱，立死矣。
番子之刺探官民阴事为非作恶如此，所以在当时口语中就称平常人的放刁挟诈者为番子，并以施之女性。据《明史》在万历初年冯保以司礼监兼厂事，建厂东上北门之北曰内厂，而以初建者为外厂，声势煊赫一时，至兴王大臣狱，欲族高拱。但在嘉靖时代，则以世宗驭中官严，不敢恣，厂权且不及锦衣卫，番子之不敢放肆自属必然。由这一个特别名词的被广义地应用的情况说，《词话》的著作时代亦不能在万历以前。

（四）古刻本的发现

两年以前《金瓶梅》的最早刻本，我们所能见到的是康熙三十四年（乙亥，公元1695）皋鹤草堂刻本张竹坡批点《第一奇书金瓶梅》，和崇祯本《新刻绣像金瓶梅》。在这两个本子中没有什么材料可以使我们知道这书最早刊行的年代。

最近北平图书馆得到了一部刊有万历丁巳序文的《金瓶梅词话》，这本子不但在内容方面和后来的本子有若干处不同，并且在东吴弄珠客的序上也明显地载明是万历四十五年（丁巳，公元1617）冬季所刻。在欣欣子的序中并具有作者的笔名兰陵笑笑生（也许便是作序的欣欣子罢）。这本子可以说是现存的《金瓶梅》最早的刊本。其内容最和原本相近，从它和后来的本子不相同处及被删改处比较的结果，使我们能得到这样的结论，断定它的最早开始写作的时代不能在万历十年以前，退一步说，也不能过隆庆二年。

但万历丁巳本并不是《金瓶梅》第一次的刻本，在这刻本以前，已经有过几个苏州或杭州的刻本行世，在刻本以前并且已有抄本行世。因为在袁宏道的《觞政》中，他已把《金瓶梅》列为逸典，在沈德符的《野获编》中他已告诉我们在万历三十四年（丙午，公元1606）袁宏道已见过几卷，麻城刘氏且藏有全本。到万历三十七年袁中道从北京得到一个抄本，沈德符又向他借抄一本。不久苏州就有刻本，这刻本才是《金瓶梅》的第一个本子。

袁宏道的《觞政》在万历三十四年以前已写成,由此可以断定《金瓶梅》最晚的著作时代当在万历三十年以前。退一步说,也决不能后于万历三十四年。

综结上文所说,《金瓶梅》的成书时代大约是在万历十年到三十年这二十年(公元1582—1602)中。退一步说,最早也不能过隆庆二年,最晚也不能后于万历三十四年(公元1568—1606)。

五、《金瓶梅》的社会背景

《金瓶梅》是一部现实主义小说,它所写的是万历中年的社会情形。它抓住社会的一角,以批判的笔法,暴露当时新兴的结合官僚势力的商人阶级的丑恶生活。透过西门庆的个人生活,由一个破落户而土豪、乡绅而官僚的逐步发展,通过西门庆的社会联系,告诉了我们当时封建统治阶级的丑恶面貌,和这个阶级的必然没落。在《金瓶梅》书中没有说到那时代的农民生活,但在它的描写市民生活时,却已充分地告诉我们那时农村经济的衰颓和崩溃的必然前景。当时土地集中的情形,万历初年有的大地主拥田到七万顷,粮至二万石。(张居正《张文忠公集书牍》六《答应天巡抚宋阳山论均粮足民》)据万历六年全国田数七百一万三千九百七十六顷计算,这一个大地主的田数就占全国田数的百分之一。又如皇庄,嘉靖初年达数十所,占地至三万七千多顷。夏言描写皇庄破坏农业生产的情形说:

皇庄既立,则有管理之太监,有奏带之旗校,有跟随之名目,每处动至三四十人。……擅作威福,肆行武断。……起盖房屋,架搭桥梁,擅立关隘,出给票帖,私刻关防。凡民间撑架舟车,牧放牛马,采捕鱼虾蚤蚌莞蒲之属,靡不括取。而邻近土地,则展转移筑封堆,包打界至,见亩征银。本土豪猾之民,投为庄头,拨置生事,帮助为恶,多方掊克,获利不赀。输之官闱者曾无十之一二,而私入囊橐者盖不啻十八九矣。是以小民脂膏,吮剥无余,由是人民逃窜而户口消耗,里分减并而粮差愈难。卒致輂毂之上,生理寡遂,闾阎之间,贫苦到首,道路嗟怨,邑里萧条。

公私庄田,跨庄逾邑,小民恒产,岁朘月削,产业既失,税粮犹存,徭役苦于并充,粮草苦于重出,饥寒愁苦,日益无聊,展转流亡,靡所底止。以致强梁者起而为盗贼,柔善者转死于沟壑。其巧黠者或投存势家庄头家人名目,恣其势以转为善良之害,或匿入海户陵户勇士校尉等籍,脱免徭役,以重困敦本之人。凡所以蹙民命脉,竭民膏血者,百孔千疮,不能枚举。(《桂洲文集》卷十三《奉敕勘报皇庄及功臣国戚田土疏》)

虽然说的是嘉靖前期的情况,但是也完全适用于万历时代,而且应该肯定,万历时代的破坏情形只有比嘉靖时代更严重。据《明史》《景王潞王福王等传》:景恭王于"嘉靖四十年(公元1562)之国,……多请庄田,……其他土田湖陂侵入者数万顷"。潞王"居京邸,王店王庄遍畿内,……居藩多请赡田食盐无不应,……田多至四万顷"。福王之国时,"诏赐庄田四万顷,……中州腴土不足,取山东、湖广田益之",尺寸皆夺之民间,"伴读承奉诸官假履亩为名,乘传出入,河南北、齐、楚间所至骚动"。潞王是明穆宗第四子,万历十七年之藩;福王是明神宗爱子,万历四十二年就藩。三王的王庄多至十数万顷,加上宫廷直属的皇庄和外戚功臣的庄田,超经济的剥削,造成人民逃窜,户口消耗,道路嗟怨,邑里萧条,强梁者起而为"盗贼",柔善者转死于沟壑的崩溃局面。

除皇庄以外,当时农民还得摊派商税,如毕自严所说山西情形:

榷税一节,病民滋甚。山右僻在西隅,行商廖廖。所有额派税银四万二千五百两,铺垫等银五千七百余两,皆分派于各州府。于是斗粟半菽有税,沽酒市脂有税,尺布寸丝有税,赢特骞卫有税,既非天降而

地出，真是头会而箕敛。(《石隐园藏稿》卷五《嵩祝陛辞》疏)

明末侯朝宗描写明代后期农民的被剥削情况说：

> 明之百姓，税加之，兵加之，刑加之，役加之，水旱灾祲加之，官吏之渔食加之，豪强之吞并加之，是百姓一而所以加之者七也。于是百姓之富者争出金钱而入学校，百姓之黠者争营巢窟而充吏胥，是加者七而因而诡之者二也。即以赋役之一端言之，百姓方苦其穷极而无告而学校则除矣，吏胥则除矣，……天下之学校吏胥渐多而百姓渐少，……彼百姓之无可奈何者，不死于沟壑即相率而为盗贼耳，安得而不乱哉。(《壮悔堂文集·正百姓》)

农民的生活如此。另一面，由于倭寇的肃清，商业和手工业的发达，海外贸易的扩展，国内市场的扩大，计亩征银的一条鞭赋税制度的实行，货币地租逐渐发展，高利贷和商业资本更加活跃，农产品商品化的过程加快了。商人阶级兴起了。从亲王勋爵官僚士大夫都经营商业，如"楚王宗室错处市廛，经纪贸易与市民无异。通衢诸绸帛店俱系宗室。间有三吴人携负至彼开铺者，亦必借王府名色。"(包汝楫《南中纪闻》)如翊国公郭勋京师店舍多至千余区。(《明史》卷一三〇《郭英传》)如庆云伯、周瑛于河西务设肆邀商贾，虐市民，亏国课。周寿奉使多挟商艘。(《明史》卷三〇〇《周能传》)如吴中官僚集团的开设囤房债典百货之肆，黄省曾《吴风录》说：

> 自刘氏、毛氏创起利端，为鼓铸囤房，王氏债典，而大村名镇必张开百货之肆，以榷管其利，而村镇之负担者俱困。由是累金百万。至今吴中搢绅仕夫，多以货殖为急，若京师官店六郭开行债典兴贩屠酤，其术倍克于齐民。

嘉靖初年夏言疏中所提到的"见亩征银"，和顾炎武所亲见的西北农民被高利贷剥削的情况：

> 日见凤翔之民，举债于权要，每银一两，偿米四石，此尚能支持

岁月乎！（《亭林文集》卷三《病起与蓟门当事书》）

商人阶级因为海外和内地贸易的关系，他们手中存有巨额的银货，他们一方面利用农民要求银货纳税的需要，高价将其售出，一方面又和政府官吏勾结，把商品卖给政府，收回大宗的银货，如此循环剥削，资本积累的过程，商人阶级壮大了，他们日渐成为社会上的新兴力量，成为农民阶级新的吸血虫。

西门庆所处的就是这样一个时代，他代表他所属的那个新兴阶级，利用政治的和经济的势力，加紧地剥削着无告的农民。

在生活方面，因此就表现出两个绝对悬殊的阶级，一个是荒淫无耻的专务享乐的上层阶级，上自皇帝，下至市侩，莫不穷奢极欲，荒淫无度。就过去的历史事实说："皇帝家天下"，天下的财富即是皇帝私人的财富，所以皇帝私人不应再有财富。可是在这个时代，连皇帝也殖私产了，金花银所入全充内帑，不足则更肆搜括。太仓太仆寺所藏本供国用，到这时也拚命借支，藏于内府，拥宝货作富翁。日夜希冀求长生，得以永保富贵。和他的大臣官吏上下一致地讲秘法，肆昏淫，明穆宗、谭纶、张居正这一些享乐主义者的死在醇酒妇人手中，和明神宗的几十年不接见朝臣，深居宫中的腐烂生活正足以象征这个时代。社会上的有闲阶级，更承风导流，夜以继日，妓女、小唱、优伶、赌博、酗酒，成为日常生活，笙歌软舞，穷极奢华。在这集团下面的农民，却在另一尖端，过着饥饿困穷的生活。他们受着十几重的剥削，不能不在水平线下生活着，流离转徙，一遭意外，便只能卖儿鬻女。在他们面前只有两条道路：一条是转死沟壑，一条是揭竿起义。

西门庆的时代，西门庆这一阶级人的生活，我们可以拿两种地方记载来说明。《博平县志》卷四《人道》六《民风解》：

……至正德、嘉靖间而古风渐渺，而犹存什一于千百焉。……乡社村保中无酒肆，亦无游民。……畏刑罚，怯官府，窃铁攘鸡之讼，

> 不见于公庭。……由嘉靖中叶以抵于今，流风愈趋愈下，惯习骄吝，互尚荒佚，以欢宴放饮为豁达，以珍味艳色为盛礼。其流至于市井贩鬻厮隶走卒，亦多缨帽缃鞋，纱裙细袴，酒庐茶肆，异调新声，泊泊浸淫，靡焉勿振。甚至娇声充溢于乡曲，别号下延于乞丐。……逐末游食，相率成风。

截然地把嘉靖中叶前后分成两个时代。崇祯七年刻《郓城县志》卷七《风俗》：

> 郓地……称易治。迩来竞尚奢靡，齐民而士人之服，士人而大夫之官，饮食器用及婚丧游宴，尽改旧意。贫者亦槌牛击鲜，合䉀群祀，与富者斗豪华，至倒囊不计焉。若赋役施济，则毫厘动心。里中无老少，辄习浮薄，见敦厚俭朴者窘且笑之。逐末营利，填衢溢巷，货杂水陆，淫巧恣异，而重侠少年复聚党招呼，动以百数，椎击健讼，武断雄行。胥隶之徒亦华侈相高，日用服食，拟于市宦。

所描写的"市井贩鬻""逐末营利"商业发展情形和社会风气的变化，及其生活，不恰就是《金瓶梅》时代的社会背景吗？

我们且看西门庆和税关官吏勾结的情形：

> 西门庆叫陈经济后边讨五十两银子来，令书童写了一封书，使了印色，差一名节级，明日早起身，一同去下与你钞关上钱老爹，叫他过税之时，青目一二。（第五十八回）

> 西门庆听见家中卸货，吃了几钟酒，约掌灯以后就来家。韩伙计等着见了，在厅上坐的，悉把前后往回事，说了一遍。西门庆因问钱老爹书下了，也见些分上不曾？韩道国道："全是钱老爹这封书，十车货少使了许多税钱，小人把缎箱两箱并一箱，三停只报两停，都当茶叶马牙香，柜上税过来了。通共十大车，只纳了三十两五钱钞银子，老爹接了报单，也没差巡捕拦下来查点，就把车喝过来了。"

> 西门庆听言，满口欢喜，因说："到明日少不得重重买一分礼，

谢那钱老爹。"（第五十九回）

和地方官吏勾结，把持内廷进奉的情形：

>应伯爵领了李三来见西门庆。……李三道："今有朝廷东京行下文书，天下十三省，每省要万两银子的古器，咱这东平府，坐派著二万两，批文在巡按处，还未下来。如今大街上张二官府破二百两银子，干这宗批要做，都看有一万两银子寻。……"西门庆听了说道："批文在那里？"李三道："还在巡按上边，没发下来呢。"西门庆道："不打紧，我这差人写封书，封些礼，问宋松原讨将来就是了。"李三道："老爹若讨去，不可迟滞，自古兵贵神速，先下米的先吃饭，诚恐迟了，行到府里，乞别人家干的去了。"西门庆笑道："不怕他，设使就行到府里，我也还教宋松原拿回去就是，胡府尹我也认的。"（第七十八回）

当时商人进纳内廷钱粮的内幕：

>李三黄四商量向西门庆再借银子，应伯爵道："你如今还得多少才勾？"黄四道："李三哥他不知道，只要靠着问那内臣借一般，也是五分行利。不如这里借着，衙门中势力儿，就是上下使用也省些。如今找着，再得出五十个银子来，把一千两合用，就是每月也好认利钱。"
>
>应伯爵听了，低了低头儿，说道："不打紧……管情就替你说成了。找出了五百两银子来，共捣一千两文书，一个月满破认他五十两银子，那里不去了，只当你包了一个月老婆了。常言道秀才取添无真，进钱粮之时，香里头多上些木头，蜡里头多搀些柏油，那里查账去！不图打点，只图混水，借着他这名声儿，才好行事。"（第四十五回）

西门庆不但勾结官吏，**偷税漏税，营私舞弊**，并且一般商人还借他作护符，赚内廷的钱！

在另一方面，另一阶级的人，却不能不卖儿鬻女。《词话》第三十七回：

冯妈妈道："爹既是许了，你拜谢拜谢儿。南首赵嫂儿家有个十三岁的孩子，我明日领来与你看，也是一个小人家的亲养孩儿来，他老子是个巡捕的军，因倒死了马，少桩头银子，怕守备那里打，把孩子卖了，只要四两银子，教爹替你买下吧！"

这样的一个时代，这样的一个社会，农民的忍耐终有不能抑止的一天。不到三十年，火山口便爆发了！张献忠、李自成的大起义，正是这个时代这个社会的必然发展。

这样的一个时代，这样的一个社会，才会产生《金瓶梅》这样的一部作品。

一九三三年十月十日，于北平

（原载《文学季刊》创刊号）

《清明上河图》与《金瓶梅》的故事及其衍变
——《王世贞年谱》附录之一

《金瓶梅》是明嘉隆间产生的一部小说,所描写的是嘉隆时代的市井社会的侈靡鄙俚的生活。它的细致生动的白描技术和汪洋恣肆的气势,在未有刻本以前即已为当时文人学士所叹赏惊诧,因为它的对于性的无忌惮的大胆的叙述,社会上一般拘谨本分的人便众口一声地以为"猥亵"而予以摈斥,甚至怕把它刻板行世而会有堕落地狱的危险,但终不能不佩服它的技术的高妙。另一方面一般神经过敏的人又自作聪明地以为这书是"别有寄托",替它捏造成一串可歌可泣的悲壮的故事。不过无论社会对于它的批评怎样,三百年来,它的作者却都一致公认为王世贞而无异辞。

他们的根据是什么呢?尽管他们自以为是地各有所主,不过概括说起来,可以分为几点:

(1)根据沈德符的话,说这书是嘉靖中大名士做的。这一位失名的名士,经过几度的做作,就被指实为王世贞。

(2)因为书中所刻划的蔡京父子,据说是影射当时权相严嵩父子的,王家和严家有仇,所以王世贞写这部东西的目的是(A)报仇,或(B)讽刺。

(3)是根据本书的技术和才气立论的,他们先有了一个主观之见,以为像这样的作品非王世贞不能写。

现在我们不管他们所说的是否合理,且把他们的意见抄一些在下面,看到底这书是王世贞做的不是。

一、《金瓶梅》的故事

《金瓶梅》的作者虽然已被肯定为王世贞,但是他为什么要写这东西？他的目的何在？却众论纷纭，家家都有一块"本堂虔诚制配"的招儿，把它归纳起来，不外是：

  A.复仇说　　对象（1）严世蕃
        （2）唐顺之
  B.讽刺说　　对象——严氏父子

为什么《金瓶梅》会和唐顺之发生关系呢？这里面又包含着另外的一个故事——《清明上河图》的故事。

a.《清明上河图》与唐荆川

  "世传《金瓶梅》一书为王弇州（世贞）先生手笔，用以讥严世蕃者，书中西门庆即世蕃之化身，世蕃小名庆，西门亦名庆，世蕃号东楼，此书即以西门对之。""或谓此书为一孝子所作，用以复其父仇者，盖孝子所识一巨公实杀孝子父，图报累累皆不济，后忽侦知巨公观书时必以指染沫，翻其书叶。孝子乃以三年之力，经营此书，书成黏毒药于纸角，觇巨公外出时，使人持书叫卖于市曰'天下第一奇书！'巨公于车中闻之，即索观，车行及其第，书已观讫，啧啧叹赏，呼卖者问其值，卖者竟不见，巨公顿悟为所算，急自营救已不及，毒发遂死。"今按二说皆是，孝子即凤洲（世贞号）也，巨公为唐荆川（顺之），凤洲之父忬死于严氏，实荆川谮之也。姚平仲《纲鉴絜要》载杀巡抚王忬事，注谓"忬有古画，严嵩索之，忬不与，易以摹本，有识画者为辨其赝，嵩怒，诬以失误军机杀之。"但未记识画人姓名，有知其事者谓识画人即荆川，古画者《清明上河图》也。

  凤洲既抱终天之恨，誓有以报荆川，数遣人往刺之，荆川防护甚备，一夜，读书静室，有客自后握其发将加刃，荆川曰："余不逃死，然须留遗书嘱家人。"其人立以俟，荆川书数行，笔头脱落，以管就烛，佯为治笔，管即毒弩，火热机发，镞贯刺客喉而毙。凤洲大失望！

后遇于朝房，荆川曰："不见凤洲久，必有所著。"答以《金瓶梅》，其实凤洲无所撰，姑以诳语应耳。荆川索之急，凤洲旧，广召梓工，旋撰旋刊，以毒水濡墨刷印，奉之荆川。荆川阅书甚急，墨浓纸黏，卒不可揭，乃屡以纸润口津揭书，书尽毒发而死。

或传此书为毒死东楼者，不知东楼自正法，毒死者实荆川也。彼谓以三年之力成书，及巨公索观于车中云云，又传闻异词耳。——《寒花盦随笔》

这是说王忬进赝画于严嵩，为唐顺之识破，致陷忬于法，世贞图报仇，进《金瓶梅》毒死顺之的。刘廷玑的《在园杂志》也提到此事，不过把《清明上河图》换成辋川真迹，把识画人换成汤裱褙，并且说明顺之和王忬先有宿怨。他说：

明太仓王思质（忬）家藏右丞所寓辋川真迹，严世蕃闻而索之，思质爱惜世宝，予以抚本，世蕃之裱工汤姓者，向在思质门下，曾识此图，因于世蕃前陈其真赝，世蕃衔之而未发也。会思质总督蓟辽军务，武进唐应德顺之以兵部郎官奉命巡边，严嵩觞之内阁，微有不满思质之言，应德领之。至思质军，欲行军中驰道，思质以已兼兵部堂衔难之，应德怫然，遂参思质军政废弛，虚縻国帑，累累数千言，先以稿呈世蕃，世蕃从中主持之，逮思质至京弃市。

到了清人的《缺名笔记》又把这故事变动一下，撇开了王世贞，却仍把其余部分保留着，成为《金瓶梅》故事的另一传说：

《金瓶梅》为旧说部中四大奇书之一，相传出王世贞手，为报复严氏之督亢图。或谓系唐荆川事，荆川任江右巡抚时有所周纳，狱成，罹大辟以死。其子百计求报，而不得间，会荆川解职归，偏阅奇书，渐叹观止。乃急草此书，溃砒于纸以进，盖审知荆川读书时必逐叶用纸黏舌，以次披览也。荆川得书后，览一夜而毕，暮觉舌本强涩，镜之黑矣。心知被毒，呼其子曰："人将谋我，我死，非至亲不得入吾室。"逾时遂卒。

> 旋有白衣冠者呼天抢地以至，蒲伏于其子之前，谓曾受大恩于荆川，愿及未盖棺前一亲其颜色，鉴其诚许之入，伏尸而哭，哭已再拜而出。及殓则一臂不知所往，始悟来者即著书之人，因其父受缳首之辱，进鸩不足，更残其支体以为报也。

b.汤裱褙

识画人在另一传说中，又变成非大儒名臣的当时著名的装潢家汤裱褙了。这一说起来最早的要算沈德符的《野获编》，他的时代后世贞不远，他的祖父又都和王家世交，所以后人都偏重这一说：

> 严分宜（嵩）势炽时，以诸珍宝盈溢，遂及书画骨董雅事，时鄢懋卿以总醝使江淮，胡宗宪、赵文华以督兵使吴越，各承奉意旨，搜取古玩，不遗余力，时传闻有《清明上河图》手卷，宋张择端画，在故相王文恪（鏊）胄子家，其家巨万，难以阿堵动，乃托苏人汤臣者往图之，汤以善装潢知名，客严门下，亦与娄江王思质中丞往还，乃说王购之，王时镇蓟门，即命汤善价求市，既不得，遂嘱苏人黄彪摹真本应命，黄亦画家高手也。
>
> 严氏既得此卷，珍为异宝，用以为诸画压卷，置酒会诸贵人赏玩之，有妒王中丞者知其事，直发为赝本，严世蕃大惭怒，顿恨中丞，谓有意给之，祸本自此成。或云即汤姓怨弇州伯仲自露始末，不知然否？——卷二《伪画致祸》

这一说是《清明上河图》本非王忬家物，由汤裱褙托王忬想法不成功，才用摹本代替，末了还是汤裱褙自发其覆，酿成大祸。顾公燮《消夏闲记摘抄》作《金瓶梅》缘起王凤洲报父仇一则即根据此说加详，不过又把王鏊家藏一节改成王忬家藏，把严氏致败之由，附会为世蕃病足，把《金瓶梅》的著作目的改为讥刺严氏了：

> 太仓王忬家藏《清明上河图》，化工之笔也。严世蕃强索之，忬

不忍舍，乃觅名手摹赝者以献。先是忏巡抚两浙，遇裱工汤姓流落不偶，携之归，装潢书画，旋荐之世蕃，当献画时，汤在侧谓世蕃曰："此图某所目睹，是卷非真者，试观麻雀小脚而踏二瓦脚，即此便知其伪矣。"世蕃恚甚，而亦鄙汤之为人，不复重用。

会俺答入寇大同，忏方总督蓟辽，鄢懋卿嗾御史方辂劾忏御边无术，遂见杀。后范长白公允临作《一捧雪传奇》，改名为《莫怀古》，盖戒人勿怀古董也。

忏子凤洲世贞痛父冤死，图报无由，一日偶谒世蕃，世蕃问坊间有好看小说否？答曰有，又问何名，仓卒之间，凤洲见金瓶中供梅，遂以"金瓶梅"答之，但字迹漫灭，容钞正送览。退而构思数日，借《水浒传》西门庆故事为蓝本，缘世蕃居西门，乳名庆，暗讥其闺门淫放，而世蕃不知，观之大悦。把玩不置。

相传世蕃最喜修脚，凤洲重赂修工，乘世蕃专心阅书，故意微伤脚迹，阴搽烂药，后渐溃腐，不能入直，独其父嵩在阁，年衰迟钝，票本批拟，不称上旨，宠日以衰。御史邹应龙等乘机劾奏，以至于败。

徐树丕的《识小录》又以为汤裱褙之证画为伪，系受贿不及之故，把张择端的时代由宋升至唐代，画的内容也改为汴人掷骰（详见后）：

汤裱褙善鉴古，人以古玩赂严世蕃必先贿之，世蕃令辨其真伪，其得贿者必曰真也。吴中一都御史偶得唐张择端《清明上河图》临本馈世蕃而贿不及汤。汤直言其伪，世蕃大怒，后御史竟陷大辟。而汤则先以诓谝遣戍矣。

余闻之先人曰《清明上河图》皆寸马豆人，中有四人樗蒲，五子皆六而一犹旋转，其人张口呼六，汤裱褙曰："汴人呼六当撮口，而今张口，是操闽音也。"以是识其伪。此与东坡所说略同，疑好事者附会之。近有《一捧雪传奇》亦此类也，特甚世蕃之恶耳。

c. 况叔祺及其他

梁章钜《浪迹丛谈》记此事引王襄《广汇》之说，即本《识小录》所载，所异的是不把识画人的名氏标出，他又以为王忬之致祸是由于一诗一画：

> 王襄《广汇》："严世蕃常索古画于王忬，云值千金，忬有临幅绝类真者以献。乃有精于识画者往来忬家有所求，世贞斥之，其人知忬所献画非真迹也，密以语世蕃。会大同有虏警，巡按方辂劾忬失机，世蕃遂告嵩，票本论死。"

> 又孙之𫘧《二申野录》注："后世蕃受刑，弇州兄弟赎得其一体，熟而荐之父灵，大恸，两人对食，毕而后已。诗画贻祸，一至于此，又有小人交构其间，酿成尤烈也。"

> 按所云诗者谓杨椒山（继盛）死，弇州以诗吊之，刑部员外郎况叔祺录以示嵩，所云画即《清明上河图》也。

综合以上诸说，归纳起来是：

（1）《金瓶梅》为王世贞作，用意（A）讥刺严氏，（B）作对严氏复仇的督亢图，（C）对荆川复仇。

（2）唐荆川潜杀王忬，忬子世贞作《金瓶梅》，荆川于车中阅之中毒卒。

（3）世贞先行刺荆川不遂，后荆川向其索书，遂撰《金瓶梅》以毒之。

（4）唐王结怨之由是荆川识《清明上河图》为伪，以致王忬被刑。

（5）《金瓶梅》为某孝子报父仇作。荆川因以被毒。

（6）汤裱褙识王忬所献辋川真迹为伪，唐顺之行边与王忬忤，两事交攻，王忬以死。

（7）《清明上河图》为王忬家物[①]，世备门客汤臣求之不遂，托王忬

[①] 此说与上文矛盾，似有缺字。——编者注

想法也不成功，王忬只得拿摹本应命，汤裱褙又自发其覆：遂肇大祸。

（8）严世蕃强索《清明上河图》于王忬，忬以赝献，为旧所提携汤姓者识破。

（9）世蕃向世贞索小说，世贞撰《金瓶梅》以讥其闺门淫放，而世蕃不知。

（10）世贞赂修工烂世蕃脚，不能入直，严氏因败。

（11）王忬献画于世蕃而贿不及汤裱褙，因被指为伪，致陷大辟。

（12）王忬致祸之由为《清明上河图》及世贞吊杨仲芳诗触怒严氏。

以上一些五花八门的故事，看起来似乎很多，其实只包含着两个有联系性的故事——《清明上河图》和《金瓶梅》。

二、王世贞父子的被祸与《清明上河图》

按《明史》卷二〇四《王忬传》：嘉靖三十六年"部臣言蓟镇兵，额多缺宜补。乃遣郎中唐顺之往覈，还奏额兵九万有奇，今惟五万七千，又皆羸老，忬等均宜按治……三十八年二月把都儿辛爱数部挟朵颜为乡导寇滦河……京师大震。御史王渐方辂遂劾忬罪，帝大怒切责忬令停俸自效。五月辂复劾忬失策者三，可罪者四，遂逮忬下狱……明年冬竟死西市。忬才本通敏，其骤拜都御史及屡更督抚也，皆帝特简，所建请无不从。为总督数以败闻，由是渐失宠，既有言不练主兵者益大訾，谓忬怠事负我。嵩雅不悦忬，而忬子世贞复用口语积失欢于嵩子世蕃，严氏客又数以忬家琐事构于嵩父子，杨继盛之死，世贞又经纪其丧，嵩父子大恨，滦河变闻，遂得行其计。"

当事急时，"世贞与世懋日蒲伏嵩门涕泣请贷，嵩阴持忬狱，而时为谩语以宽之。两人又日因服跽道旁遮诸贵人舆搏颡请救，诸贵人畏嵩，终不敢言。"——《明史》卷二八七《世贞传》。

王忬死后,一般人有说他"死非其罪"的,也有人说他是"于法应诛"的,他的功罪我们姑且不管,要之,他之死于严氏父子之手,却是一件不可否认的事实。

我们要解决以上所记述的故事是否可靠,第一,我们先要追求他和严氏父子结仇的因素,关于这一点最好拿他自己的话来说明。

《四部稿》卷一二三《上太傅李公书》:

……至于严氏父子之所以切齿于先人者有三:其一乙卯冬仲芳兄(杨继盛)且论报,世贞自揣,托所知为严氏解救不遂,已见其嫂代死疏辞氇,少为笔削,就义之后,躬亲含殓,经纪其丧,为奸人某某(按即指况叔祺)文饰以媚严氏。先人闻报,弹指唾骂,亦为所诇。其二杨某为严氏报仇曲杀沈炼,奸罪万状,先人以比壤之故,心不能平,间有指斥。渠误谓青琐之押,先人预力,必欲报之而后已。其三严氏与今元老相公(徐阶)方水火,时先人偶辱见收茇苇之末,渠复大疑有所弃就,奸人从中构牢不可解。以故练兵一事,于拟票内一则曰大不如前,一则曰一卒不练,所以阴夺先帝(嘉靖帝)之心而中伤先人者深矣。预报贼耗则曰王某恐吓朝廷,多费军饷。虏贼既退,则曰将士欲战,王某不肯,兹谤既腾,虽使曾参为子,慈母有不投杼者哉!

以上三个原因是(1)关于杨继盛,(2)关于沈青霞,(3)关于徐华亭。始终看不出有什么书画贾祸之说,试再到旁的地方找去,《明史》卷二八七《王世贞传》说:

奸人阎姓者犯法,匿锦衣都督陆炳家,世贞时官刑部搜得之,炳介严嵩以请,卒不许。吏部两拟提学,皆不用,次年遂出为青州兵备副使。

《野获编》卷八《恶谑致祸》:

王弇州为曹郎,故与分宜父子善,然第因乃翁思质(忬)方总督蓟辽,姑示密以防其忮,而心甚薄之。每与严世蕃宴饮,辄出恶谑侮之,已不能堪。会王弟敬美继登第,分宜呼诸孙切责以"不克负荷"诃诮之,世蕃益恨望,日谮于父前,分宜遂欲以长史处之,赖徐华亭(阶)力救得免,弇州德之入骨。后分宜因唐荆川阅边之疏讥切思质,再入鄢剑泉(懋卿)之赞决,遂置思质重辟。

这是说王忬之得祸,是由于世贞之不肯趋奉严氏,和谮毒世蕃,可用以和《明史》相印证。所谓恶谑,丁元荐《西山日记》曾载有一则:

王元美先生善谑,一日与分宜胄子饮,客不任酒,胄子即举杯虐之至淋漓巾帻,先生以巨觥代客报世蕃,世蕃辞以伤风不胜杯杓,先生杂以诙谐曰:"爹居相位,怎说出伤风?"旁观者快之。

也和《清明上河图》之说渺不相涉。

现在我们来推究《清明上河图》的本身和它的沿革,考察它为什么会和王家发生关系,衍成如此一连串故事的由来。

《清明上河图》到底是一幅怎样的画呢?李东阳《怀麓堂集》卷九《题清明上河图》一诗描写得很清楚详细:

宋家汴都全盛时,四方玉帛梯航随,清明上河俗所尚,倾城士女携童儿。城中万屋甍甍起,百货千商集成蚁,花棚柳市围春风,雾阁云窗粲朝绮。芳原细草飞轻尘,驰者若飙行若云,虹桥影落浪花里,捩舵撇篷俱有神,笙歌在楼游在野,亦有驱牛种田者,眼中苦乐各有情,纵使丹青未堪写!翰林画史张择端,研朱吮墨镂心肝,细穷毫发夥千万,直与造化争雕镌。图成进入缉熙殿,御笔题签标卷面,天津一夜杜鹃啼,倏忽春光几回变。朔风卷地天雨沙,此图此景复谁家?家藏私印屡易主,赢得风流后代夸。姓名不入宣和谱,翰墨流传藉吾祖,独从忧乐感兴衰,空吊环州一抔土!丰亨豫大纷彼徒,当时谁进流民图?乾坤颠仰意不极,世事荣枯无代无!

这图的沿革,钱牧斋说:

嘉禾谭梁生携《清明上河图》过长安邸中,云此张择端真本也……此卷向在李长沙家，流传吴中，卒为袁州所钩，袁州籍没后已归御府，今何自复流传人间？书之以求正于博雅君子。天启二年壬戌五月晦日。——《初学集》卷八五《记清明上河图卷》

按长沙即李东阳，袁州即严分宜。据此可知这图的经过是：

（1）李东阳家藏

（2）流传吴中

（3）归严氏

（4）籍没入御府

一百年中流离南北，换了四个主人，可惜不知道在吴中的收藏家是谁？推测当分宜籍没时，官中必有簿录，因此翻出《胜朝遗事》所收的《文嘉钤山堂书画记》，果然有详细的记载，在名画部宋有：张择端《清明上河图》。

图藏宜兴徐文靖（徐溥）家，后归西涯李氏（东阳），李归陈湖陆氏，陆氏子负官缗，质于昆山顾氏，有人以一千二百金得之。然所画皆舟车城郭桥梁市廛之景，亦宋之寻常画耳，无高古气也。

这样，这画的沿革便拉长成：

（1）宜兴徐氏

（2）西涯李氏

（3）陈湖陆氏

（4）昆山顾氏

（5）钤山堂严氏

（6）籍没归御府

六个阶段，寿承家和世贞世交，他自己也是世贞好友之一，他在嘉靖四十四年（1565A.D.）应何宾涯之召为阅官借严氏书画，到隆庆二年（1568A.D.）整理旧所记录成《钤山堂书画记》时，世贞适新起用由河南按察副使擢浙江布政使司左参政分守湖州，如王氏果和此图有关，并有如此惨酷的故事包含在内,他决不应故为遗漏。至于文中所谓"有人以千二百金得之",这人据《明史》三〇八《奸臣传·严嵩传》"世蕃好古尊彝奇器书画,赵文华、胡宗宪、鄢懋卿之属,所到辄辇致之,或索之富人,必得而后已。"和《野获编》伪画致祸(见前)一条相印证,当然不言可喻了。

在以上所叙述的《清明上河图》的经历系统中,很显明地安插不下王忬或王世贞的一个位置,那么,这图到底是怎样才和王家在传说中发生关系的呢?按《四部续稿》卷一六八《清明上河图别本跋》:

张择端《清明上河图》有真赝本,余均获寓目,真本人物舟车桥道宫室皆细于发,而绝老劲有力,初落墨相家,寻籍入天府为穆庙所爱,饰以丹青。

赝本乃吴人黄彪造,或云得择端稿本加润删,然与真本殊不相称,而亦自工致可念,所乏腕指间力耳,今在家弟(世懋)所。此卷以为择端稿本,似未见择端本者,其所云于禁烟光景亦不似,第笔势道逸惊人,虽小麄率,要非近代人所能办,盖与择端同时画院祇候,各图汴河之胜,而有甲乙者也。吾乡好事人遂定为真稿本,而谒彭孔嘉小楷,李文正公记,文征仲苏书,吴文定公跋,其张著杨准二跋,则寿承休承以小行代之,岂惟出蓝!而最后王禄之陆子傅题字尤精楚。陆于逗漏处,毫发贬驳殆尽,然不能断其非择端笔也。使画家有黄长睿那得尔?

其第二跋云:

按择端在宣政间不甚著,陶九畴纂《图绘宝鉴》,搜罗殆尽,而亦不载其人。昔人谓逊功帝以丹青自负,诸祇候有所画,皆取上旨裁定。画成进御,或少增损。上时时草创下诸祇候补景设色,皆称御笔,以故不得自显见。然是时马贲、周曾、郭思、郭信之流,亦不致泯然如择端也。而《清明上河》一图,历四百年而大显,至劳权相出死构,再损千金之值而后得,嘻!亦已甚矣。择端他画余见之殊不称，附笔于此。

所说的——和文、钱两人相合，这两跋都成于万历三年（1575A.D.）以后，假使他家和这图有关，这两跋决不至于如此轻描淡写。何况他又明说这图有二本，一为权相出死构，再损千金之直而后得，后籍没归御府。一图为临本为爱弟敬美所藏呢。

由以上的论列，我们知道一切关于王家和《清明上河图》的记载，都是任意捏造，牵强附会。无论他所说的是辋川真迹，是《清明上河图》或《上河图》，是黄彪的临本，是王鏊家藏本，或是王忬所藏的，都是"无中生有"。应该完全推翻。事实的根据一去，当然唐顺之或汤裱褙甚至第三人的行潜或指证的传说，都一起跟着肃清了。

但是，像沈景倩、刘廷玑、顾廷燮、梁蒀林等人，在当时都是很有名望的学者，时代相去又不甚远，为什么他们都会得"捕风捉影，因讹承讹"呢？

这原因据我的推测，以为是：

（1）是看不清《四部稿》两跋的原意，误会所谓"权相出死力构"的事迹是指他的家事，因此而附会成一串故事。

（2）是信仰《野获编》作者的时代和他与王家的世交关系，以为他所说的话一定可靠，而靡然风从，群相应和。

（3）是故事本身的悲壮动人，由好奇心的搅动，不予考虑，即据以记述，甚或替它装头补尾，虽悖"求真之谛"亦所不惜。

次之，因为照例每个不幸的故事中，都有一位丑角在场驼木梢，汤裱褙是当时的名装潢家，和王严两家都有来往，所以顺手把他拉入作一点缀。至于有的说他的指证是出于无意，或受贿不及，或素有仇隙的种种异说，那只能怪他们的时代和地域不给他们以一度商洽的机会，闭户造车的结果当然不能是家家一式的。

后来汤裱褙的名色大概有些不合脾胃，或者是嫌未免有点太冤他了，恰巧当时大名鼎鼎的唐顺之曾有疏参王忬的事迹，王忬之死多少他应负一点责任，所以就革掉裱褙匠而代以理学家了。到了范允临的时候，似乎又因为唐顺之到底是一代大儒，不好任意得罪，所以在他做的剧本——《一捧雪传奇》中仍旧替回了汤裱褙，在几百年来，这剧本到处上演，剧情的凄烈悲壮，深深地感动了若干千万的老实百姓，于是汤裱褙便永远留在这剧本中做一位挨骂的该死丑角。

三、《金瓶梅》非王世贞所作

最早提到《金瓶梅》的，是袁宏道的《觞政》：

> 凡六经语孟所言饮式，皆酒经也。其下则汝阳王甘露经酒谱……为内典……传奇则《水浒传》、《金瓶梅》为逸典……——（十之掌故）

这时尚未有刻本，已极见重于文人，拿它和《水浒》并列了。可惜他只给我们以一个价值的暗示，而没提出它的著者和其他情事！稍后沈德符的《野获编》所说的就比他详细多了，他说：

> 袁中郎《觞政》以《金瓶梅》配《水浒》的为典，余恨未得见，丙午（1606A.D.）遇中郎京都，问曾有全帙不？曰第睹数卷甚奇怪，今惟麻城刘延白承禧家有全本，盖从其妻家徐文贞录得者，又三年小修上公车，已携有其书，因与借钞挈归，吴友冯犹龙见之惊喜，怂恿书坊以重价购刻，马仲良时榷吴关，亦劝余应梓人之求，可以疗饥。余曰："此等书必遂有人版行，但一出则家到户传，坏人心术，它日阎罗究诘始祸，何词以置对？吾岂以刀锥博泥犁哉！"仲良大以为然，遂固箧之。未几时而吴中悬之国门矣。然原本实少五十三回至五十七回，偏觅不得，有陋儒补以入刻，无论肤浅鄙俚，时作吴语，即前后血脉，亦绝不贯串，一见知其赝作矣。
>
> 闻此为嘉靖间大名士手笔，指斥时事，如蔡京父子则指分宜，林

灵素则指陶仲文，朱勔则指陆炳，其他亦各有所属云。——卷二十五《金瓶梅》

关于有刻本前后的情形，和书中所影射的人物，他都有提述到，单单我们所认为最重要的著者，他却只含糊地说了"嘉靖间大名士"了事，这六字的含义是：

（1）作者是嘉靖时人。

（2）作者是大名士。

（3）《金瓶梅》是嘉靖时的作品。

几条嘉靖时代若干大名士都可适用的规限，更不妙的是他指这书是"指斥时事"的，平常无缘无故的人要指斥时事干吗呢？所以顾公燮等便因这一线索断定它是王世贞的作品，牵连滋蔓，造成上述一些故事。

果然这一附会立刻便生了效力，康熙乙亥（1696A.D.）刻的《金瓶梅》谢颐做的序便说：

《金瓶梅》一书传为凤洲门人之作也。或云即凤洲手，然洋洋洒洒一百回内，其细针密线，每令观者望洋而叹。

到了《寒花盦随笔》、《缺名笔记》的一些人的时代，便索性把或字去掉。一直到民国时代的《小说考证》还认定是弇州之作而不疑：

《金瓶梅》之出于王世贞手不疑也。景倩距弇州时代不远当知其详。乃以名士二字了之，岂以其诲淫故为贤者讳欤！——《小说考证》二P96

其实一切关于《金瓶梅》的故事，都只是"故事"而已，客气一点说是："文人弄笔，不可置信。"说得露骨一点，就是："捕风捉影，造谣生事。"为辩明史实的真伪计，此地给他们以一个总攻击，把一切荒谬无理的传说，一起踢开，送还《金瓶梅》以一个原来的面目。

第一，我们要解决一个问题，要先捕获住它的要害点，关于《清明上河图》在上文已经证明和王家无关，次之就是这一切故事的焦点——作

《金瓶梅》的缘起和对象严世蕃或唐荆川之被毒或被刺了。因为这书据说是作来毒严氏或唐氏的,如两人并未被毒或无被毒之可能时,这一说当然不攻自破。

A. 严世蕃是正法死的,并未被毒。这一点《寒花盦随笔》的作者倒能辨别清楚,顾公燮便不高明了,他以为王忬死后世贞还去谒见世蕃,世蕃索阅小说,因作《金瓶梅》以讥刺之。其实王忬被刑在嘉靖三十九年(1560A.D.)十月初一日,殁后世贞兄弟即扶柩返里,十一月廿七日到家,自后世贞即屏居里门,到隆庆二年(1568A.D.)始起为河南按察副使;另一方面严嵩于四十一年五月罢相,世蕃也随即被刑。在忬死后世贞方痛恨之不暇,何能觍颜往谒贼父之仇?且事后返里屏居,中间无一日停滞,南北相隔,又何能与世蕃相见?即使可能,世蕃已被放逐,不久即死,亦何能见?如说此书之目的专在讽刺,则严氏既倒,公论已明,亦何所用其讽刺?且《四部稿》中不乏抨责严氏之作,亦何庸写比洋洋百万言之大作以事此无谓之讽刺?

再顾氏说严氏之败是由世贞贿修工烂世蕃脚使不能入直致然的,此说亦属无稽。据《明史》三〇八《严嵩传》所言:

嵩虽警敏,能先意揣帝指,然帝所下手诏语多不可晓,惟世蕃一览了然。答语无不中。及嵩妻欧阳氏死,世蕃当护丧归,嵩请留侍京邸,然自是不得入直所代嵩票拟,而日纵淫乐于家。嵩受诏多不能答,遣使持问世蕃,值其方耽女乐不以时答,中使相继促嵩,嵩不得已自为之,往往失指。所进青词又多假手他人不能工,以是积失帝欢。

则世蕃之不能入直是因母丧,嵩之败是因世蕃之不代票拟,也和世贞根本无关。

B. 关于唐顺之的。按《明史》卷二〇五:顺之出为淮扬巡抚,兵败力疾过焦山,三十九年春卒。王忬死在是年十月,顺之比王忬早死半年,世贞何能预写《金瓶梅》报仇?世贞以先一年冬从山东弃官省父于京狱,时顺之已出官淮扬，二人何能相见于朝房？顺之死前王忬半年，世贞又安能遣人行刺于顺之死后？

总之，这些传说的荒谬绝伦，拙劣疏漏，就是稍有常识的人都不会相信，我们真不懂他们为什么这样不高明的捏造，更奇怪的竟会有人一致附和！这真是一个奇迹！

第二，我们退一步假定《金瓶梅》是王世贞做的。根据的是沈德符的话，但是难题接着就来了。这问题是《金瓶梅》不是一部苟陋的作品，我们要考虑在王世贞的著作生活中，能否有构成如此大作的一个空间？这一问题的解答据我的《王世贞年谱》的《编年序事》的连接，是不能腾出一个位置给《金瓶梅》的。次之，"嘉靖中大名士"是一句空洞的话，假使我们可以把它牵就为王世贞，那么，我们又为什么不能把它归到曾著有杂剧四种和托名天都外臣编有《水浒传》（？）的汪道昆？为什么不是以杂剧和文采著名的屠赤水王百谷或张凤翼？那时的名士多如牛毛，又为什么不是所谓前七子广五子后五子续五子以及其他的山人墨客？我们有什么反证说他们不是"嘉靖间的大名士"？为什么他们一定不能做，一定要把这荣誉硬送给著述等身为一代文宗的王世贞？为什么呢？

第三，我们再退一步承认王世贞有作《金瓶梅》的可能。（自然，他不是不能做）但是问题是他是江苏太仓人，并且是土著，我们有什么保证可以断定他不"时作吴语"？《金瓶梅》用的是山东的方言，他虽曾在山东做过三年官（1557—1559），但是我们能有证据说他在这三年中，并且是在"身总繁剧，盗警时闻"的状况中，他曾学会了甚至和土著一样地使用他们的方言吗？假使不能，我们又有什么权力使他变成《金瓶梅》的作者呢？

抄得太多了，在此作一个结论吧！根据以上的论断，我的结论是：

（1）《清明上河图》和王家毫无关系。

（2）《金瓶梅》非王世贞所作。

（3）一切《清明上河图》和《金瓶梅》涉及王世贞的故事，都出于捏造，不足置信。

最后要附带提及的，是《一捧雪》剧本中担任丑角的汤裱褙（臣）是实有其人的。《四部稿》卷五十一有送他的两首诗，索性抄在下面：

> 汤生装潢为国朝第一手，博雅多识，犹妙赏鉴家其别余也。出故纸索赠言，拈二绝句应之。

> 钟王顾陆几千年，类汝风神次第传，
> 落魄此生看莫笑，一身还是米家船。

> 金题玉燮映华堂，第一名书好手装，
> 却怪灵芸针线绝，为他人作嫁衣裳！

1931年夏偶然在《嫠书》中发现了胡应麟的卒年，趁着手头有书的机会，摭拾一点材料写了一部《胡少室年谱》，接着又得了一个休假的机会，读了不少的明清人著述，在钱竹汀的《潜揅堂集》中找出一卷《弇州山人年谱》，嫌他写得太简略，不但对于他的思想和学术方面的成就未有提及，就连他的事迹也遗漏了不少。因此就随时留神札记，按年增补，重写成一部《王世贞年谱》，大概也有四五万字，约比原书多出十分之八九，这个暑假总不算空过了。

这一篇东西原应排入《王世贞年谱》1560年内的，可是材料太多了，如一起装进去，恐怕要闹大肚子的笑话，因此索性提出，另外加了一点材料，编成年谱的附录。

本来是想再写一点关于《金瓶梅》的真正作者的考证，和这已经写成的合为上下篇的。但是时间实在不允许我，这个志愿只好留待他日了。

一九三一，八月二十七日后记

（原载《清华周刊》，第三十六卷第四、五期，1931年12月5日）

《明史》小评

在官修之正史中，自来学者多推崇《明史》，以为"近代诸史自欧阳公《五代史》外，《辽史》简略，《宋史》繁芜，《元史》草率，惟《金史》行文雅洁，叙事简括，稍为可观；然未有如《明史》之完善者"①。理由是（一）修史时间极长，从康熙十八年至乾隆四年，历时凡六十年②；（二）纂修者多系一时专门学者，如朱彝尊、毛奇龄、汤斌、吴志伊、汪琬、万斯同、姜宸英、刘献廷、李清等——遗老如黄宗羲，顾炎武虽被罗致而不就，但亦与有相当关系③；（三）立传存大体④；（四）去前朝未远，故事原委，多得其真⑤；（五）事详文简。

反面的批评以为《明史》不能算尽善尽美，因为（一）清帝钳禁太甚，致事多失实；（二）因学派门户之偏见，致颠倒失实；（三）搜访之漏落；（四）明清关系多失真相⑥；（五）弘光迄永历之终，事多失实。⑦

其他褒扬的和贬责的批评，百数十年来聚讼纷纭，而大要不过如上二说。关于《明史》本身的评价和缺失，在这篇短文中我们不能一一详论。我在此所要指出的是《明史》不是一部完好可读的史籍。我们纵不能把它重新改造，至少也应该用清儒治学的精神，替它再逐一校勘一遍，补缺正

---

① 赵翼：《廿二史札记》卷三一，《明史》。
② 《廿二史札记》卷三一，《明史》。清修《明史》起顺治二年，未几罢。至康熙十八年始开馆重修，规模极大。
③ 《鲒埼亭集》卷一一，《梨洲先生神道碑文》；卷一二，《亭林先生神道表》。
④ 《廿二史札记》卷三一，《明史》立传多存大体。
⑤ 《廿二史札记》卷三一，《明史》条。
⑥ 参看孟森《清朝前纪》及故官博物院《明清史料》。
⑦ 《国学论丛》一卷四期，陈守实：《明史抉微》。

误，方不致贻误学者。

　　《明史》因修纂时间过长，从顺治二年数起有九十五年，如从康熙再开史局数起也有六十几年。中间不知道更换了多少总裁，多少批纂修。不由一手始终其事，所以纪传志表，往往牴牾。并且卷帙过多，替它逐一审校一过也不是一件容易的事。我们如将一切明代史籍，清人传述，和汤斌、尤侗、汪琬、朱彝尊、杨椿、毛奇龄一班人所撰的史稿，黄宗羲、全祖望、王夫之一般人所撰的诗文集，和《明史》一一互校，便可发见《明史》有若干部分有脱文断句，有若干部分有讹字误文，有若干部分重复，有若干部分漏落。这些小问题向来不被人注意，粗心一下读过去也就算了。可是我们如要可信的史实，要利用这些史料时，便非先费一番功夫，作几次辛苦的校读工作不可。

　　为要引起一般学者对这一小问题的兴趣，以下试约略举出几条《明史》中较为显著的错误，作为例证。

　　（一）脱文　卷二八五《赵壎传》附《乌斯道传》："傅恕字如心，鄞人，与同郡乌斯道郑真皆有文名……斯道字继善，慈溪人……子缉亦善诗文，洪武四年举乡试第一，授临淮教谕，入见赐之宴，赋诗称旨，除广信教授，自号荥阳外史"。这一段小传，我们如不参校旁书，便一辈子也不会明白它的错误，以为荥阳外史即是乌缉的别号，"子缉"下一段都是乌缉的传文了。但试一检王鸿绪《明史稿》①的传文，乌缉又作乌熙，"子缉亦善诗文"下"洪武四年举乡试第一"上有"真字千之"四字。这样一来，"洪武四年"以下一段便都成为郑真的小传，和乌氏父子毫不相干了。按张时彻《宁波府志·文学传·乌斯道传》："子熙光，字缉之，为国子监丞，亦以诗文擅名"。《慈溪县志·文苑传》所载完全相同。由此

---

① 《明史稿》五百卷原出万斯同手，殁后为王鸿绪所盗，攘为己撰。见全祖望《鲒埼亭集》、钱大昕《潜研堂集》、魏源《古微堂集》诸书。

可知斯道子名熙光,字缉之,《明史》作名缉固然错了,《明史稿》作名熙也不能算不错。《明史稿》"真字千之"四字是承上文"与同郡乌斯道郑真皆有文名"说的。《明史》疏忽,落此四字,便张冠李戴①,闹了笑话。

（二）错误　卷三《太祖本纪》三："十五年十一月戊午置殿阁大学士,以邵质、吴伯宗、宋纳、吴沉为之。"故宫出版乾隆四十二年重纂《明史本纪》文同。按宋纳即宋讷,纳为讷之讹文。卷一三七有《吴讷传》。吴伯宗吴沉传同见卷一三七。王鸿绪《明史稿·本纪》三只说："十一月戊午仿宋制置殿阁学士"。邵质不见《明史》及其他诸书,竟不知他到底是什么人。考王氏《明史稿·太祖本纪》的撰人是汤斌。检《拟明史稿》卷三："戊午初置殿阁学士,以礼部尚书刘仲质为华盖殿大学士,翰林学士宋讷为文渊阁大学士,检讨吴伯宗为武英殿大学士,典籍吴沉为东阁大学士"。据此,邵质原作刘仲质。证以《明史》卷一百十一《七卿年表》,"洪武十五年二月壬戌刘仲质任礼部尚书,十一月改大学士",再考北平图书馆所藏《太祖高皇帝实录》,"洪武十五年十一月始仿宋殿阁之制,置大学士官,同拜命者宋讷、吴伯宗、吴沉、刘仲质四人",都足证明《明史本纪》所说的邵质实即刘仲质。《仲质传》附见《明史》卷一三六《崔亮传》：

> 刘仲质字文质,分宜人。洪武初以宜春训导荐入京,擢翰林典籍,奉命校正《春秋本末》。十五年拜礼部尚书……是年冬改华盖殿大学士,帝为亲制诰文。

刘、仲、邵三字毫无瓜葛,这断不能委为当时手民之误。并且有《七卿年

---

① 郑真字千之号荥阳外史的证据,是《四库总目》：《荥阳外史集》七十卷（两淮盐政采进本）——明郑真撰。真字千之,鄞县人,成化《四明郡志》称其研究六经,尤长于《春秋》。吴澄尝策以治道十二事,皆经史之隽永,真答之无凝滞。洪武四年乡试第一,授临淮教谕,升广信府教授。

表》的本证在，我们实在想不出错误的由来。

（三）事误　卷一三六《陶安传》："安坐事谪知桐城，移知饶州。陈友定兵攻城，安召吏民谕以顺逆，婴城固守。援兵至，败去"。按安传出汪琬手，陈友定兵攻城一事，《汪氏传家集钝翁续稿》卷三八《陶安传》作"信州盗萧明攻饶安"。汤斌《拟明史稿》卷一，《太祖本纪》一："至正二十五年冬十月癸丑，信州贼萧明犯饶州，知府陶安败之"。这一件事，《明史本纪》削去不书。考当时情势，陈友定据有八闽后，只有一次派兵攻明方的处州，被胡深打败，从此就关门自守，自顾还来不及，哪儿还有能力来向外发展，并且是越浙攻饶！朱国祯《开国臣传》亦作"信州贼萧明攻饶安"，就是汪琬撰史稿的根据。《明史》改作陈友定，显然是一个严重的错误。

（四）重出　郑定事迹见卷二八六《林鸿传》："郑定字孟宣，尝为陈友定记室。友定败，浮海亡交广间，久之还居长乐，洪武中征授延平府训导，历国子助教"。卷一二四《陈友定传》又说："郑定字孟宣，好击剑，为友定记室。及败，浮海入交广间，久之还居长乐。洪武末累官至国子助教"。这两篇传文相差不过几个字，并出朱彝尊《曝书亭集》卷六三《林鸿传》，不过省去历延平府训导下"历齐府纪善"五字而已。

（五）矛盾　胡惟庸得罪被杀，党案牵连十几年，被杀的武官文臣知识分子富豪平民有好几万，是明初一件大事。不过他的获罪之由，却传闻异辞，莫衷一是。①《明史》卷三二四《外国·占城传》以为"洪武十二年贡使至都，中书不以时奏。帝切责丞相胡惟庸汪广洋，二人遂获罪"。卷三二二《日本传》又以为"先是胡惟庸谋逆，欲借日本为助，乃厚结宁波卫指挥林贤，佯奏贤罪，谪居日本，令交通其君臣，寻奏复贤职，遣使召之。密致书其王借兵助己。贤还，其王遣僧如瑶率兵卒四百余人诈称入

---

① 作者另撰有《胡惟庸党案考》一文，可参看。

贡，且献巨烛，藏火药刀剑其中，既至而惟庸败，计不行，帝亦未知其狡谋也。越数年，其事始露，乃族贤而怒日本特甚，决意绝之，专意以防海为务"。这就是说，胡惟庸的罪状是谋反。其实，细按当时记载，便可知这一段史迹出于太祖亲定的《大诰》，一面之辞，不可信。况且遍查日本史乘和僧徒传纪，就根本没有如瑶这个人。胡惟庸在十二年九月下狱，次年正月处刑。在这短时期中也不能做出这些布置。日本来华商舶，据日方记载和《名山藏》、《吾学编》、《皇明驭倭录》诸书，他们大抵多是海贼，好就做买卖，不好就沿海抢掠，带军器以防海贼为名，不算是一件违禁的事，用不着把它藏在大烛中。并且南京是当时首都，大都督府所在，四百多日本人也不济事！胡惟庸即使太笨，也不致笨到这个地步。卷三〇八《胡惟庸传》又说："惟庸既死，其反状犹未尽露，至十八年李存义为人首告，免死安置崇明。十九年十月林贤狱成，惟庸通倭事始著。二十一年蓝玉征沙漠，获封绩……讯得其状，逆谋益大著"。据此则通倭通虏谋反三事都发见在惟庸死后的几年中。那么，所谓胡党的罪案，到底是一些什么呢？又如封绩，《明史》说他是"故元遗臣"，其实，据当时的口供《昭示奸党录》所载，他不过是一个不识字的奴才，连北方都从来没有去过。一生没做过官，硬安排他是遗老，明史馆的纂修官未免太"神经过敏"了吧！

（六）简失　卷二八六《林鸿传》："王偁字孟敭。父翰，仕元抗节死，偁方九岁，父友吴海抚教之。洪武中领乡荐，入国学，陈情养母。母殁，庐墓六年。永乐初用荐授翰林检讨，与修大典，学博才雄，最为解缙所重。后坐累谪交阯，复以缙事连及，系死狱中"——详说王偁的事迹，于他父亲的事只以一语了之。在卷一二四《陈友定传》又附有王翰的小传："王翰字用文，仕元为潮州路总管。友定败，为黄冠，栖永泰山中者十载。太祖闻其贤，强起之，自刎死。有子偁知名"——述王翰事详悉，于他的儿子王偁，也只带及一语。按这两传都出朱彝尊手。见《曝书亭集》卷六三《王偁传》，翰传附及。《明史》把它分开来，以翰为元臣仕闽，故附《陈友定传》。以偁有文名，故附入《文苑·林鸿传》中。互为详略，煞费苦心。可是我们如细读朱氏原传，则似《明史》务为简略，颇失史意。如原传"偁中洪武二十三年乡试"，《明史》简作"洪武中领乡荐"，把一肯定的史实简成模糊，简得没有道理。原传"留永福山中为道士者十年"，《明史》作"为黄冠，栖永泰山中者十载"，把道士译成黄冠，把年译成载，雅是雅了，可是有什么大道理呢！并且《明史》还把这一句改错了。《林鸿传》中明说"永福王偁"，参以原传，我们知道王偁以其父入闽故，所以占籍永福，则永泰山中为永福山中之讹明甚。

（七）互异　关于海盗刘香的下落，《明史》卷二六五《施邦曜传》和卷二六〇《熊文灿传》不同。《施传》说："刘香李魁奇横海上，邦曜絷香母诱之，香就禽"。《文灿传》则以为"郑芝龙合广东兵击香于田尾远洋，香胁（洪）云蒸止兵，云蒸大呼曰：'我矢死报国，急击勿失！'遂遇害。香势蹙，自焚溺死"。

（八）缺漏　关于两次纂修《元史》的纂修官，《明史》卷二八五《赵壎传》说："三年重开史局，仍以宋濂、王祎为总裁，征四方文学士朱右、贝琼、朱廉、王彝、张孟兼、高逊志、李懋、李汶、张宣、张简、杜寅、殷弼、俞寅及壎为纂修官。先后纂修三十人，两局并与者壎一人而已"。按二年修《元史》之纂修官，据同传为汪克宽、胡翰、宋僖、陶凯、陈基、曾鲁、高启、赵汸、张文海、徐尊生、黄篪、王锜、傅著、谢徽、傅恕、赵壎十六人。合三年之纂修官十四人为三十人。可是赵壎以一人而参与前后两次史局，实际上只能算是一人。所以两次的纂修官的总数，据《明史》只有二十九人，和三十人之数不合。

按所缺一人为王廉，朱彝尊《曝书亭集》卷六二有传。"王廉字希阳，青田人，侨居上虞，洪武二年用学士危素荐授翰林编修，明年与修《元史》。又明年偕典籍牛谅使安南还，改工部员外郎。固辞，出为渑池县丞。十四年擢陕西左布政使。无子，卒葬杭州之西山"。大约是当时馆臣不留心，偶然忘了王廉的名字，又无法凑成三十人，便把赵壎算成两人，抵三十人的数额了。

（九）偏据　卷二八五《戴良传》："太祖初定金华，命（良）与胡翰等十二人会食省中，日二人更番讲经史，陈治道。明年用良为学正，与宋濂叶仪辈训诸生。太祖既旋师，良忽弃官逸去。元顺帝用荐者言，授良江北行省儒学提举。良见时事不可为，避地吴中，依张士诚。久之，见士诚将败，挈家泛海抵登莱，欲间行归扩廓军。道梗，寓昌乐数年，洪武六年始南还，变姓名隐四明山，太祖物色得之。十五年召至京师，试以文，命居会同馆，日给大官膳，欲官之，以老疾固辞，忤旨。明年四月暴卒，盖自裁也"。此出黄存吾《闲中录》。《曝书亭集》卷六三《良传》与之多异。"元末以荐授淮南江北等处行中书省儒学提举。时太祖兵已定浙东，良乃避地吴中。久之挈家浮海至胶州，欲投扩廓军前，不得达，侨居昌乐。洪武六年变姓名隐四明山。十五年征入京……"这样说是戴良在洪武十五年前不但没有做过明朝的官，并且也没有见过太祖，始终是元遗臣。十五年后被征，强迫他投降做官，所以自杀明志。全祖望《九灵先生山房记》也力辩其仕明之诬，说良在十五年前和明绝无关系。竹垞谢山谙熟明代掌故，所说都有根据。《明史》却偏信一家之说，引为信史，这种不阙疑不求真的态度，实不足取。

（十）字讹　卷二八三《湛若水传》："湛氏门人最著者永丰李怀，德安何迁……怀字汝德，南京太仆少卿"。按李怀，黄宗羲《明儒学案》卷三八作吕怀，"号巾石，嘉靖壬辰进士，著有《律吕古义》、《历考》、《庙议》诸书"。《明史》卷二八二《唐伯元传》："伯元受业于永丰吕怀"。卷二〇八《洪垣传》又附有吕怀小传："吕怀，广信永丰人，亦若水高弟子，由庶吉士授兵科给事中，改春坊左司直郎，历右中允，掌南京翰林院事，每言王氏之良知与湛氏之礼认天理同旨，其要在变化气质，作《心统图说》以明之，终南京太仆少卿"。这样，《湛若水传》中之"李怀"可信为即《洪垣传》中之"吕怀",李为吕之讹。揆以《明史》传中涉及另外一人,如这人有专传时,即以"自有传"了之,不更述其字号籍贯行历之例,这也不能不说是重传了。

二月十七日,于清华大学

(原载《图书评论》,第一卷第九期,1933年5月)

记大明通行宝钞

元末钞以无本滥发而废不能用，转而用钱，而钱之弊亦日甚，官使一百文民用八十文，或六十文，或四十文，吴越各不同，湖州嘉兴每贯仍旧百文，平江五十四文，杭州二十文，法不归一，民不便用。又钱质薄劣，易于损坏。（孔齐《至正直记》卷一）钞钱俱不能用，遂一退而为古代之物物交易。

明太祖初起，即于应天置宝源局铸钱，制凡数变。时乏铜鼓铸，有司责民纳私铸钱，毁器皿输官，民颇苦之。而商贾沿元旧习，便用钞，亦苦于钱之不便转运。钱法既绌，于是又转而承元之钞法，以为元代用钞百四十年，其制可因也。顾仅承其制度之表面而忽其本根：元钞法之通以有金银或丝为钞本，各路无钞本者不降新钞；以印造有定额，量全国课程收入之金银及倒换昏钞数为额，俭而不溢，故钞尝重；以有放有收，丁赋课程皆收钞，钞之用同于金银；以随时可兑换，钞换金银，金银换钞，以昏钞可倒换新钞；以钞与金银并行，虚实相权。且各地行用库之颁发钞本也，以行用库原有金银为本，新钞备人民之购取，金银则备人民之换折，故出入均有备，钞之信用借以维持。其坏也以无钞本；以滥发；以发而不收；以不能兑换；以昏钞不能倒换新钞。明太祖及其谋议诸臣生于元代钞法沮坏之世，数典忘祖，以为钞法固如是耳，于是无本无额有出无入之不兑现钞乃复现于明代。行用库之钞本成为无本之钞，不数年而法坏。又为剜肉补疮之计，禁金银，禁铜钱，立户口食盐钞法、课程赃罚输钞法、赎罪法、商税法、钞关法等法令，欲以重钞，而钞终于无用。

洪武七年（公元1374）初置宝钞提举司，下设钞纸印钞二局，宝钞行用二库。（《明史》卷七二《职官志》）八年三月始诏中书省造大明宝钞，取桑穰为钞料，其制方高一尺，广六寸，质青色，外为龙文花栏，横题其额曰"大明通行宝钞"，其内上两旁复为篆文八字曰"大明宝钞，天下通行"。中图钱贯，十串为一贯，其下云"中书省奏准印造大明宝钞，与铜钱通行使用，伪造者斩，告捕者赏银二十五两，仍给犯人财产。"（《会典》中书省作户部，二十五两作二百五十两。见图。）若五百文则书钞文为五串，余如其制而递减之。其等凡六，曰一贯、曰五百文、四百文、三百文、二百文、一百文。每钞一贯准钱千文，银一两；四贯准黄金一两。十三年废中书省，乃以造钞属户部，而改宝钞文中书省为户部，与旧钞兼行。二十二年（公元1389）更造小钞，自十文至五十文。（《大明会典》卷三一《钞法》，《明史》卷八一《食货志·钱钞》）建文四年（公元1420）十一月，户部尚书夏原吉言："宝钞提举司钞版岁久，篆文销乏，且皆洪武年号，明年改元永乐，宜并更之。"成祖曰："板岁久当易则易，不必改洪武为永乐，盖朕所遵用皆太祖成宪，虽永用洪武可也。"（《明成祖实录》卷一四）自是终明世皆用洪武年号云。

宝钞颁发时，即诏禁民间不得以金银物货交易，违者治罪，告发者就以其物给赏，若有以金银易钞者听。凡商税课钱钞兼收，钱十之三，钞十之七，一百文以下则止用铜钱（《大明会典》卷三一《钞法》）。钞昏烂者许就各地行用库纳工墨值易新钞。寻罢在外行用库。洪武十三年五月户部言："行用库收换昏钞之法，本以便民，然民多缘法为奸诈，每以堪用之钞，辄来易换者。自今钞虽破软而贯伯分明，非挑描剜补者，民间贸易及官收课程并听行使。果系贯伯昏烂，方许入库易换，工墨直则量收如旧。在京一季，在外半年送部，部官会同监察御史覆视，有伪妄欺弊者罪如律，仍追钞偿官。但在外行用库裁革已久，今宜复置。凡军民倒钞，令军分卫所，民分坊厢，轮日收换，乡民商旅各以户帖路引为验。"于是复置各地行用库。（《明太祖实录》卷一三一）七月罢宝钞提举司（同上书卷一三二）。十五年置户部宝钞广源库广惠库，入则广源掌之，出则

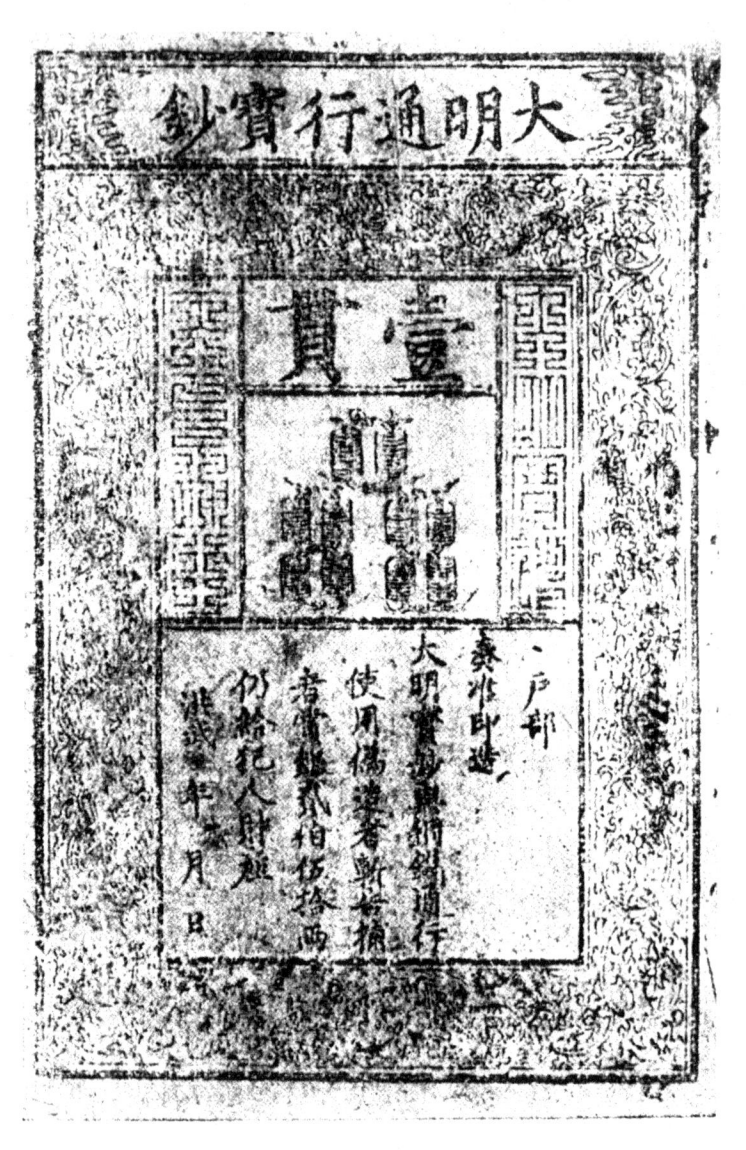

"壹贯"的"大明通行宝钞"

广惠掌之。在外卫所军士月盐均给钞。各盐场给工本钞。(《明史》卷八一《食货志·钱钞》)十八年十二月命户部凡天下有司官禄米以钞代给之，每钞二贯五百文代米一石。(《明太祖实录》卷一七六)时钞值低落，二十三年十月太祖谕户部尚书赵勉曰："近闻两浙市民有以钞一贯折钱二百五十文者，此甚非便。尔等与工部议，凡两浙市肆之民，令其纳铜送京师铸钱，相兼行使，凡钞一贯准钱一千文，榜示天下知之。"(同上书卷二〇五)二十四年八月复命户部申明钞法。时民间凡钞昏烂者，商贾贸易率多高其值以折抑之，比于新钞增加至倍。又诸处税务河泊所每收商税课程，吏胥为奸利，皆取新钞，及至输库，辄易以昏烂者。由是钞法益滞不行，虽禁约屡申而弊害滋甚。太祖因谓户部臣曰："钞法之行，本以便民交易，虽或昏烂，然均为一贯，何得至于抑折不行，使民损赀失望。今当申明其禁，但字贯可验真伪，即通行无阻。且以钞之弊者，揭示于税务河泊所，令视之为法，有故阻者罪之。"(同上书卷二一一)二十五年设宝钞行用库于东市，凡三库，库给钞三万锭为钞本，倒收旧钞送内府。二十六年令：凡印造大明宝钞典历代铜钱相兼行使，每钞一贯准铜钱一千文。其宝钞提举司每岁于三月内兴工印造，十月内住工。其所造钞锭，本司具印信长单及关领勘合，将实进钞锭照数填写送内府库收贮，以备赏赐支用。其合用桑穰数目，本部每岁预为会计，行移浙江、山东、河南、北平及直隶、淮安等府出产去处，依例官给价钞收买。(《大明会典》卷三一《钞法》)二十七年八月诏禁用铜钱。时两浙之民重钱轻钞，多行折使，至有以钱百六十文折钞一贯者，福建、两广、江西诸处大率皆然。由是物价涌贵，而钞法益坏不行。于是令悉收其钱归官，依数换钞，敢有私自行使及埋藏毁弃铜钱者罪之。(《明太祖实录》卷二三四)并罢宝钞行用库(《大明会典》卷三一《钞法》)。三十年三月，以杭州诸郡商贾，不论货物贵贱，一以金银定价，由是钞法阻滞，公私病之，因禁民间无以金银交易。(《明太祖实录》卷二五一)时法繁禁严，奸民因造伪钞以牟

利，数起大狱，勾容杨馒头伪钞事觉，捕获到官，自京师至勾容九十里间，所枭之尸相望云。（《大诰·伪钞》第四八）

成祖即位后，复严金银交易之禁：犯者准奸恶论；有能首捕者，以所交易金银充赏；其两相交易而一人自首者免坐，赏与首捕同（《明成祖实录》卷一八永乐元年四月丙寅条）。二年（公元1404）正月诏，自今有犯交易银两者，免死徙家兴州屯戍。（同上书卷二七）八月，都察院左都御史陈瑛言："比岁钞法不通，皆缘朝廷出钞太多，收敛无法，以致物重钞轻。今莫若暂行户口食盐之法，以天下通计，人民不下一千万户，官军不下二百万家，若是大口月食盐二斤，纳钞二贯，小口一斤，纳钞一贯，约以一户五口计，可收五千余万锭，行之数月，钞必可重。"户部会群臣会议，皆以为便。但大口令月食盐一斤，纳钞一贯，小口月食盐半斤，纳钞五百文，可以行久。从之。（同上书卷三三）五年（公元1407）于京城设官库，令民以金银倒换官钞，在外则于州县倒换。令各处税粮课程赃罚俱准折收钞，米每石三十贯，小麦豆每石二十五贯，大麦每石一十五贯，青稞荞麦每石一十贯，丝每斤四十贯，棉每斤二十五贯，大绢每匹五十贯，小绢每匹三十贯，小苎布每匹二十贯，大苎布每匹二十五贯，大棉布每匹三十贯，小棉布每匹二十五贯，金每两四百贯，银每两八十贯，茶每斤一贯，盐每大引一百贯，芦柴每束三贯，其有该载不尽之物，但照彼中时价折收。（《大明会典》卷三一《钞法》）准之洪武初颁钞时之物价，盖不啻贬值百倍矣。七年设北京宝钞提举司，十七年四月又申严交易金银之禁。（同上）十九年三殿灾，求直言，邹缉上疏言时政，谓"民间至伐桑枣以供薪，剥桑皮以为楮，加之官吏横征，日甚一日，如前岁买办颜料，本非土产，动科千百，民相率敛钞购之他所，大青一斤价至万六千贯。"（《明史》卷一六四《邹缉传》）二十年又令盐官许军民人等纳旧钞支盐，发南京抽分场积薪龙江提举司竹木鬻之军民收其钞，应天岁办芦柴征钞十之八。（同上书卷八一《食货志·钱钞》）九月成祖谕户部都察院臣曰："昔太祖时钞法流通，故物贱钞贵，交易甚便。今市井交易，惟用新钞，稍昏软辄不用，致物价腾踊，其榜谕之。如仍踵前弊，坐以大辟，家仍罚钞徙边。如有倚法强市人物，亦治罪不宥。"（《明成祖实录》卷一二四）先是成祖在北京，或奏南京钞法为豪民沮坏，遣邝埜廉视，众谓将起大狱，埜执一二市豪归奏曰："市人闻令震惧，钞法通矣。"事遂已。（《明史》卷一六七《邝埜传》）然钞法实未尝通也。

仁宗监国，诏令笞杖定等输钞赎罪。（《明仁宗实录》永乐二十二年十月癸卯）及即位，以钞不行，询户部尚书夏原吉，原吉言："钞多则轻，少则重。民间钞不行，缘散多敛少，宜为法敛之。请市肆门摊诸税度量轻重加其课程。钞入官，官取昏软者悉毁之。自今官钞宜少出，民间得钞难，则自然重矣。"乃下令曰："所增门摊课程，钞法通即复旧，金银布帛交易者亦暂禁止。"（《明史》卷八一《食货志·钱钞》）永乐二十二年（公元1424）十月革两京户部行用库。（同上书卷八《仁宗纪》）洪熙元年（公元1425）议改钞法，夏时力言其扰市肆，无裨国用。疏留中。钞果大沮，民多犯禁。议竟寝。（同上书卷一六一《夏时传》）宣宗即位，兴州左屯卫军士范济年八十余矣，诣阙言：元因唐飞钱、宋会子交子之旧，"造中统交钞，以丝为本，银五十两，易丝钞一百两。后又造中统钞，一贯同交钞一两，二贯同白金一两。久而物重钞轻，公私俱弊。更造至元钞颁行天下，中统钞通行如故，率至元钞一贯当中统钞五贯，子母相权，官民通用，务在新者无冗，旧者无废。又令民间以昏钞赴平准库倒换，商贾欲图轻便，以中统钞五贯赴库换至元钞一贯。又其法日造万锭，计官吏俸给，内府供用，诸王岁赐出支若干，天下日收税课若干，各银场窑冶日该课程若干，计民间所存贮者万无百焉，以此愈久，新旧行之无厌，由计虑之得其宜也。自辛卯（公元1351）兵起，天下瓜分，藩镇各据疆土，农事尽废，而楮币无所施矣。……我国家混一天下，物阜民安，……太祖皇帝命大臣权天下财物之轻重，造大明通行宝钞，一贯准银一两，民欢趋之，华夷诸国，莫不奉行，迄今五十余年，其法少弊，亦由物重钞轻所致。……伏祈陛下断自宸衷，谋之勋旧，询之大臣，重造宝钞，一准洪武初制，务使新旧兼行。取元日所造之数而损益之，审国家之用而经度之。每季印造几何，内府供用几何，给赐几何，天下课税日收几何，官吏俸给几何，以此出入之数，每加较量，用之不奢，取之适宜，俾钞罕而物广，钞重而物轻，则钞法流通，永永无弊。又其要在严伪造之条，凡伪造者必坐及亲邻里甲。又必开倒钞库，专收昏烂不堪行使之钞，辨其真伪，每贯取工墨五分，随解各干上司。又或一季或一月，在内都察院五府户部刑部委官，在外巡按监察御史三司官府县官，公同以不堪之钞烧毁，实为官民两便。"（《明宣宗实录》卷五，《明史》卷一六四《范济传》）时不能用，民卒轻钞。至宣德初（公元1426）米一石用钞五十贯，乃弛布帛米麦交易之禁。府县卫所仓粮积至十五年以上者盐粮悉收钞，秋粮亦折钞三分。（《明史》卷八一《食货志·钱钞》）又严钞法之禁，时行在户部奏："比者民间交易，惟用金银，钞滞不行，请严禁约。"因命行在都察院揭榜禁之，凡以金银交易及藏匿货物、高抬价值者，皆罚钞。（《明宣宗实录》卷一九）凡官员军民人等赦后赃罚亏欠，俱令纳钞，金每两八千贯，银二千贯，犯笞刑罪每二十赎钞一千贯。（同上书卷二二）三年六月诏停造新钞，已造完者悉收库不许放支，其在库旧钞委官选拣堪用者备赏赍，不堪者烧毁。立阻滞钞法罪，有不用钞一贯者，罚纳千贯，亲邻里老旗甲知情不首，依犯者一贯罚百贯。其关闭店铺潜自贸易及抬高物价之人，罚钞万贯。知情不首罚千贯。（同上书卷四三）十一月复申用银之禁，凡交易银一钱者，买者卖者皆罚钞一千贯，一两者罚钞一万贯，仍各追免罪钞一万贯（同上书卷四八）。四年正月行在户部以钞法不通，皆由客商积货不税，市肆鬻卖者沮挠所致，奏请依洪武中增税事例，凡顺天、应天、苏、松、镇江、淮安、常州、扬州、仪真、杭州、嘉兴、湖州、福州、建宁、武昌、荆州、南昌、吉安、临江、清江、广州、开封、济南、济宁、德州、临清、桂林、太原、平阳、蒲州、成都、重庆、泸州共三十三府州县，商贾所集之处，市镇店肆门摊税课增旧五倍，俟钞法通悉复旧。（同上书卷五〇）时巨富商民并权贵之家，率以昏烂之钞中盐，一人动计千引，及支盐发卖，专要金银，钞法由是愈滞。（同上书卷五五）六月立塌坊等项纳钞例：一、南北二京公侯驸马伯都督尚书侍郎都御史及内官内使与凡官员军民有蔬菜果园，不分官给私置，但种蔬果货卖者，量其地亩棵株，蔬地每亩月纳旧钞三百贯，果每十株岁纳钞一百贯。其塌坊车房店舍停塌客商货物者，每间月纳钞五百贯。一、驴骡车受雇装载物货，或出或入，每辆纳钞二百贯，委监察御史、锦衣卫、兵马司各一员于各城门外巡督监收。一、船只受雇装载，计其载料之多少，路之远近，自南京至淮安，淮安至徐州，徐州至济宁，济宁至临清，临清至通州，俱每一百料纳钞一百贯。其北京直抵南京，南京直抵北京者，每百料纳钞五百贯。委廉干御史及户部官于沿河人烟辏集处监收。（《明宣宗实录》卷五五）钞关之设自此始。六年二月以江西各府县征纳户口食盐钞，有司但依黄册所编丁口征收，有死亡无从征者，有老疾贫难及居深山穷谷无钞纳者，有将男女典雇易钞者，小民无所告诉。诏令有司开除亡故老疾及山谷之民，止令城中墟镇及商贾之家纳钞。（同上书卷七六）七年三月诏湖广、广西、浙江商税鱼课办纳银两者，自宣德七年为始，皆折收钞，每银一两纳钞一百贯。（同上书卷八八）

宣德十年（公元1435）正月，英宗即位大赦诏：各处诸色课程旧折收金银者，今后均照例收钞。（《明英宗实录》卷一）十二月广西梧州府知府李本奏："律载宝钞与铜钱相兼行使。今广西、广东交易用铜钱，即问违禁，民多不便。乞照律条，听其相兼行使。"从之。（同上书卷一二）正统元年，（公元1436）三月，少保兼户部尚书黄福言："宝钞本与铜钱兼使，洪武间银一两当钞三五贯，今银一两当钞千余贯，钞法之坏，莫甚于此。宜量出官银，差官于南北二京各司府州人烟辏集处，照彼时值倒换旧钞,年终解京,俟旧钞既少,然后量出新钞换银解京。"(同上书卷一五)时钞一贯仅值银一厘,较国初已贬值千倍,福议以银换钞,紧缩旧钞之流通额,提高钞之信用,实救时惟一良法,顾朝廷重于出银,竟不能用也。会副都御史周铨、江西巡抚赵新请于不通舟楫地方,田赋折收金银,户部尚书黄福、胡濙共主之,于是定制米麦一石折银二钱五分。南畿浙江、江西、湖广、福建、广东、广西米麦共四百余万石,折银百余万两入内承运库,谓之金花银,其后概行于天下。(《明史》卷七八《食货志·赋役》)遂减诸纳钞者,而以米银钱当钞。弛用银之禁,朝野率皆用银,其小者乃用钱,惟折官俸用钞。钞壅不行。(同上书卷八一《食货志·钱钞》)四年六月以民纳盐钞而盐课司十年五年无盐支给,诏减半收钞以苏民力。塌房及车辆亦减半征收。(《明英宗实录》卷五四)五年十一月刑部都察院大理寺议:"洪武初年定律之时,钞贵物贱,所以枉法赃至一百二十贯者免绞充军。即今钞贱物贵,今后文职官吏人等受枉法赃比律该绞者,有禄人估钞八百贯之上,无禄人估钞一千二百贯之上,俱发北方边卫充军。其受赃不及前数者,照见行例发落。"从之。(《明英宗实录》卷七二)七年六月,诏灾伤处人民愿折钞者,每石折钞一百贯解京交纳。(同上书卷九三)八年七月敕免各城门军民人等驴驮柴米等物出入者钞贯(同上书卷一〇六)。十三年五月免在京菜户纳钞。仍戒今后有沮滞钞法者,令有司于所犯人每贯追一万贯入官,全家发戍边远。(同上书卷一六六)仍禁使铜钱。时钞既不行,而市廛仍以铜钱交易,每钞一贯折铜钱二文。因出榜禁约,令锦衣卫五城兵马司巡视,有以铜钱交易者,擒治其罪,十倍罚之。(同上)

景帝景泰三年(公元1452)六月,命在京文武官吏俸钞俱准时值给银,每五百贯给一两,以钞法不通,故欲少出以为贵之也(同上书卷二一七)。天顺中弛用钱之禁。宪宗令内外课程钱钞兼收,官俸军饷亦兼支钱钞。是时钞一贯不能值钱一文,而计钞征之民,则每贯征银二分五厘，民以大困。孝宗弘治元年（公元1488）京城税课司，顺天、山东、河南、户口食盐俱收钞，各钞关俱钱钞兼收。（《明史》卷八一《食货志·钱钞》）弘治六年各关钱钞折银，钱七文折银一分，钞一贯折银三厘。（《大明会典》卷三五《钞关》）自后率沿以为例，钞惟用于官府，以给俸饷，得者全无所用，民间亦视如废纸，盖名存实亡，徒以祖制仍存其名义而已。（陆容《菽园杂记》卷一〇，《明史》卷八一《食货志·钱钞》）计太祖时赐钞千贯则为银千两，金二百五十两，永乐中千贯犹作银十二两，金二两五钱。及弘治时赐钞千贯，仅银三两余矣。于是上议者，请"仿古三币之法，以银为上币，钞为中币，钱为下币，以中下二币为公私通用之具，而一准上币以权之焉。盖自国初以来有银禁，恐其或阁钞钱也。而钱之用不出于闽广。宣德以来，钱始行于西北。自天顺以来，钞之用益微，必欲如宝钞属锱之行，一贯准钱一千，银一两，复初制之旧，非用严刑不可也。然严刑亦非盛世所宜有。今日制用之法，莫若以银与钱钞相权而行，每银一分易钱十文，新钞每贯亦十文，四角完全未甚折者每贯五文，中折者三文，昏烂而有一贯字者一文，通诏天下，以为定制。而严立擅自加减之罪，虽物生有丰敛，货殖有贵贱，而银与钱钞交易之数一定而永不可易矣。"孝宗不听。正德中，以内库钞匮乏，无以给赐，复令天下钞关征解本色。（傅维鳞《明书》卷八一《食货志·钞法》）十年（公元1515）钱宁私遣使至浙鬻钞三万块，每块勒索银三两（钞一块千贯），已敛银二万四千两，有司征价，急于星火，输银之吏，络绎于途。时宁方贵幸用事，以废纸摊索民间现银，地方不敢抗。于是左布政使方良永上疏极论之曰："四方盗甫息，疮痍未瘳，浙东西雨雹。宁厮养贱流，假义子名，跻公侯之列，赐予无算，纳贿不赀，乃敢攫取民财，戕邦本，有司奉行，急于诏旨，胥吏缘为奸，椎肤剥髓，民不堪命。镇守太监王堂、刘璟畏宁威，受役使。臣何敢爱一死，不以闻。乞陛下下宁诏狱，明正典刑，并治其党以谢百姓。"宁惧，留疏不下，谋遣校尉捕假势鬻钞者以自饰于帝，而请以钞直还之民，阴召还前所遣使。宁初欲散钞遍天下，先行之浙江、山东，山东为巡抚赵璜所格，而良永白发其奸，宁自是不敢鬻钞矣。（《明史》卷二〇一《方良永传》，《明臣奏议》卷一四《方良永劾朱宁书》）世宗嘉靖初，御史魏有本上言："国初关税全征钞贯，嗣后改令钱钞兼收。迩年以来，钞法不通，钱法亦弊，而关税仍收钱钞，无益于国，有损于民。以收钞言之，每钞一张为一贯，每千张为一块，时价每块值银八钱，官价每块准银三两，是官以三两之银，反易八钱之钞，此则上损国用。以收钱言之，各处低钱盛行，好钱难得，官价银一钱，值好钱七十文，时价每银一钱，易好钱不过三十文，是小民费银二钱以上，充一钱之数，此则下损民财。每银约一万两内，五千收钞，该钞将二千块，计用大柜五百方。又五千两收钱，该钱四千串，用柜四百方。而水陆脚价进纳，犹难计议。"疏入，命钱钞留各地方，而内库用银，则钱钞皆不入矣。（《明书》卷八一《食货志·钞法》）嘉靖四年（公元1525）复令宣课分司收税，钞一贯折银三厘，钱七文折银一分。是时钞久不行，钱亦大壅，益专用银矣。（《明史》卷八一《食货志·钱钞》）天启时（公元1621至1627）给事中惠世扬复请造钞行用。（同上书卷八一《食货志·钱钞》）思宗崇祯八年四月，给事中何楷亦以为请（《崇祯长编》）。十六年六月召见桐城诸生蒋臣于中左门，臣言钞法申世扬说，其言曰："经费之条，银钱钞三分用之，纳钱银买钞者，以九钱七分为一金，民间不用以违法论。岁造三千万贯，一贯价一两，岁可得银三千万两，不出五年，天下之金钱尽归内帑矣。"给事中马嘉植疏争之，不听。擢臣为户部司务，侍郎王鳌永、尚书倪元璐力主之。条议有十便十妙之说：一、造之之费省；二、行之之途广；三、赍之也轻；四、藏之也简；五、无成色之好丑；六、无称兑之轻重；七、革银匠之奸偷；八、杜盗贼之窥伺；九、钱不用而用钞，其铜可铸军器；十、钞法大行，民间货买可不用银，银不用而专用钞，天下之银竟可尽实内帑。帝大喜，特设内宝钞局，即刻造钞，立发仪制司所藏乡会中式朱墨二卷，与直省优劣科岁试卷，为钞质之资本；押工部收领，限日搭厂，拨官选匠计工。如有阻其事者，法同十恶。辅臣蒋德璟言："百姓虽愚，谁肯以一金买一纸。"帝不听。昼夜督造，募商发卖，无一人应者。又因局官言，取桑穰二百万斤于畿辅、山东、河南、浙江，德璟力争，帝留其揭不下。工部查二祖时典故，造钞工料纸六皮四，皮者桦皮也，产于辽东。有纸无皮，无从起工。乃令工部召商，工部仍以库洗为辞。正拟议间，得"流寇"渡河息，事遂已。次年而北都墟，明社覆。（《明史》卷二五一《蒋德璟传》，计六奇《明季北略》卷一九《蒋臣奏行钞法、捣钱造钞》，花村看行侍者《谈往·捣钱造钞》）

与钞法有关者，除户口食盐钞关商税以外，较重要者尚有俸给及赎法二事。

明代官员俸给，按正从品级分别规定，自正一品岁俸米一千四十四石至从九品六十石有差。俸给有本色折色，本色给米，折色则有银布胡椒苏木之类。洪武十三年（公元1380）定内外文武官岁给禄米俸钞之制。（《明史》卷八二《食货志·俸饷》）永乐元年（公元1403）令在京文武官一品二品四分支米，六分支钞；三品四品米钞中半兼支；五品六品六分米，四分钞；七品八品八分米二分钞。每米一石折钞十贯。宣德八年定每俸米一石折钞十五贯；折俸布一匹折钞二百贯，嘉靖七年改定为折银三钱。如正一品岁该俸一千四十四石，内本色俸三百三十一石二斗，折色俸七百一十二石八斗。本色俸内除支米一十二石外，折银俸二百六十六石，折绢俸五十三石二斗，共该银二百四两八钱二分。折色俸内折布俸三百五十六石四斗，该银一十两六钱九分二厘，折钞俸三百五十六石四斗，该本色钞七千一百二十八贯。总计正一品官岁得俸给全额为米一十二石，银二百十五两五钱一分二厘，钞七千一百二十八贯。正七品官岁该俸九十石，内本色俸五十四石，折色俸三十六石。本色俸内除支米一十二石外，折银俸三十五石，折绢俸七石，共该银二十六两九钱五分。折色俸内折布俸一十八石,该银五钱四分,折钞俸一十八石,该本色钞三百六十贯。总计正七品官岁得俸给全额为米一十二石,银二十七两四钱九分,钞三百六十贯。在外文武官俸,洪武二十六年(公元1393)定每米一石折钞二贯五百文,宣德八年(公元1433)增为十五贯,正统六年(公元1441)又增为二十五贯(《大明会典》卷三九《俸给》),成化七年(公元1471)从户部尚书杨鼎请,以甲字库所积之棉布,以时估计之,阔白布一匹可准钞二百贯,请以布折米,仍视折钞例,每十贯一石。先是折俸钞米一石钞二十五贯,渐减至十贯,是时钞法不行,钞一贯值二三钱,是米一石仅值钱二三十文,至是又折以布,布一匹时估不过二三百钱,而折米二十石,则是米一石仅值十四五钱也。自古百官俸禄之薄,未有如此者,后遂为常例。(《明宪宗实录》成化七年十月丁丑条,《日知录》卷一二《俸禄》条引《明史》卷八二《食货志·俸饷》)

赎罪之法以纳钞为本。永乐十一年令死罪情轻者斩罪赎钞八千贯,绞罪及榜例死罪六千贯,流徒杖笞纳钞有差。宣德二年(公元1427)定笞杖罪囚每十赎钞二十贯,徒流罪名每徒一等折杖二十,三流并折杖一百四十,其所罚钞悉如笞杖所定。景泰元年(公元1450)增为二百贯,每十以二百贯递加,至笞五十为千贯;杖六十千八百贯,每十以三百贯递加,至杖百为三千贯。天顺五年(公元1461)令罪囚纳钞,每笞十钞二百贯,余四笞递加百五十贯;至杖六十增为千四百五十贯,余杖各递加二百贯。弘治十四年(公元1501)定折收银钱之制,每杖百应钞二千二百五十贯,折银一两,每十以二百贯递减,至杖六十为银六钱;笞五十应减为钞八百贯,折银五钱,每十以百五十贯递减,至笞二十为银二钱,笞十为钞二百贯,折银一钱。正德二年(公元1507)定钱钞兼收之制,如杖一百应钞二千二百五十贯者,收钞千一百二十五贯,钱三百五十文。嘉靖七年(公元1528)更定凡收赎者每钞一贯折银一分二厘五毫,如笞一十赎钞六百文,则折银七厘五毫,以罪重轻递加折收赎。此有明一代赎罪钞法之大概也。然罪无一定，而钞法则日久日轻，赎罪钞数因亦随之递增，至弘治而钞竟不可用，遂开准钞折银之例，赎法步钞法之变而变，终则实纳银而犹存折钞之名，则以祖制不敢废也。（《明史》卷九三《刑法志·赎刑》）

元承金制，铸银五十两为一锭。元钞从银，故亦以五十贯或五十两为一锭，钞二锭值银一锭，钞二贯或二两值银一两（详《元代之钞法》六《释锭》）。明钞则以钱相权，钞一贯值钱千文，银一两，四贯为金一两。钱五贯或五千文为一锭。《明史·食货志》云，嘉靖三十二年（公元1553）铸洪武至正德九号钱，每号百万锭，嘉靖钱千万锭，一锭五千文。万历五年（公元1577）张居正疏言："工部题议制钱二万锭，该钱一万万文。"（《张文忠公集》奏疏八《请停止输钱内库供赏疏》）天启时户部尚书侯恂言："收钱每五千文为一锭。"（孙承泽《春明梦余录》卷三八）以明代后期之史实推之，则明初之钱锭亦必为五千文可决也。因之钞亦以五贯为一锭。王世贞曰："钞一锭为五贯，贯直白金一两。"（《弇山堂别集》卷一四）顾炎武记漳州府田赋亦云"钞五贯为一锭"，可证也。（《天下郡国利病书》卷九三）钞锭之上为块，每钞一张为一贯，每千张即千贯为一块，见嘉靖初御史魏有本《论钞法疏》，详前文。

一九四三年四月十九日于昆明瑞云巷三号

（原载《人文科学学报》二卷一期，1943年）

明代的火器

火药从中国传到欧洲、东南亚、日本和世界各地。到十五世纪，中国又从安南（今越南）、葡萄牙、日本等国输入各种使用火药的火器。

明代最早的火器是从安南传来的，叫作神机枪、炮。

神机枪、炮用熟铜或生、熟赤铜相间铸造。也有用铁的，最好的是建铁，其次是西铁。大小不等，大的用车发，次和小的用架用桩用托，是当时行军的要器。明成祖非常重视这个新武器，特别组织了一支特种部队，叫神机营，并设监枪太监，是京军三大营之一。

永乐十年（1412）下令从开平到怀来、宣府、万全、兴和等山顶，都安放五个炮架，二十年又增设了山西大同、天城、阳和、朔州等地以御敌。① 缺点是临时装火药，一发之后，装第二发要花很多时间。虽然威力大，敌人摸透了情况，临阵就趴在地下，到神机枪打出之后，立刻冲锋，火器就无从施展威力了。②

古代战争是人和人面对面站着打的，有了远距离的火器以后，就非卧倒、趴在地下不可了。武器的改进也改变了战争的方式方法。同时，在战争中战将和战士的武艺的比重，也逐渐为使用远距离的火器的熟练程度所代替了。

第一个帮助明成祖制造神机枪的是安南人黎澄。③

其次是佛郎机。佛郎机即今葡萄牙。公元1517年葡萄牙商船到广东通商，白沙巡检何儒买了他们的炮，就叫这种炮作佛郎机。用铜制造，长

---

① 《明史·兵志》。
② 丘濬：《大学衍义补·火攻论》。
③ 沈德符：《野获编》。

五六尺,大的重一千多斤,小的重一百五十斤,巨腹长颈,腹部有长孔,藏子铳五个,装火药在腹中,射程达到一百多丈,是水战的利器。

公元1519年宁王宸濠反,福建莆田乡官林俊得到消息,连夜派人用锡作了佛郎机的模型和火药配方,送给统帅王守仁,送到的时候,王守仁已经把宸濠俘掳了,没有用上。①到公元1529年才正式制造,叫作大将军,发给各边镇用于防守。②

倭寇侵扰中国,又从日本传入鸟嘴铳。唐顺之记其形制说:

> 佛郎机、子母炮、快枪、鸟嘴铳都是嘉靖时的新武器,鸟嘴铳最后出,也最厉害。铳以铜、铁为管,用木杆装管。中贮铅弹,所击人马洞穿。其点放之法,用手握铳,点燃药线。管背安雌雄两臬(瞄准器),用眼睛对臬,用臬对准所要射击的目标,对准了才发射,要打敌人的眉毛鼻子,没有一失。快于神机枪,准于快枪,是火器中的最好的东西。③

宋应星《天工开物》记鸟铳的制造方法很详细,说鸟雀在三十步内被铳击,羽肉皆碎。五十步外方有完形,百步以外,铳力微弱,便不行了。

到明末,又传入红夷炮,长两丈多,重的到三千斤,能够打穿城墙,声闻数十里。天启元年(1621)兵部建议,招寓居澳门,精于火炮的西洋人罗如望、阳玛诺、龙华民来内地制造铳炮。制成后命名为大将军,并派官祭炮。1630年又派龙华民、毕方济到澳门买炮和招募炮手,西洋人陆若汉、公沙的西劳带领西洋人多名带铳炮应募,参加宁远、涿州等战役。④1626年明将袁崇焕守宁远,和清军作战,用红夷炮轰击敌人,打了一个大胜仗,就是著名的宁锦大捷。传说清太祖努尔哈赤就是被红夷炮打伤致死的。1631年明将孔有德带着红夷炮投降清军,1632年清也开始

---

① 王守仁:《阳明集要》,《文华集》三,《庚辰书佛郎机遗事》。
② 《明史·兵志》。
③ 《荆川外集》卷二,《条陈蓟镇练兵事宜》。
④ 《明史·兵志》;黄伯禄:《正教奉褒》,14、15页。

造炮。

现在陈列在北京故宫午门左右阙门的几尊古老的大炮,就是明、清战争的遗物。

"高丽女"考

元顺帝北走以后，蒙古人在中国的政治势力虽被扫除，可是他们的风俗、习惯等等，仍有一部分不能带走，而遗给新朝。最显著的，在宫廷生活方面，如"高丽女"和高丽火者、海东青等，都是元末贵族的时髦玩意，蒙古人虽然走了，这风气仍被明宫所保存，一直到16世纪初期才渐渐消灭。

蒙古人和高丽人的通婚，在元朝以前，已很普遍，高丽王朝有好几位君主是尚蒙古公主的。同时蒙古的贵族家庭也以蓄养高丽婢妾相侈尚。但在宫廷中，在元世祖以前，似乎尚无高丽女的进纳习惯。权衡在《庚申外史》里说："初世祖皇帝家法，贱高丽女子，不以入宫。"可证。但是这一条家法，不到三十年便被破坏，《元史·文宗本纪》说："至顺二年（1331年）夏四月戊申，以宫中高丽女子不颜帖你赐燕帖木儿。"《庚申外史》卷上记时徽政院使宦者高丽人秃满歹儿者首荐高丽女子祁（奇）氏于帝，祁氏性慧黠，有宠于帝。至元二年（1336年）立为次皇后，居于圣宫，至元五年（1339年）生皇太子爱育失黎达腊。因为祁氏的得宠，元廷遂屡次向高丽求索处女，至元元年（1335年）曾一度因台臣言禁止。《元史》说，顺帝次皇后完者忽都本高丽女，选入宫有宠，遂进为后，而其时选择未已，台臣言国初高丽首先效顺，而近年屡遣使往选媵妾，使生女不举，女长不嫁，乞禁止。从之。据《朝鲜史略》则此举实出于朝鲜人之请求："忠肃王四年元罢求童女。时本国典仪副令李殷在元言于御史台，御史台代作疏请罢，帝免之。"

祁皇后的得宠，不但使高丽女见重一时，并且把当时的日常生活高丽化。《庚申外史》卷下记："祁后亦多蓄高丽美人，大臣有权者，辄以送之。京师达官贵人必得高丽女然后为名家。高丽女婉媚善事人，至则多夺宠。自至正以来，宫中给事使令，大半为高丽女。以故四方衣服鞋帽器物皆依高丽样子。"明朱有燉元宫词："昨朝进得高丽女，大半咸称奇氏亲。"可见至元元年（1335年）的罢求童女，只是暂时的停止，不久仍复频频征索。

明初定都南京，和保存蒙古贵族社会习尚最深的北京隔离，洪武、建文二朝无遣使采女的举动。但太祖宫中却有高丽妃，《明史》公主传记有韩妃，"含山公主母高丽妃韩氏"。严从简《殊域周咨录》卷一《朝鲜》记，有周妃，初元祖尝索女子于高丽，得周谊女纳之于宫中，后为我朝中使携归（时宫中美人有号高丽妃者，疑即此女）。韩妃不详所自来，周谊女得自元宫，非从高丽征索而来。到永乐迁都北京后，重复沾染这习尚。《明史》朝鲜传记："时朝鲜纳女后宫，立为妃嫔者四人。"四妃仅权氏《明史》卷一一三《后妃传》有传："恭献贤妃权氏朝鲜人。永乐时朝鲜贡女充掖庭，妃与焉。资质秾粹，善吹玉箫，帝爱怜之，七年封贤妃，命其父永均为光禄卿。明年十月侍帝北征，凯还薨于临城，葬峄县。"王世贞《弇山堂别集记》卷十八《中国夷官互居》："权贵妃父光禄卿永均，任顺妃父鸿胪卿添年，李昭仪父光禄少卿文，吕婕妤父光禄少卿贵真，崔美人父鸿胪少卿得霏皆朝鲜人也。虽贵至列卿而尚居朝鲜。至宣德中永均以讣闻，赐白金米布。"王妃父皆爵汉官而仍居朝鲜。明代高丽女的记载只此。

按《朝鲜李朝实录》载，明廷征索高丽女事极详尽，可补正中国史乘处极多。据《实录》，历次被征的有处女、执馔婢、歌女三种，事先特遣使臣敕取，朝鲜政府为特置进献色，在选女期间，下教禁婚嫁。初选由朝鲜政府，再选、三选由中国使臣。使臣照例为朝鲜所进贡的太监，苛索烦扰，朝鲜为之疲敝。《李朝太宗实录》卷十五至十六记第一次选女情形说："戊子八年（永乐六年，1408年）四月甲午朝廷内史黄俨等来。俨宣谕云：'恁去朝鲜国和国王说，有生得好的女子选拣几名将来。'上叩头曰：'敢不尽心承命。'置进献色，采童女，禁中外婚嫁。七月戊申内史黄俨与议政府同选京外处女于景福宫，俨怒其无美色，挫辱任事者甚至。己酉分遣各道巡察司更选处女。辛亥黄俨等如阙再选处女。乙卯黄俨等如景福宫更视处女。九月丁未命更选处女。十一月丙辰黄俨等以工曹典书权执中女，仁宁府右司尹任添年女，恭安府判官李文命女，护军李贵真女，中军副司直崔得霏女，从者十二名，火者十二名还京师。"入宫后的情形，《李朝太宗实录》卷十七记："三月初九日帝幸北京，本国所进处女权氏被召先入，封显仁妃，其兄永均除光禄寺卿，秩三品，赐彩缎六十匹，彩绢三百匹，锦十匹，黄金二锭，白银□锭，马五匹，鞍二面，衣二袭，钞三千张，余皆封爵有差。"并且因为权氏的缘故，令朝鲜使臣改由陆道入朝，同卷记："帝待永均特厚，引入内殿谓曰：除汝崇班。欲令近侍，然尔妹在此，尔亦不还，老母当有不豫之情。命尔还国。往谨乃心，恭事国王，尔不闻古事欤？毋以怠荒累及朕躬。永均朝辞，帝谓之曰：你再来时休从海上过，只从旱路上来。你那来的使臣，教他旱路上来。"权永均于永乐七年（1409年）四月回朝鲜，五月明廷又派黄俨来索处女。《李朝太宗实录》卷十七记："俨口宣圣旨：去年你这里将进去的女子，胖的胖，麻的麻，矮的矮，都不甚好，只看你国王敬心重的上头，封妃的封妃，封美人的封美人，封昭容的封昭容，都封了也。王如今有寻下的女子，多便两个；小只一个更将来。"这时候前一年择下未进的处女犹禁婚嫁，经朝鲜王和明使婉商，始许解禁。卷二十记，经过一番骚扰以后，假借为上王求药物的名义，派使赴京报告已选就女子二名，恰巧因为北征蒙古，中国兵兴，直到永乐八年（1410年）十月方才派人来取选就女子郑氏。卷二十一记，前一年十月班师南还时，权氏以病卒于济南路。宫中因之频起大狱，卷二十八永乐十二年（1414年）九月条记："元闵生传奉圣旨，皇后没了之后，教权妃（即显仁妃）管六宫的事来。这吕家（吕美人)和权氏对面说道,有子孙的皇后死了,你管得几个月,这般无礼。我这里内官二个和你高丽内官金得金良,他这几个做实兄弟,一个银匠家里借这砒霜与这吕家。永乐八年间回南京去时,到良乡把那砒霜研造末子,胡桃茶里头下了与权氏吃杀了。当初我不知道这个缘故,去年两家奴婢厮骂时节,权妃奴婢根底说道,你的使长药杀我的妃子,这般时才知道了。问出来所果然。这几个内官银匠都杀了,吕家便着烙铁烙一个月杀了。你回到家里,这个缘故备细说的知道。和权永均根底也说。吕家亲的再后休着他来。"这一次案件被杀的有好几百人。一直到永乐二十二年(1424年)才发觉吕氏是被诬陷。据《李朝世宗实录》卷二十六,这诬陷者也为了另一疑狱被杀,连坐死者到二千八百人。所进六妃亲父之俸禄,奉旨由朝鲜关发,《李朝太宗实录》卷二十一:"十一年(永乐九年,1411年)四月壬辰林整赍来礼部咨曰:奉圣旨光禄寺卿权永均,少卿郑永厚、吕贵真、李文命,鸿胪寺卿任添年,少卿崔得霏合得的俸,因路远关不将去,着王就本国关与他,钦此。"

明廷之向朝鲜求女,纯系宫廷意旨,不使外廷得知。《李朝太宗实录》卷二十二,永乐九年(1411年)八月黄俨来传谕曰:"帝更求有姿容处女,其得郑允厚女不令朝官知。"永乐十五年(1417年)四月贺正使通事元闵生回自京师,密启帝求美女。据《李朝太宗实录》卷三十三,五月壬寅遣左军总制元闵生如京师奏曰:"永乐十五年四月初四日通事元闵生回自京师,言本年正月二十一日钦受赏赐,宣进表使李都芬及元闵生等入右顺门内,有权婆婆、黄俨等对闵生等说道:恁回去国王根底说了,选一个的当的女儿,奏本上填他姓名年纪来。听此于在城及各道府州郡县文武两班并军民之家尽情拣选到女儿一名,待候进献。今先将女儿生年月日及亲父职事、姓名、籍贯、开坐谨具奏闻……奉喜大夫宗簿副令黄河信女子,年十七岁,辛巳五月初三日亥时生,本贯尚州。"卷三十四载,同年七月使臣黄俨、海寿复来择女:"聚处女黄氏、韩氏等十余于勤政殿,令两使臣择之，以韩氏为第一。八月己丑使臣以黄氏、韩氏还，韩氏兄副司正韩确、黄氏兄夫录事金得章跟随，侍女各六人，火者各二人从之，路旁观者莫不垂涕。"入宫后韩氏被宠，以韩确为光禄少卿。据《李朝世宗实录》卷二十五，永乐二十二年（1424年）七月条记成祖命朝鲜使进处女和执馔婢，幸亏成祖死了，这一次的选女骚扰得安然逃过。

据《李朝世宗实录》卷二十六，永乐朝高丽女的结局是第二次大狱时，任氏、郑氏自经死，黄氏、李氏被鞫处斩，崔氏、韩氏殉葬大行皇帝。权氏先病死，吕氏于第一次大狱被烙死。

洪熙即位不到一年即崩，宣德在他父亲死后几个月，据《李朝世宗实录》卷三十一，即派使臣到朝鲜征索"年少的女儿"和"会做茶饭的女仆"。卷三十二载，宣德元年（1426年）四月："癸卯请使臣昌盛、尹凤、白彦于便殿择处女，取都总制成达生等女七人；执馔婢子十人，十人痛哭不辍。"卷三十三载，七月丙午："三使臣行。七处女自上林园入勤政殿，分入有屋轿子，成氏独入一轿，其余则二人共一轿，执馔婢子及从婢皆乘马，其父母亲戚阗街哭送，观者亦皆流涕。"卷三十四载，入朝时进女使臣均奉命假称进马使，成氏、车氏择吉入宫，余皆以幼弱仍留于外。卷三十九载，太监白彦则以执馔婢故蒙赏："使臣白彦使执馔婢造酒果豆腐以进，帝甚嘉之。即除彦御用监少监，赐冠带。"卷四十四载，所进七女则茹苦万状："宣德四年（1429年）四月少卿韩确赍成车、卢、安、吴、崔等七女所赠书信来，及以书及易剪发藏之重囊，书中之词，皆叙其艰辛过活之意。亲及兄弟见之涕泣曰，平生相见惟此发耳。左右掩泣太息。"卷三十六载，永乐崩时韩氏殉葬后，太监昌盛、尹凤又奏其季妹貌美，遣使来采。卷三十九载，宣德三年（1428年）十月使臣以韩氏行："都人士女望韩氏之行叹息曰：其兄韩氏为永乐宫人竟殉葬，已可惜也，今又往焉！而有垂泣者，时人以为生送葬。"据《明成宗实录》卷一〇六，宣宗崩后，韩氏以阿保功有宠于成化皇帝，与宦官郑同相结，劝帝

"高丽女"考

屡使郑同于朝鲜敕进服玩饭食之物，备尽细碎，诛求无厌，为生民巨病。又敕令韩氏之族每岁充圣节使入朝，金银彩缎赏赐无极。卷一六二载，历事四朝凡五十七载，嫔御以下咸拟曰女师，称老老而不名。成化十四年（1483年）韩妃死，赐谥恭慎，吏部尚书万安撰墓表，户部尚书刘珝撰墓志铭。在过去几十年中，明廷因朝鲜太监和朝妃的怂恿，频频向朝鲜征索食物器服玩具，一针之微，亦所必取，使命沓至，朝鲜上下为之困穷疾首。到她死后，才算喘过一口气来。

据《李朝世宗实录》卷四十四，宣德四年（1429年）五月又敕使进贡"会歌舞小女儿五名，会做甜食大女儿二十名。"卷四十五载，同年七月进献使权蹈奉表贡会做茶饭的妇女十二名，学乐的小妮子八名。卷六十二载，宣德八年（1433年）十月又遣使索能办理膳事女子十数人。卷六十二载，十一月贡执馔婢子宝金等二十名如京师。卷六十六载，宣德九年（1434年）十二月复来求办膳儿女，敕曰："王先次所遣来制造膳羞儿女，皆调和精美，造办便捷，而作豆腐尤精妙，后次所遣来者皆佳，然均不及前者。敕至王可更选巧慧妇女十数人，令巧习制作馔羞及造豆腐之类悉皆精熟如前次所遣者，待后遣中官到国中就带来京。"卷六十七载，宣德十年（1435年）正月帝崩，英宗即位，颁登基诏于朝鲜，罢征所需人口。这时英宗才是一个八九岁的小孩子，外廷又有三杨辈诸老臣当国，历史上"高丽女"的名词从此不复再见，据《明英宗实录》卷三、《李朝世宗实录》卷六十七，前此所选取进宫的处女、从婢九名，唱歌婢七名，执馔婢三十七名也于宣德十年（1435年）三月发还本国。据《李朝世宗实录》卷二十六，发还人中有金黑一名，是永乐时韩妃乳母。韩妃殉葬时："仁宗亲入辞诀，韩氏泣谓仁宗曰：吾母年老欲归本国。仁宗许之丁宁。及韩氏即死，仁宗欲送还金黑，宫中诸女秀才曰：近日鱼吕之乱（即第二次大狱），旷古所无，朝鲜国大君贤，中国亚匹也。如此之乱，不可使知之。仁宗召尹凤问曰：欲还金黑，恐泄近日事也，如何？凤曰：人各有心，如何敢知之！遂不送金黑，特封为宫人。"十年后幸得放还，朝鲜政府也顾虑到这一点，据卷六十八，特旨禁饬，"四月己巳传旨礼曹曰：宫禁之事，所常秘密。今出来婢子等久居中朝，凡禁掖之事习见详知。脱有亲旧问宫掖事，无视婢子辈不顾大礼，悉以告之，则有乖谨密之意。令使婢辈毋得开说，他人毋得访问。如或有漏泄见露，则问者言者传说者并置重法。"这不但是下国畏惧天朝的心理表现，并且也替天朝的君主保全死后的体面。

成弘以后，中国国力渐衰，对高丽不能再用从前那样高压的手段，高丽女不再征纳入宫。代替这名词的有色目女，沈德符《万历野获编》记："后正德间回回人于永上言：高丽女白皙而美，大胜中国。因并取色目侯伯及达官女入内，盖亦有所本。"

1935年1月10日

唐顺之论明代刻书

读古书要讲究版本，要求刻的书错字少一些，刊行的时代早一些，更近于原来面貌一些，这原是无可厚非的事。但是，也有那么一些人，片面地讲究孤本，机械地追求版本，其目的不是为了求真，而是为了"孤"，为了"古"，对于书的内容，倒不十分在意。古代有个"买椟还珠"的故事，我看，这类人倒很像。

读书，是读书的形式，读书的版本，还是读书的内容呢？

宋版，元版，讲版本的人很重视，不得已而求其次，明版也将就。

明朝人刻文集最多，也很喜欢刻丛书。

也就是在明朝，有个唐顺之，他也有部文集，叫《荆川文集》。这个人很有趣，有趣在立下遗嘱叫后人不要给他刻文集，而后人偏给他刻文集，这部文集还留传到现在。

下面是他的两封信，都是大骂特骂刻文集的：

> 我常常想起，天地间有那么几件事情，人人见惯而绝是可笑的，一件是有些卖酒杀猪的市井细人，有一碗饭吃，死后必定有一篇墓志。一件是达官贵人，中过举人进士、稍有名目的，死后也必然有一部诗文刻集。好像是活着必得喝水吃饭，死去必得有衣衾棺椁，一样不能缺那样。这种情况，不但三代以前没有，汉、唐以前也绝不是这样。
>
> 幸亏还好，这些墓志也罢，诗文集也罢，不久就都泯灭了。
>
> 不过，尽管毁灭了很多，剩下的还是满屋子。假如不毁掉一些，都留着，即使以天地作书架子，也安顿不下。这种文字，假如家家收藏，用秦始皇办法，作用一番，代替柴火，南山的煤炭竹木，不是都

可减价了。可笑，可笑。

我平常以为刻文集是无廉耻的行为。我死后有闲人作此业障，我不敢保险。至于自家子弟，则必须有遗嘱说破此意，不让他们作这业障。①

在另一封信里又说：

今世所谓文集，到处都是，多得很。其实一字无用。作者原来是想靠这个不朽的，结果相反，只会暴露自己的"陋"，给人取笑，这不叫作木灾吗？②

说得很痛快。虽然也有些过火，例如卖酒杀猪的有些人有这么篇把墓志，也不一定不可以，有些人刻的文集内容也不见得都是一字无用，刻文集也不能一概而论都是无廉耻之类。虽然也有的地方不对头，例如三代以前根本没有印刷术，怎么有可能大刻其文集，汉、唐这两代也是这样。但是，毕竟说出明代这时期的风气，胡乱刻书，刻的书很有些是要不得的。

至于明人刻的丛书，改头换面，偷工减料，东抄西袭，胡拼瞎凑，毛病多得很。虽然也有不少是好的，的确保存着许多有用的东西，给人方便，功劳不少。但是，留传下来的不尽都是好的。

为什么这个时代会有这样胡乱刻书的风气呢？

一个理由是经济的，十世纪以后，印刷术发达了，元、明之间许多城市都成了刻书中心，木头、纸张、刻工都方便，只要舍得钱，就可刻书。特别是作地方官的人，可以利用职权，或者通过修地方志的方便，附带刻自己的诗文。即使不是现任地方官，只要作过京官，有过功名的，也可以通过有什么"年谊"、"世谊"的地方官来办。不信，请查查现存的明人文集，能找出几个不是作过官，或是有过功名的。

另一个是政治的，清蒋超伯《南漘楛语》：

明代官场，行贿风气很盛。按规矩送钱时一定要配以书，特别是

---

①②《荆川文集》卷六，《答王遵岩书》、《与卜无锡书》。

新刻的书。闹得到处刻书，连校对也来不及了。如陈埴《木钟集》，是弘治时温州知府邓淮重刻的，都穆的《南濠诗话》是和州知州黄桓所刻的，序文上都说是捐俸绣梓，用广流传，像这样的不一而足。

行贿用书陪衬，显得雅一些，有个专门名词叫书帕。明人徐树丕《识小录》四说：

> 往时书帕，惟重两衙门，最多也不过三四十两银子。外舅作翰林时，外官送书帕，少的不过三四两银子，那时也不过作为往来交际常事，不大引起注意。后来朝廷严厉禁止，结果，白的不送了，换成黄的金子，又嫌累赘，索性换成圆的白的发光的珠子了。近年来外官和京官相见，往往一面作揖寒暄，两手就作交易。

这就是明代后期的政治风气，也就是明代刻书特别多，特别滥的道理。

晚明仕宦阶级的生活

一

晚明仕宦阶级的生活,除了少数的例外,(如刘宗周之清修刻苦,黄道周之笃学正身)可以用"骄奢淫佚"四字尽之。田艺衡《留青日札》记:"严嵩孙严绍庚、严鹄等尝对人言,一年尽费二万金,尚苦多藏无可用处。于是竞相穷奢极欲。"《明史·严嵩传》记鄢懋卿之豪奢说:"鄢懋卿持严嵩之势,总理两浙两淮长芦河东盐政,其按部尝与妻偕行,制五彩舆,令十二女子昇之。"万历初名相张居正奉旨归葬时:"真定守钱普创为坐舆,前舆后室,旁有两庑,各立一童子供使令,凡用舁夫三十二人。所过牙盘上食味逾百品,犹以为无下箸处。"①这种闹阔的风气,愈来愈厉害,直到李自成、张献忠等起来,这风气和它的提倡者同归于尽。

其实,说晚明才有这样的放纵生活,也不尽然,周玺《垂光集·论治化疏》说:"中外臣僚士庶之家,靡丽奢华,彼此相尚,而借贷费用,习以为常。居室则一概雕画,首饰则滥用金宝,倡优下贱以绫缎为袴,市井光棍以锦绣缘袜,工匠役之人任意制造,殊不畏惮。虽朝廷禁止之诏屡下,而奢靡僭用之习自如。"②周玺是弘正时人(?—1508),可见在十六世纪初期的仕宦生活已经到这地步。风俗之侈靡,自上而下,风行草偃,渐渐地浸透了整个社会。堵允锡曾畅论其弊,他说:"冠裳之辈,怡堂成习,厝火忘危,膏粱文绣厌于口体,宫室妻妾昏于志虑,一箪之费数金,

---

① 《明史》卷二一三,《张居正传》。(此条引文出处似有误——编者注)
② 《垂光集》卷一。

一日之供中产,声伎优乐,日缘而盛。夫缙绅者士民之表,表之不戒,尤以成风。于是有纨袴子弟,益侈豪华之志以先其父兄,温饱少年亦竞习裘马之容以破其家业,挟弹垆头,吁庐伎室,意气已骄,心神俱溃,贤者丧志,不肖倾家,此士人之蠹也。于是又有游手之辈,习谐媚以蛊良家子弟,市井之徒,咨凶谲以行无赖之事,白日思群,昏夜伏莽,不耕不织,生涯问诸傥来,非士非商,自业寄于亡命,狐面狼心,冶服盗质,此庶人之蠹也。如是而风俗不致颓坏,士民不致饥寒,盗贼不致风起者未之有也。"①

二

大人先生有了身份有了钱以后,饱食终日,无所用心,自然而然会刻意去谋生活的舒适,于是营居室,乐园亭,侈饮食,备仆从,再进而养优伶,召伎女,事博弈,蓄姬妾,雅致一点的更提倡玩古董,讲版刻,组文会,究音律,这一集团人的兴趣,使文学、美术、工艺、金石学、戏曲、版本学等部门有了飞跃的进展。

八股家幸而碰上了机会,得了科第时,第一步是先娶一个姨太太,(以今较昔,他们的黄脸婆还有不致被休的运气)王崇简《冬夜笔记》:"明末习尚,士人登第后,多易号娶妾。故京师谚曰:改个号,娶个小。"第二步是广营居室,作大官的邸舍之多,往往骇人听闻,田艺蘅记严嵩籍没时之家产,光是第宅房屋一项,在江西原籍共有六千七百四间,在北京共一千七百余间。②陆炳当事时,营别宅至十余所,庄园遍四方。③郑芝龙田园遍闽粤,在唐王偏安一隅的小朝廷下,秉政数月,增置仓庄至

---

①《堵文忠公集·救时十二议疏》。
②《留青日札》。
③《明史》卷三〇七,《陆炳传》。

五百余所。①

士大夫园亭之盛，大概是嘉靖以后的事。陶奭龄说："少时越中绝无园亭，近亦多有。"②奭龄是万历时代人，可见在嘉隆前，即素称繁庶的越中，士大夫尚未有经营园亭的风气。园亭的布置，除自己出资建置外，大抵多出于门生故吏的报效。顾公燮《消夏闲记》卷上说："前明缙绅虽素负清名者，其华屋园亭佳城南亩，无不揽名胜，连阡陌。推原其故，皆系门生故吏代为经营，非尽出己资也。"王世贞《游金陵诸园记》记南京名园除王公贵戚所有者外，有王贡士杞园、吴孝廉园、何参知露园、卜太学味斋园、许典客长卿园、李象先茂才园、汤太守熙召园、陆文学园、张保御园等。《娄东园亭志》仅太仓一邑有田氏园、安氏园、王锡爵园、杨氏日涉园、吴氏园、季氏园、曹氏杜家桥园、王世贞弇州园、王士骐约园、琅玡离赟园、王敬美澹园等数十园。园亭既盛，张南垣至以叠石成名："三吴大家名园，皆出其手。其后东至于越，北至于燕，召之者无虚日。"③

对于饮食衣服尤刻意求精，互相侈尚。《小柴桑喃喃录》卷上记："近来人家酒席，专事华侈，非数日治具，水陆毕集，不敢轻易速客。汤饵肴蔌，源源而来，非惟口不给尝，兼亦目不周视，一筵之费，少亦数金。"平居则"耽耽逐逐，日为口腹谋"。张岱《陶庵梦忆》自述："越中清馋无过余者，喜啖方物。北京则苹婆果、黄鼠、马牙松；山东则羊肚菜、秋白梨、文官果、甜子；福建则福橘、福橘饼、牛皮糖、红腐乳；江西则青根、丰城脯；山西则天花菜；苏州则带骨鲍螺、山查丁、山查糕、松子糖、白圆、橄榄脯；嘉兴则马交鱼脯、陶庄黄雀；南京则套樱桃、桃门枣、地栗团、窝笋团、山查糖；杭州则西瓜、鸡豆子、花下藕、韭芽、

---

① 林时对：《荷锸丛谈》卷四。
② 《小柴桑喃喃录》下。
③ 黄宗羲：《撰杖集·张南垣传》。

元笋、塘栖蜜橘；萧山则杨梅、莼菜、鸠鸟、青鲫、方柿；诸暨则香狸、樱桃、虎栗；嵊则蕨粉、细榧、龙游糖；临海则枕头瓜；台州则瓦楞蚶、江瑶柱；浦江则火肉；东阳财南枣；山阴则破塘笋、谢橘、独山菱、河蟹、三江屯蛏、白蛤、江鱼、鲥鱼、里河鲫。远则岁致之，近则月致之，日致之。"①衣服则由布袍而为绸绢，由浅色而改淡红。范濂《云间据目钞》记云间风俗，虽然只是指一个地方而言，也足以代表这种由俭朴而趋奢华的时代趋势。他说："布袍乃儒家常服，周年鄙为寒酸，贫者必用绸绢色衣，谓之薄华丽。而恶少且从典肆中觅旧段旧服翻改新起，与豪华公子列坐，亦一奇也。春元必用大红履，儒童年少者必穿浅红道袍，上海生员冬必穿绒道袍，暑必用绤巾绿伞，虽贫如思丹，亦不能免。稍富则绒衣巾，盖益加盛矣。余最贫，尚俭朴，年来亦强服色衣，乃知习俗移人，贤者不免。"明代制定士庶服饰，不许混淆，嘉靖以后，这种规定亦复不能维持，上下群趋时髦，巾履无别。范濂又记："余始为诸生时，见朋辈戴桥梁绒线巾，春元戴金线巾，缙绅戴忠靖巾。自后以为烦俗，易高士巾素方巾，复变为唐巾晋巾汉巾褊巾。丙午（1606）以来皆用不唐不晋之巾，两边玉屏花一双，而年少貌美者加犀玉奇簪贯发。"他又很愤慨地说："所可恨者，大家奴皆用三镶宦履，与士官漫无分别，而士官亦喜奴辈穿著，此俗之最恶者也。"

三

士大夫居官则狎优纵博，退休则广蓄声伎，宣德间都御史刘观每赴人邀请，辄以妓自随。户部郎中肖翔等不理职务，日惟挟妓酣饮恣乐。②

---

① 张岱：《陶庵梦忆》卷四，《方物》。
② 《明宣宗实录》卷五六。

曾下饬禁止："宣德四年八月丙申，上谕行在礼部尚书胡濙曰：祖宗时文武官之家不得挟妓饮宴。近闻大小官私家饮酒，辄命妓歌唱，沉酣终日，怠废政事。甚者留宿，败礼坏俗。尔礼部揭榜禁约，再犯者必罪之。"① 妓女被禁后，一变而为小唱，沈德符说："京师自宣德顾佐疏后，严禁官妓，缙绅无以为娱，于是小唱盛行，至今日几如西晋太康矣。"②实际上这项禁令也只及于京师居官者，易代之后，勾栏盛况依然。《冰华梅史》有《燕都妓品序》："燕赵佳人，颜美如玉，盖自古艳之。矧帝都建鼎，于今为盛，而南人风致，又复袭染熏陶，其色艳宜惊天下无疑。万历丁酉庚子（1597—1600）其妖冶已极。"所定花榜借用科名条例有状元榜眼探花之目。称妓则曰老几，茅元仪《暇老齐杂记》卷四："近来士人称妓每曰老，如老一老二之类。"同时曹大章有《秦淮士女表》，《萍乡花史》有《广陵士女殿最序》。余怀《板桥杂记》记南京教坊之盛："南曲衣裳妆束，四方取以为式。"崇祯中四方兵起，南京不受丝毫影响，依然征歌召妓："宗室王孙，翩翩裘马，以及乌衣子弟湖海宾游，靡不挟弹吹箫，经过赵李，每开筵宴，则传呼乐籍，罗绮芬芳，行酒纠觞，留髡送客，酒阑棋罢，堕珥遗簪，真欲界之仙都，升平之乐国也！"③

私家则多蓄声伎，穷极奢侈。万历时理学名臣张元忭后人的家伎在当时最负盛名。《陶庵梦忆》卷四《张氏声伎》条记："我家声伎，前世无之。自大父于万历年间与范长白邹愚公黄贞父包涵所诸先生讲究此道，遂破天荒为之。有可餐班，次则武陵班……再次则梯仙班……再次则吴郡班……再次则苏小小班……再次则平子茂苑班……主人解事日精一日，而僮伎艺则愈出奇愈。"阮大铖是当时最负盛名的戏曲作家，他的家伎的表演最为张宗子所称道。同书卷八记："阮元海家优讲关目，讲情理，讲

---

①《明宣宗实录》卷五七。
②《野获编》卷二四。
③余怀：《板桥杂记》。

筋节，与他班孟浪不同。然其所打院本又皆主人自制，笔笔勾勒，苦心尽出，与他班卤莽者又不同。故所搬演本本出色，脚脚出色，出出出色，句句出色，字字出色。"士大夫不但蓄优自娱，谱制剧曲，并能自己度曲，压倒伶工。沈德符记："近年士大夫享太平之乐，以其聪明寄之剩技。吴中缙绅留意音律，如太仓张工部新、吴江沈吏部璟、无锡吴进士澄时俱工度曲，每广座命伎，即老优名倡俱皇遽失措，真不减江东公瑾。"①风气所趋，使梨园大盛，所演若《红梅》、《桃花》、《玉簪》、《绿袍》等记不啻百种："括共大意，则皆一女游园，一生窥见而悦之，遂约为夫妇。其后及第而归，即成好合。皆徒撰诡名，毫无古事可考，且意俱相同，毫无足喜。"乡村每演剧以裮神："谓不以戏为裮，则居民难免疾病，商贾必值风涛。"②豪家则延致名优，陈懋仁《泉南杂志》："优伶媚趣者不吝高价，豪奢家攘而有之，婵鬟傅粉，日以为常。"使一向被贱视的伶工，一旦气焰千丈。徐树丕《识小录》记吴中在崇祯十四年（1641）奇荒后的情形："辛巳奇荒之后……优人鲜衣美食，横行里中。人家做戏一台，一本费至十余金，而诸优犹恨恨嫌少。甚至有乘马者，乘舆者，在戏房索人参汤者，种种恶状。然必有乡绅主之，人家惴惴奉之，得一日无事便为厚矣。"优人服节有至千金以上者。③男优之外，又有女戏："十余年来苏城女戏盛行，必有乡绅主之。盖以倡兼优而缙绅为之主。"④亦有缙绅自教家姬演戏者，张岱记朱云崃女戏，"西施歌舞，对舞者五人，长袖缓带，绕身若环，曾挠摩地，扶旋猗那，弱如秋乐；女官内侍，执扇葆璇盖、金莲宝炬、纨扇宫灯二十余人，光焰荧煌，锦绣纷叠，见者错愕"⑤。刘晖吉女

---

①《野获编》卷二四。
②汤来贺：《梨园说》。
③黄宗羲：《南雷集子·刘子行状》。
④《识小录》卷二。
⑤《陶庵梦忆》卷二。

戏则以布景著:"刘晖吉奇情幻想,欲补从来梨园之缺陷;如唐明皇游月宫,叶法善作,场上一时黑魆地暗,手起剑落,霹雳一声,黑幔忽收,露出一月,其圆如规,四下以其羊角染五色云气,中坐常仪,桂树吴刚,白兔捣药。轻纱幔之内,燃赛月明数株,光焰青黎,色如初曙,撒布成梁,遂蹑月窟,境界神奇,忘其为戏也。"①

四

士大夫的另一种娱乐是赌博。顾炎武《日知录》记:"万历之末太平无事,士大夫无所用心,间有相从赌博者。至天启中始行马吊之戏,而今之朝士若江南山东几于无人不为此。有如韦昭论所云穷日尽明,继以脂烛,人事旷而不修,宾旅阙而不接。"甚至有"进士有以不工赌博为耻"的情形。吴伟业又记当时有叶子戏:"万历末年,民间好叶子戏,图赵宋时山东群盗姓名于牌而斗之,至崇祯时大盛。有曰闯,有曰献,有曰大顺,初不知所自起,后皆验。"②缙绅士大夫以纵博为风流,《列朝诗集小传》记:"福清何士壁跅弛放迹,使酒纵博。""皇甫冲博综群籍,通挟凡击毬音乐博弈之戏,吴中轻侠少年咸推服之。""万历间韩上桂为诗多倚待急就,方与人纵谈大噱,呼号饮博,探题立就,斐然可观。"此风渐及民间,结果是如沈德符所说:"今天下赌博盛行,其始失货财,甚则鬻田宅,又甚则为穿窬,浸成大伙劫贼,盖因本朝法轻,愚民易犯。"③

自命清雅一点的则专务搜古董,巧取豪夺:"嘉靖末年海内宴安,士大夫富厚者以治园亭教歌舞之际,间及古玩。如吴中吴文恪之孙,溧阳

---

① 《陶庵梦忆》卷五。
② 《绥寇纪略》卷一二。
③ 《野获编补遗》卷三。

史尚宝之子，皆世藏珍秘，不假外索。延陵则稽太史应科，云间则朱太史大韶，携李项太学，锡山安太学华户部辈不吝重资收购，名播江南。南部则姚太史汝循、胡太史汝嘉亦称好事。若辈下则此风稍逊，惟分宜严相国父子、朱成公兄弟并以将相当途，富贵盈溢，旁及雅道，于是严以势劫，朱以货贿，所蓄几及天府。张江陵当国亦有此嗜。董其昌最后起，名亦最重，人以法眼归之。"①年轻气盛少肯读书的则组织文社，自相标榜，以为名高。《消夏闲记》下："文社始于天启甲子张天如等之应社……推大讫于四海。于是有广应社，复社，云间有几社，浙江有闻社，江北有南社，江西有则社，又有历亭席社，昆阳云簪社，而吴门别有羽朋社，武林有读书社，山左有大社，佥会于吴，统于复社。"以讥弹骂詈为事，黄宗羲讥为学骂，他说："昔之学者学道者也，今之学者学骂者也。矜气节者则骂为标榜，志经世者则骂为功利，读书作文者则骂为玩物丧志，留心政事者则骂为俗吏，接庸僧数辈则骂考亭为不足学矣，读艾千子定待之尾，则骂象山阳明为禅学矣。濂溪之主静则盘桓于腔子中者也，洛下之持敬则曰是有方所之学也。逊志骂其学误主，东林骂其党亡国，相讼不决，以后息者为胜。"②老成人物则伪标讲学，内行不修。艾南英《天佣子集》曾提及江右士夫情形："敝乡理学之盛，无过吉安，嘉隆以前，大概质行质言，以身践之。近岁自爱者多而亦不无仰愧前哲者。田土之讼，子女之争，告讦把持之风日有见闻，不肖视其人皆正襟危坐以持论相高者也。"③

仕宦阶级有特殊地位，也自有他们的特殊风气。《小柴桑喃喃录》卷下说："士大夫膏肓之病，只是一俗，世有稍自脱者即共命为迂为疏为腐，于是一入仕途，则相师相仿，以求入乎俗而后已。如相率而饮狂泉，

---

① 《野获编》卷二六。
② 《南雷文案》卷一七。
③ 艾南英：《天佣子集》卷六，《复陈怡云公祖书》。

亦可悲矣。"在这情形的社会，谢肇淛说得最妙："燕云只有四种人多，奄竖多于缙绅，妇女多于男子，倡伎多于良家，乞丐多于商贾。"[①]

一九三四年一月二十二日

（原载《大公报·史地周刊》，第三十一期，1935年4月19日）

[①]《五杂俎》卷三。

梧轩杂记十则

一、明初之旅舍

宋濂《宋学士文集·李疑传》云:"金陵之俗,以逆旅为利。方旅至,授一室,仅可榻,俯以出入。晓钟动,起十治他事。遇夜始归息,盥濯水昏自具。然月责钱数千,否必诋诮致讼,或疾病辄遣出,病危气息尚属,且眲眲未瞑,弃之而数其贤。妇孕将产者以为不祥,摈不舍。其少息如此,非其情固然。地在辇毂车下,四方人至者众,其势致尔也。"

二、官民器用居室之制

《明太祖实录》卷一六九:"洪武十七年十二月乙未,诏定官民居室器用之制:凡居室不得施重栱藻井重檐,惟楼居重檐不禁。庶民所居堂舍不过三间五架,不许斗栱绿色雕饰。酒注用锡,酒盏用银,余用磁漆。"

三、风流汉子

《明英宗实录》卷一三九:"正统十一年三月癸未,大兴县知县马聪言:京城内外有造诸色伪银以给人者,贫民被其给,往往窘愤致死。又有号风流汉子者,专以赌博致钱,酬花酒者。或失意费无所出,遂去为盗。又有醉卧于道者,往往冻死,章下法司,造伪银者发充边卫军,赌博者运粮口外。"

四、太学之藏垢纳污

朱国桢《涌幢小品》十一："郭明龙为祭酒，条陈雍政疏云：臣初试士，举人仅五七人，其文理优长，考在前列者尽选贡耳。向非选贡一途，太学几无文学矣。臣窃叹天下府州县学之士尽皆尽文，而太学之士乃半居写仿，又府州县学之士，不无以文理被黜而来，不无以行谊被黜而来，与夫商贾之挟重糈者，游士之猎厚藏者，皆得入焉。是古之太学，诸侯进其选士造士最优最上者贡之天子，而今之太学，郡邑以其被访被黜无文无行者纳之辟雍，良可叹也。"

郭左，刘幼安代之。余为司业。刘每叹曰，"成甚国学！朝廷设此骗局骗人几两银子，我为长，兄为副，亦可羞也。"

五、凤阳丐者

赵翼《陔余丛考》四十一："江苏诸郡每岁必有凤阳人来，老幼男妇成行逐队，入村落间乞食，至明春二三月间始回。其唱歌则曰：家住庐州并凤阳，凤阳原是好地方，自从出了朱皇帝，十年倒有九年荒。以为被荒而逐食也。然年不荒亦来行乞如故，《蚓庵琐语》云：明太祖时徙苏、松、杭、嘉、湖富民十四万户以实凤阳，逃归者有禁，是以托丐潜回省墓探亲，遂习以成俗，至今不改。理或然也。"

六、明初之道俗教育

查东山《罪惟录》纪一："洪武十三年九月，令耆老持木铎徇于乡，为六语率民于善。（六语为孝顺父母，尊敬长上，和睦乡里，教训子孙，各安生理，无作非为。）岁州县选德行里老之人，赵京师陈说疾苦。又里置一鼓，农时击之，人之耦力田，惰者罪。"

七、燃料

明代京师燃料，木与碳并用。丘濬《大学衍义补》云："自立柴丁于易州以来，恒聚山东西北直隶数州民夫数千，于此取柴炭，以供国用。又役顺天之民以为挑柴夫，府县添设佐贰以专管之。又特敕侍郎或尚书一员以总督之。（以供大庖之爨，内臣之炊）此事非特今朝无定制，而前代亦所未闻也。京城军民百万之家，皆以石煤代薪。"

八、山西乐户

《明英宗实录》四十三："正统三年六月丙寅，巡抚河南山西行在兵部左侍郎于谦言：窃见山西人民多有乐户，男不耕种，女不纺织，淫漫成风。游食度日，不才官吏，往往呼使歌唱奸淫，因嘱公事，以毒良民。乞敕各处取勘，悉令为民，以给徭税。官吏宿娼者，依律黜罢，不许赎罪还职。从之。"

九、燕云四种人

谢肇淛《五杂俎》三论当时北京居民云："燕云四种人多：奄竖多于缙绅，妇女多于男子，娼妓多于良家，乞丐多于商贾。"

十、万历末年之士风

顾宁人《亭林文集》五《富平李君墓志铭》："当万历之末，士子好新说，以庄列百家之言窜入经义。甚者合并老与儒为一，自谓千载绝学。"卷一《生员论》上："（士子）一得为生员，则免于编氓之役，不受侵于里胥，齿于衣冠，得以礼见官长，而无笞捶之辱。故今之愿为生员者，非必其慕功名也，保身家而已。人之情孰不为其身家者。故日夜求之，或至行关节，触法抵罪而不业者，其势然也。今之生员以关节得者十且七八矣。而又有武生奉祀生之属，无不以钱鬻之。"

（原载《清华周刊》，第四十五卷第十二期，1937年1月25日）

胡惟庸党案考

一、《明史》所记之胡惟庸

二、云奇告变

三、如瑶藏主之贡舶

四、胡惟庸之罪状

五、明初之倭寇与中日交涉

六、胡惟庸党案之真相

一、《明史》所记之胡惟庸

胡惟庸事件是明代初叶的一件大事,党狱株连前后十四年,一时功臣宿将诛夷殆尽,前后达四万余人。①且因此和日本断绝国交关系,著之《祖训》。②另一方面再三颁布《昭示奸党录》、《臣戒录》、《志戒录》、《大诰》、《世臣总录》诸书,谆谆告谕臣下,以胡惟庸为前鉴。③到明成祖时代,还引这事件来诫谕臣下,勿私通外夷。④明代诸著作家的每一部提及明初史迹的著述中,都有这事件的记载。清修明史且把胡氏列入奸臣传。⑤在政治制度方面,且因此而永废丞相,分权于六部、五府、都察院、

---

① 《明史》卷九四,《刑法志》;卷一三二,《蓝玉传》。
② 《皇明祖训》首章;《明史》卷三一二,《日本传》。
③ 《皇明大政记》卷三。
④ 《明政统宗》卷七。
⑤ 《明史》卷三〇八。

通政司、大理寺等衙门。①在这事件的影响方面说，一时元功宿将皆尽，靖难师起，仅余耿炳文、吴祯等支撑御侮，建文因以逊国。②综之，从各方面说，无论是属于政治的，外交的，军事的，制度的，易代的，这事件之含有重大意义，其影响及于有明一代，则无可置疑。

《明史》记此事颠末云：

> 自杨宪诛，帝以惟庸为才，宠任之。惟庸亦自励，尝以曲谨当上意，宠遇日盛。独相数岁，生杀黜陟，或不奏径行。内外诸司上封事，必先取阅，害己者辄匿不以闻。四方躁进之徒及功臣武夫失职者争走其门，馈遗金帛名马玩好不可胜数。

> 大将军徐达深嫉其奸，从容言于帝。惟庸遂诱达阍者福寿以图达，为福寿所发。

> 御史中丞刘基亦尝言其短。久之，基病，上遣惟庸挟医视，遂以毒中之。基死，益无所忌。与太师李善长相结，以从女妻其从子佑。

> 学士吴伯宗劾惟庸既得危祸。自是势益炽。

> 其定远旧宅井中忽生石笋，出水数尺，谀者争引符瑞。又言其祖父三世冢上，皆夜有火光烛天。惟庸益喜自负，有异谋矣。

> 吉安侯陆仲亨自陕西归，擅乘传。帝怒责之曰："中原兵燹之余，民始复业，籍户买马，艰苦殊甚。使皆效尔所为，民虽尽鬻子女，不能给也。"责捕盗于代县。平凉侯费聚奉命抚苏州军民，日嗜酒色。帝怒，责往西北招降蒙古，无功。又切责之，二人大惧。惟庸阴以权利胁诱二人，二人素戆勇，见惟庸用事，密相往来。尝过惟庸家，酒饮酣，惟庸屏左右言："吾等所为多不法，一旦事觉，如何！"二人益惶惧，惟庸乃告以己意，令在外收集军马。

---

① 《皇明祖训》首章；《高皇帝实录》卷一二九。
② 《弇州史料后集》卷六一。

又尝与陈宁坐省中阅天下军马籍，令都督毛骧取卫士刘遇贤及亡命魏文进等为心膂，曰："吾有所用尔也。"

太仆寺丞李存义者善长之弟，惟庸婿李佑父也。惟庸令阴说善长，善长已老，不能强拒，初不许，已而依违其间。

惟庸益以为事可就，乃遣明州卫指挥林贤下海招倭与期会。又遣元故臣封绩①致书称臣于元嗣君，请兵为外应，事皆未发。

会惟庸子驰马于市，堕死车下，惟庸杀挽车者。帝怒，命偿其死。惟庸请以金帛给其家，不许。惟庸惧，乃与御史大夫陈宁、中丞涂节等谋起事，阴告四方及武臣从己者。十二年九月占城来贡，惟庸等不以闻，中官出见之，入奏。帝怒，切责省臣，惟庸及广洋顿首谢罪，而微委其咎于礼部，礼部又委之中书，帝益怒，尽囚诸臣，穷诘主者。未几赐广洋死。广洋妾陈氏从死，帝询之，乃入官陈知县女也。大怒曰："没官妇女只给功臣家，文臣何以得给？"乃敕法司取勘。于是惟庸及六部堂属咸当坐罪。

明年正月，涂节遂上变告惟庸，御史中丞商暠时谪为中书省吏，亦以惟庸阴事告。帝大怒，下廷臣更讯，词连宁、节。廷臣言节本预谋，见事不成，始上变告，不可不诛。乃诛惟庸、宁并及节。

惟庸既死，其反状犹未尽露，至十八年李存义为人首告，免死安置崇明。十九年十月林贤狱成，惟庸通倭事始著。

二十一年蓝玉征沙漠，获封绩，善长不以奏。至二十三年五月事发，捕绩下吏，讯得其状，逆谋大著。会善长家奴卢仲谦首善长与惟庸往来状，而陆仲亨家奴封帖木亦首仲亨及唐胜宗、费聚、赵雄（明按："雄"当作"庸"，以赵庸封南雄侯致误，《李善长传》可证。）三侯与惟庸共谋不轨。帝发怒，肃清逆党，词所连及，坐诛者三万余

---

① 《列卿记》卷一《胡惟庸传》引《实录》作封续，北平图书馆藏《实录》作封绩。

人,乃为《昭示奸党录》布告天下,株连蔓引,迄数年未靖云。①

惟庸通倭事,《明史》云:

先是胡惟庸谋逆,欲借日本为助,乃厚结宁波卫指挥林贤,伴奏贤罪,谪居日本,令交通其君臣。寻奏复贤职,遣使召之。密致书其王,借兵助己。贤还,其王遣僧如瑶率兵卒四百余人,诈称入贡,且献巨烛,藏火药刀剑其中。既至,而惟庸已败,计不行。帝亦未知其狡谋也。越数年,其事始露,乃族贤,而怒日本特甚,决意绝之,专以防海为务。②

与李善长谋逆事,《明史》云:

京民坐罪应徙边者,善长数请免其私亲丁斌等,帝怒按斌,斌故给事惟庸家,因言存义等往时交通惟庸状。命逮存义父子鞫之,词连善长云:"惟庸有反谋,使存义阴说善长,善长惊叱曰:'尔言何为者?审尔,九族皆灭!'又使善长故人杨文裕说之云:'事成当以淮西地封为王。'善长惊不许,然颇心动。惟庸乃自往说,善长犹不许。久之,惟庸复遣存义进说,善长叹曰:'吾老矣,吾死,汝等自为之。'"

或又告善长云将军蓝玉出塞至捕鱼儿海,获惟庸通沙漠使者封绩,善长匿不以闻。于是御史交章劾善长。而善长奴卢仲谦等亦告善长与惟庸通赂遗,交私语。狱具,谓善长元勋国戚知逆谋不发举,狐疑观望,怀两端,大逆不道。会有言星变,其占当移大臣,遂并其妻女弟侄家口七十余人诛之。而吉安侯陆仲亨、延安侯唐胜宗、平凉侯费聚、南雄侯赵庸、荥阳侯郑遇春、宜春侯黄彬、河南侯陆聚等皆同时坐惟庸党死。而已故荥阳侯杨璟、济宁侯顾时等追坐者又若干人。帝手诏条列其罪,傅著狱词,为《昭示奸党三录》布告天下。③

---

① 《明史》卷三〇八,《胡惟庸传》。
② 《明史》卷三二二,《日本传》。
③ 《明史》卷一二七,《李善长传》。

谷应泰记胡惟庸被诛前又有云奇告变一事：

> 正月戊戌，惟庸因诡言第中井出醴泉，邀帝临幸，帝许之。驾出西华门，内使云奇冲跸道勒马衔言状，气方勃，舌驶不能达意，太祖怒其不敬，左右挝捶乱下，云奇右臂将折，垂毙，犹指贼臣第弗为痛缩。上悟，乃登城望其第，藏兵复壁间，刀槊林立。即发羽林掩捕考掠，具状磔于市。①

综结以上的记载，胡惟庸党案的构成及经过是：

（1）胡惟庸擅权罔上。

（2）谋刺徐达。

（3）毒死刘基。

（4）与李善长相结交通。

（5）定远宅井生石笋，祖墓夜有火光，因有异志。

（6）结陆仲亨、费聚为助。

（7）收纳亡命。

（8）令李存义、杨文裕说李善长谋逆。

（9）遣林贤下海招倭，倭使如瑶伪贡率兵为助。

（10）遣封绩称臣于元求援。

（11）惟庸杀挽车者，太祖责偿死。

（12）阻占城贡使，被罪。

（13）私给文官以入官妇女坐罪。

（14）涂节上变。商暠白其私事。

（15）请上幸第谋刺，为云奇所发。

（16）狱具伏诛。胡党之名起。

（17）林贤狱成。

---

① 《明史纪事本末》卷一三，胡蓝之狱。

（18）李善长被杀。

（19）对日绝交。

（20）胡党株蔓数万人，元功宿将几尽。

以下试参证中日记载，说明这一事件的真相和明代初叶中日间的国际关系。

二、云奇告变

胡惟庸党案的真相，到底如何，即明人亦未深知，这原因大概是由于胡党事起时，法令严峻，著述家多不敢记载此事。到了事过境迁以后，实在情形已被淹没，后来的史家只能专凭《实录》，所以大体均属相同。他事有不见于《实录》的，便只能闭户造车，因讹传讹，所以极多矛盾的同时记载。正因为这许多记载之暧昧矛盾，所以当时人便有怀疑它的。郑晓以为："国初李太师、胡丞相、蓝国公诸狱未可知。"[①]王世贞是明代的一个伟大精核的史学家，他的话应该可信了，他说：

> 胡惟庸谋逆，阴约日本国贡使以精兵装巨舶，约是日行弑，即大掠库藏，泛舟大海，事泄伏诛。上后却日本之贡以此。[②]

他的儿子王士骐却不惜反对他的话，对这事件深为致疑，他以为：

> 按是年（十三年）诛丞相胡惟庸，廷臣讯辞第云使林贤下海招倭军，约期来会而已。不至如野史所载，亦不见有绝倭之诏。本年日本两贡无表，又其将军奉丞相书辞意倨慢，故诏谕之。中云："前年浮辞生衅，今年人来匪诚"，不及通胡惟庸事，何耶？近年勘严世蕃亦云交通倭虏，潜谋叛逆，国史谓寻端杀之，非正法也。胡惟庸之通

---

① 《今言》卷一四四。
② 王世贞：《史乘考误》。

倭，恐亦类此。①

由此可见这事件的可信程度正如徐阶所授意的严世蕃狱词一样。按《明史》载世蕃狱具，徐阶以为彰主过，适所以活之，为手削其草。②略云：

> 曩年逆贼汪直勾倭内讧，罪在不宥。直徽州人，与罗龙文姻旧，遂送十万金世蕃所，拟为授官……龙文亦招聚王直通倭余党五百余人谋于世蕃。班头牛信亦自山海卫弃伍北走，拟诱致北虏，南北响应……③

于是覆勘实以："交通倭虏，潜谋叛逆，其有显证"上，严家由是方倒。狱辞中通倭诱虏二事，恰好作胡惟庸事件的影子。

在以上所引的史料中，冲突性最显著的是《明史》所记涂节、商暠告变和《纪事本末》所记的云奇告变二事。因为假使前者是真，则惟庸已得罪被诛，无请临幸谋刺之可能。假使后者是真，则惟庸亦当日被诛，无待涂、商二人之告发。质言之，两件告发案必有一件是假，或者两件都假，断不能两件都真。现试略征群籍，先谈云奇事件。

谷应泰关于云奇的记载，确有所本。此事最先见于雷礼所引《国琛集》。④记述与谷氏小有异同。其文云：

> 太监云奇南粤人。守西华门，迩胡惟庸第，刺知其逆谋。胡诳言所居井涌醴泉，请太祖往观，銮舆西出，云虑必与祸，急走冲跸，勒马衔言状。气方勃崒，舌跼不能达。太祖怒其犯跸，左右挝捶乱下，云垂毙，右臂将折，犹奋指贼臣第。太祖乃悟，登城眺顾，见其壮士披甲伏屏帷间数匝，亟返楼殿，罪人就擒。召奇则息绝矣。太祖追悼奇，赐赠葬，令有司春秋祀之。墓在南京太平门外，钟山之西。

---

① 《皇明驭倭录》卷一。
② 《明史》卷三〇八，《严嵩传》。
③ 王世贞：《国朝丛记》，严世蕃供辞。
④ 《国朝列卿纪》卷一，《胡惟庸传》附录。

自后王世贞撰《胡惟庸传》即引此文，不过把"诳言所居井涌醴泉"改为："伪为第中甘露降。"①把地下涌出来的换成天上掉下来的罢了。邓元锡索性把他列入《宦官传》，以为忠义之首，不过又将名字改成奇云奇。②傅维麟本之亦为立专传③，仍复其名为云奇。其他明清诸著述家如陈建④、严从简⑤、邓球⑥、尹守衡⑦、彭孙贻⑧、谷应泰⑨，日人如饭田忠彦⑩等，均深信不疑，引为实录。

在上引的诸家记载中，有一个共通的可疑点。这疑点是云奇身为内使，所服务地点与胡惟庸第相近，他既知胡氏逆谋，为什么不先期告发，一定要到事迫眉睫，方才阑道报警呢？这问题彭孙贻氏把它弥缝解答了。他说：

> 时丞相胡惟庸谋大逆，居第距门甚迩。奇刺知其事，冀欲发未有路，适惟庸谩言所居井涌醴泉，邀上往赏，驾果当西出，奇虑必有祸，会走犯跸……

总算勉强可以遮过读者的究诘。但据以上诸书所记，惟庸请明太祖到他家里来看醴泉或甘露的日子是洪武十三年正月戊戌。据《明史》惟庸即以是日被诛。⑪这样当天请客，当天杀头，中间并未经过审讯下狱的阶段，

---

① 《弇州别集》，《胡惟庸传》。
② 邓元锡：《皇明书》卷一三，《宦官传》。
③ 傅维麟：《明书》卷一五七，《胡惟庸传》；卷一五八，《云奇传》。
④ 《皇明从信录》卷七。
⑤ 《殊域周咨录》卷二。
⑥ 《皇明泳化类编》卷一二七，防细。
⑦ 《皇明史窃》，《宦官传》。
⑧ 《明史纪事本末补编》五，宦官贤奸。
⑨ 《明史纪事本末》卷一三。
⑩ 饭田忠彦：《野史》卷二八二，《外国传》一。
⑪ 《明史》，《太祖本纪》二。

在时间上是否发生问题呢？这问题夏燮曾引《三编质实》证明其不可能，他说：

> 考《实录》正月癸巳朔，甲午中丞涂节告胡惟庸谋反，戊戌赐惟庸等死。若然，则正月二日惟庸已被告发，不应戊戌尚有邀帝幸第之事。①

我们在时间上的比较，已知此事非真。如再从事实方面考核，南京城高数仞，胡惟庸第据文中"壮士匿屏帷（或厅事）间"决非无屋顶——露天可知（《有学集》一〇三引《明人纪载》说：南京城西华门内有大门北向，其高与诸宫殿等，后门甍栋具在，曰旧丞相府，即胡惟庸故第）。无论西华门离胡第怎样近（事实上愈近只能看屋脊），就譬如在景山山顶罢，故宫就在足下，除了黄澄澄的屋瓦以外，我们能看出宫殿内的任何事物出来吗？同理，胡第非露天，就使明太祖真有登过城这一回事，又何从知道胡第伏有甲兵，此甲兵且伏在厅事中，屏帷间！

据《国琛集》说胡惟庸第在西华门内——禁中。王世贞《旧丞相府志》颇疑其非是。考《昭示奸党第二录》载卢仲谦供，谓胡惟庸私第在细柳坊，按《洪武京城图志》：广艺街在上元县西，旧名细柳坊，一名武胜坊。又考《街市图》：广艺街在内桥之北，与旧内相近。则惟庸私第之不在禁中明甚。再按《实录》：丙午八月（1366）拓建康城；初旧内在建康旧城中，因元南台为宫，稍庳隘，上乃命刘基等卜地，定新宫于钟山阳。戊申正月（1368）自旧内迁新宫。由是知明太祖之迁居新宫在洪武元年，旧内固近惟庸第，新宫则在建康城北，云奇事件如在洪武十三年，则根本为不可能。

由以上的推断，云奇事件之无稽荒谬，已决然无可疑。不过这一传说又从何发生的呢？云奇与胡惟庸虽无关系，但这事件的本身是否有存在的

---

① 《明通鉴》卷七，考异。

可能性呢？这两疑问，何孟春氏的《云奇墓碑》①将给我们以一个满意的解答。

> 南京太平门外钟山西有内官享堂一区，我太祖高皇帝所赐，今加赠司礼监太监云公奇葬地也。案旧碑公南粤人，洪武间内使，守西华门。时丞相谋逆者居第距门甚迩，公刺知其事，冀因隙以发。未几，彼逆臣言所居井涌醴泉……

> 公所遭谋逆者旧状以为胡蓝二党。夫胡惟庸之不轨在洪武十三年，蓝玉在二十六年，胡被诛后，诏不设丞相，至蓝十四年矣。春敢定以胡为是，以补旧碑之缺，备他日史官之考证。

可见胡惟庸谋逆的真相，明初人就不大清楚。旧碑阙以存疑，尚不失忠实态度。何孟春自作聪明，硬断定为胡惟庸，后此史官，虽以此事不见《实录》，亦援引碑文，定为信谳，自王世贞以下至彭孙贻、饭田忠彦等都笃信其事，因讹传讹，结果当然是到处碰壁，怎么也解释不出时间性与空间的不可能和事实上的矛盾了。钱谦益《明太祖实录辨证》三说："云奇之事，国史野史，一无可考。嘉靖中朝廷因中人之请而加赠，何孟春据中人之言而立碑。"所谓中人，潘柽章以为是高隆。他说：

> 云奇事起于中官高隆等，相传为蓝玉时事。而何孟春从而附会之，以为玉未尝为丞相，故又移之胡惟庸。凿空说鬼，有识者所不道。②

他疑心云奇事件是由邵荣三山门谋逆之事衍变来的。他说：

> 然考之史，惟平章邵荣尝伏兵三山门内欲为变，上从他道还，不得发。与墓碑所称相类。三山门在都城西南与旧内相近，上登城眺察，难悉睹也。岂云奇本守三山门，讹而为西华耶？或云奇以冲跸死，而宋国兴之告变踵至耶？事有无不可知，史之阙文，其为是欤？③

---

① 《国朝献征录》卷一一七，《何孟春赠司礼监太监云公奇墓碑铭》。
② 《国史考异》卷二之一一。
③ 《国史考异》卷二之一一。邵荣谋反事见《明史》卷一二五，《常遇春传》。

三、如瑶藏主之贡舶

《明史》所记之如瑶贡舶事，明清人记载极多。日人记载则多据中籍迻译，虽间有疑其支离者，亦仅及派使者之为征西或幕府，对于事实本身，则均一致承认。

关于胡惟庸通倭之明清人记述，其主要事实多根据《实录》及《大诰》，《明史》和《实录》更不过详略之异，大体一无出入。文中洋洋洒洒据口供叙述胡惟庸的罪状，于通倭投房事，仅有二句：

> 惟庸使指挥林贤下海招倭军，约期来会。又遣元臣封绩致书称臣于元，请兵为外应。①

惟庸诛后数日，在宣布罪状的演辞中，亦未提及通倭一字：

> 己亥，胡惟庸等既伏诛，上谕文武百官曰："……岂意奸臣窃国柄，枉法诬贤，操不轨之心，肆奸欺之蔽，嘉言结于众舌，朋比逞于群邪。蠹害政治，谋危社稷，譬堤防之将决，烈火之将然，有滔天燎原之势，赖神发其蠹，皆就殄灭……"②

于罢中书省诏中，亦只及其枉法挠政诸罪：

> 癸卯，罢中书省，诏曰："……丞相汪广洋、御史大夫陈宁昼夜淫昏，酣歌肆乐，各不率职，坐视废兴。以致胡惟庸私构群小，夤缘为奸，或枉法以赇罪，或挠政以诬贤，因是发露，人各伏诛……"③

即在十六年后，太祖和刘三吾的谈话中，胡惟庸的罪状，也不过只是擅作威福和僭侈：

> 二十八年十一月上谓翰林学士刘三吾等曰："奸臣胡惟庸等擅作

---

① 《明太祖高皇帝实录》卷一二九。
② 《明太祖高皇帝实录》卷一二九。
③ 《明太祖高皇帝实录》卷一二九；《明太祖文集》卷二，《废丞相大夫罢中书诏》。

威福,谋为不轨,僭用黄罗帐幔,饰以金龙凤纹。迩者逆贼蓝玉,越礼犯分,床帐护膝,皆饰金龙,又铸金爵为饮器,家奴至于数百,马坊廊房,悉用九五间数,僭乱如此,杀身亡家。"①

惟庸诛后七年,始于所颁《大诰》中提及林贤:

> 维十九年十二月望皇帝三诰于臣民曰:"……帝若曰前明州卫指挥贤私通惟庸,劫倭舶,放居倭,惟庸私使男子旺借兵私归贤,贤将辅人乱,不宁于黔黎,诛及出幼子。"②

在洪武二十八年九月所颁《祖训》中③,方才正式列出惟庸通倭的记载,其文云:

> 四方诸夷皆限山隔海,僻在一隅,得其地不足以供给,得其民不足以使令,若其自不揣量,来挠我边,则彼为不祥。彼既不为中国患,而我兴兵轻犯,亦不祥也。吾恐后世子孙,倚中国富强,贪一时战功,无故兴兵,致伤人命,切记不可。但胡戎与西北边境,互相密迩,累世战争,必选将练兵,时谨备之。
>
> 今将不征诸夷国名列后:
>
> 东北:朝鲜国
>
> 正东偏北:日本国 (虽朝实诈,暗通奸臣胡惟庸,谋为不轨,故绝之。)
>
> 正南偏东:大琉球国 小琉球国
>
> 西南:安南国 真蜡国 暹罗国 占城国 苏门答剌 西洋国 爪洼国 湓亨国 白花国 三弗齐国 浡泥国④

考《明史·胡惟庸传》谓:"十九年十月林贤狱成,惟庸通倭事始

---

① 《皇明大事记》卷九,高皇帝御制及纂辑诸书。
② 《名山藏》,《刑法记》。
③ 《皇明大事记》卷九。
④ 《皇明祖训》首章,5页。

著。"查《实录》十九年十月条不载此事。胡惟庸罪状中之通倭一事，据史言发觉在十九年，其唯一之根据为当时官书《大诰三编》。据此则十九年以前不当有绝倭之事，而事实上则却相反。《祖训》之成，据《大事记》所言第一次编成于洪武二年。①第二次在六年五月。②第三次在二十八年九月，重定名为《皇明祖训》，其目仍旧，而更其《箴戒》章为《祖训》首章。③由是可知最后定本即仍洪武六年之旧，不过把原来《箴戒》章改成首章而已。胡惟庸事败在洪武十三年正月，通倭事发在十九年十月，不应先于洪武六年绝倭！细绎《祖训》文意，知其大旨不过戒子孙勿务远略损国威，所列不征之国，亦以其阻绝海洋，不易征服，于胡惟庸事，初无关涉。盖日本之被列为不征之国事在洪武六年以前，在洪武十九年到二十八年这时期中方把胡惟庸事加入，作为佐证。后来读史的人不留心，把不征之国和胡惟庸事因《祖训》先后放在一起，就混为一事，并误为有因果关系。因胡惟庸狱词和《大诰》所载，辗转附会，惟庸之通倭谋逆及明廷因之与日绝交数事，遂成信谳了。

《国朝列卿记》所记全用《实录》原文，明代向例于《实录》修成后即焚稿扃史馆中，不为外人所见。所以后来人的记载大部分可说都是根据《列卿记》这部书。

因为《皇明祖训》、《大诰》和《实录》中的记载，出于朝廷。后来的史家便都一致相信，以为事实。自郑晓④、郎瑛⑤、章潢⑥、邓元锡⑦、茅

---

① 《大事记》九，封建。
② 《大事记》九，高皇帝御制及纂辑诸书。
③ 《大事记》九，封建。
④ 《吾学编》，《皇明四夷》上，《日本》。
⑤ 《七修类稿》卷五，《日本》。
⑥ 《图书编》卷五〇，《日本国》。
⑦ 《皇明书》卷一六六，《日本传》。

瑞征①、茅元仪②、陈仁锡③、张复④、叶向高⑤、方孔炤⑥、黄道周⑦及《制御四夷典故》⑧诸书，一致以为太祖朝之中日绝交，是因为如瑶贡舶事件；如《苍霞草》所记：

> 已复纳兵贡艘中助逆臣胡惟庸，惟庸败，事发，上乃著《祖训》示后世毋与倭通。

《吾学编》、《制御四夷典故》、《皇明世法录》、《图书编》诸书云：

> 十五年归廷用又来贡，于是有林贤之狱，曰故丞相胡惟庸私通日本，盖《祖训》所谓日本虽朝实诈，暗通奸臣胡惟庸，谋为不轨，故绝之也。是时惟庸死且三年矣。十七年如瑶又来贡，坐通惟庸，发云南守御。

渡边世祐《室町时代史》（页二三五）亦谓：

> 时明胡惟庸谋反，使宁波之指挥官请援于征西将军。征西府使僧如瑶率精兵四百余人伪入贡赴之。谋觉，胡惟庸伏诛，逮林贤狱起，我邦通谋事发觉，太祖大怒，尔后一时交通遂绝。

何乔远⑨、郑若曾⑩、严从简⑪诸人记林贤与如瑶之事迹较详尽，《名山藏·王享记》云：

---

①《皇明象胥录》卷二，《日本》。
②《武备志》卷二三〇，《日本考》。
③《潜确类书》卷一三〇，《日本》。
④焦竑：《皇明人物考》附录，张复：《南倭考》。
⑤《苍霞草》卷一九，《日本考》。
⑥《全边略记》卷九，《海略》。
⑦《博物典汇》卷二〇，《日本》。
⑧《制御四夷典故》，《日本国考略》。
⑨《名山藏》，《王享记》一，《日本》。
⑩《筹海图篇》卷二。
⑪《殊域周咨录》卷二。

> 丞相胡惟庸得罪惧诛，谋诸倭不轨，奏调金吾卫指挥林贤备倭明州。阴遣宣使陈得中谕贤送日本使出境，则诬指为寇以为功。贤听惟庸计，事觉，惟庸佯奏贤失远人心，谪居之倭中。既惟庸请宥贤复职，上从之。惟庸以庐州人李旺充宣使召贤，且以密书奉日本王借精锐人为用，王许之。贤还，王遣僧如瑶等率精锐四百余人来，诈献巨烛，烛中藏火药兵器。比至惟庸已败，上犹未悉贤通惟庸状，发四百余人云南守御……十五年惟庸事觉，上追怒惟庸，诛贤磔之。于是名日本曰倭，下诏切责其君臣，暴其过恶天下，著《祖训》绝之。

所记恰与《大诰》合。《筹海图编》亦采此说，而误以胡惟庸为枢密使，为王士骐所讥。①且以为先于洪武十六年诏绝日本，二十年如瑶事发，时代与各书歧异。日人辻善之助据之以为怀良亲王已于前四年卒，足证使非征西所遣。②书中标明日使为归廷用，足补何氏之缺：

> 日本使归廷用入贡方物，厚赏回还，明州备倭指挥林贤在京随驾，时交通枢密使胡惟庸，潜遣宣使陈得中密与设谋，令将归廷用诬为倭寇，分用赏赐。中书省举奏其罪，流贤日本。洪武十六年诏绝日本之贡。贤流三年，逆臣胡惟庸暗遣人充宣使，私往日本取回，就借练精兵四百，与僧如瑶来献巨烛，中藏火药兵具，意在图乱，上大怒，磔贤于市，乃降诏责其君臣，绝其贡。

《殊域周咨录》本之，而以为十三年发如瑶云南守御，林贤事发则在洪武二十年。日人饭田忠彦③、荻野由之④、辻善之助⑤、栗田元次及木宫泰

---

① 《皇明驭倭录》卷一。
② 辻善之助：《海外交通史话》卷一五，303页。
③ 《野史》卷二八二，《外国传》一，明上。
④ 《日本史讲话》，563~565页。
⑤ 《海外交通史话》，303页。

彦①和德人希泊鲁禿（Sicboldt）②诸人所记大率根据以上所引。

李开先所记则与诸书微异，其所撰《宋素卿传》云③：

> 自洪武年间因胡惟庸通倭密谋进寿烛，内藏刀箭。将夷以铜甑蒸死，绝其进贡。

这是他把永乐三年十一月日本使者自治倭寇的记载④和如瑶贡舶事件混在一起误为一事的错误。

以上诸家所记都属于胡惟庸使林贤通倭，如瑶伪贡事件。王世贞一流的史家所记，则与此异：

> 日本来贡使，私见惟庸，乃为约其王，令舟载精兵千人，伪为贡者，及期会府中，力掩执上，度可取，取之；不可，则掠库物泛舸就日本有成约。⑤

以下便接着叙云奇事件，把这两件事发生连带关系。他在另一记载中又说：

> 十三年丞相胡惟庸谋叛，令（日使）伏精兵贡艘中，计以表裹挟上，即不遂，掠库物，乘风而遁。会事露悉诛。而发僧使于陕西四川各寺中，著训示后世，绝不与通。⑥

又把这事件和如瑶发生关系。陈仁锡⑦、朱国桢⑧诸人都相信这一说，引为定谳。稍后谷应泰、夏燮等，便兼采两家矛盾之说，并列诸事，作最

---

① 《综合日本史概说》三二，《足利时代之外国关系》；《中日交通史》下卷，第七章，《日本使之往来与胡惟庸事件》。
② 《异国丛书》四，《日本交通贸易史》，263页。
③ 李中麓：《闲居集》，文九。
④ 《明史》卷三二二，《日本传》。
⑤ 王世贞：《弇州别集》，《胡惟庸传》。
⑥ 王世贞：《日本志》。
⑦ 《皇明世法录》卷八五，《韩国公传》。
⑧ 《开国臣传》卷二，《韩国李公传》。

完备之记录。①

读了以上诸家记述之后，最后我们试一持与当时的官书一核，看到底哪些史料是可靠的，哪一些是不可靠的，《大诰三编》说：

> 前明州卫指挥林贤出海防倭，接至日本使者归廷用入贡方物。其指挥林贤移文赴都府，都府转奏，朕命以礼送来至京。廷用王事既毕，朕厚赏令归，仍命指挥林贤送出东海，既归本国。不期指挥林贤当在京随驾之时，已与胡惟庸交通，结成党弊。及归廷用归，惟庸遣宣使陈得中密与设计，令林指挥将廷用进贡舡只，假作倭寇舡只，失错打了，分用朝廷赏赐，却仍移文中书申禀。惟庸佯奏林指挥过，朕责指挥林贤就贬日本。居三年，惟庸暗差庐州人充中书宣使李旺者私往日本取回，就借日本国王兵，假作进贡来朝，意在作乱。其来者正使如瑶藏主左副使左门尉右副使右门尉，率精兵倭人带甲者四百余名——倭僧在外——比至，胡惟庸已被诛僇，其日本精兵，就发云南守御。洪武十九年朕将本人命法司问出造反情由，族诛了当。呜呼人臣不忠者如此！②

又云：

> 其指挥林贤年将六旬，又将辅人为乱，致黔黎之不宁，伤生所在，岂不得罪于天人者乎！遂于十九年冬十月二十五日将贤于京师大中桥及男子出幼者皆诛之，妻妾婢之。③

我们且不推敲这事件的本身是否可靠，明太祖这样一个枭桀阴狡的人的话——一面之辞是否可信，光和其他的记载比较，至少以下几件事是明太祖或胡惟庸所未曾想及的。这几点是：

（一）诈献巨烛，烛中藏火药兵器的聪明主意。

---

① 《明史纪事本末》卷三一，《胡蓝之狱》；《明通鉴》卷七。
② 潘柽章：《国史考异》卷二之一三，《大诰三编》，39页，指挥林贤胡党第九。
③ 潘柽章：《国史考异》卷二之一三，《大诰三编》，39页，指挥林贤胡党第九。

（二）日本贡使私见惟庸，约贡千人相助绑票的事。

（三）时间的矛盾。

（四）归廷用十五年之再贡发觉事。

（五）奏调林贤备倭明州事。

（六）三年前惟庸初由右丞改左，正得宠眷而反惧诛事。

四、胡惟庸之罪状

洪武十三年正月胡惟庸被诛时的罪状是：

（一）毒死刘基。

（二）阻隔占城贡使。

（三）私给文臣以没官妇女。

（四）枉法挠政，朋比为奸。

刘基事据《明史》本传说：

> 基在京病时，惟庸以医来，饮其药，有物积腹中如拳石。其后中丞涂节首惟庸逆谋，并谓其毒基致死云。[①]

据《胡惟庸传》，则惟庸之毒基，实为太祖所遣：

> 御史中丞刘基亦尝言其短，久之，基疾，上遣惟庸挟医视，遂以毒中之。

据《行状》所述，基未死前且曾以被毒状告太祖，太祖不理：

> 洪武八年正月，胡丞相惟庸以医来视疾，饮其药二服，有物积腹中如拳石，遂白于上，上亦未之省也，自是疾遂笃。三月上以公久不出，遣使问之，知其不能起也，特御制文一通，遣使驰驿送公还乡，

---

① 《明史》卷一二八，《刘基传》。

里居一月而薨。①

即由史臣纂修之《实录》，也说太祖明知刘基被毒事：

> 御史中丞涂节言前诚意伯刘基遇毒死，广洋宜知状。上问广洋，广洋对以无是事。上颇闻基方病时，丞相胡惟庸挟医往候，因饮以毒药。乃责广洋欺罔，不能效忠为国，坐视废兴……②

由上引诸记载，参以《明史·刘基传》所叙胡惟庸与基之宿怨，乘隙中伤，太祖对基怀疑事。可知胡惟庸之毒基，确受上命，所以刘基中毒后，虽质言情状，亦置不理。并且派人看他会不会死，直到确知他必定要死，方派人送他回家。我们看汪广洋之死是为涂节告发，胡惟庸之被罪，也和刘基死事牵连，但在宣布胡氏罪状时，却始终没提起这事。由此可见"欲盖弥彰"，涂节之所以与胡惟庸骈戮东市，其故亦正在是。

关于阻隔占城贡使事，《明史》云：

> 洪武十二年占城贡使至都，中书不以时奏，帝切责丞相胡惟庸、汪广洋，二人遂获罪。③

《实录》载此事较详，其文云：

> 十二年九月戊午，占城国王阿答阿者遣其臣阳须文旦进表及象马方物，中书臣不以时奏。内臣因出外，见其使者以闻，上亟召见，叹曰："壅蔽之害，乃至此哉！"因敕责省臣曰："朕居中国，抚辑四夷，彼四夷外国有至诚来贡者，吾以礼待之。今占城来贡方物既至，尔宜以时告，礼进其使臣，顾乃泛然若罔闻知，为宰相辅天子出纳帝命，怀柔四夷者固当如是耶！"丞相胡惟庸、汪广洋等皆叩

---

① 《皇明名臣琬琰录》卷七，黄纪委（伯生）：《诚意伯刘公行状》。
② 《明太祖实录》卷一二八。
③ 《明史》卷三二四，《占城传》。

头谢罪。①

《明史》言："帝怒，切责省臣，惟庸及广洋顿首谢罪，而微委其咎于礼部，礼部又委之中书，帝益怒，尽囚诸臣，穷诘主者。"《高皇帝文集》卷七载《向中书礼部慢占城入贡第二敕》云：

> 敕问中书礼部必欲罪有所证。古有犯法者犯者当之，此私罪也。今中书礼部皆理道出纳要所，九月二十五日有慢占城入贡事，向及省部，互相推调，朕不聪明，罪无归著，所以囚省部，概穷缘由，若罪果有所证，则罪其罪者，仍前推调，未得释免。

旨意极严重，接着就是涂节上变告反，由此可见惟庸已于十二年九月二十五日下狱，到十二月又发生汪广洋妾陈氏从死事，再下法司取勘，涂节窥见太祖有欲杀之意，逢迎上变，遂于次年正月被诛。

庚午诏书中所指的"枉法朋比"，《明史》所记无实事可征。李善长狱后数年方发觉，此时当不能预为周纳。惟吴伯宗事别见其本传云：

> 胡惟庸用事，欲人附己，伯宗不为屈。惟庸衔之，坐事谪居凤阳，上书谕时政，因言惟庸专恣不法，不宜独任，久之必为国患，辞甚剀切。帝得奏召还，赐衣钞。②

则伯宗自以坐事谪徙，亦未尝得"危祸"也。刘崧事见《高皇帝文集》七《召前按察副使刘崧职礼部侍敕》云：

> 奸臣弄法，肆志跳梁，拟卿违制之责。迩者权奸发露，人各伏诛。卿来，朕命官礼部侍郎，故兹敕谕。

其朋比事，当时人的记载，《国初事迹》中，有这样一条：

> 杨宪为御史中丞。太祖尝曰："杨宪可居相位。"数言李善长无大才。胡惟庸谓善长曰："杨宪为相，我等淮人不得为大官矣。"宪

---

① 《明太祖实录》卷一二六；《皇明大事记》卷一三四，《夷朝贡》。
② 《明史》卷一三七，《吴伯宗传》。

因劾汪广洋不公不法，李善长奏排陷大臣，放肆为奸等事，太祖以极刑处之。①

刘辰曾佐太祖戎幕，所记当得之见闻，较可征信。且善长、惟庸均为淮人，惟庸之进用，又为善长所援引，为保全禄位树立党援计，其排斥非淮系人物，又为势之所必至。不过据这一条史料的引证，也仅能证明惟庸之树党而已。《高皇帝文集》卷十六《跋夏珪长江万里图》文中有指摘惟庸受赃语，不过尽他所能指摘的也还不过是一幅不甚著名的图。其文云：

洪武十三年春正月奸臣胡惟庸权奸发露，令法司捕左右小人询情究源，良久，人报左丞赃贪淫乱甚非寡欲。朕谓来者曰：果何为实，以验赃贪？对曰：前犯罪人某被迁，其左相犹取本人山水图一轴，名曰《夏珪长江万里图》。朕犹未信，遣人取以验，去不逾时而至，吁！微物尚然，受赃必矣。

促成惟庸谋反的动机，据《明史》说是：

会惟庸子乘马于市，堕死车下，惟庸杀挽车者，帝怒，命偿其死。惟庸请以金帛给其家，不许。惟庸惧，乃与御史大夫陈宁、中丞涂节等谋起事，阴告四方及武臣从己者。

此文全据《实录》，而略其下一段。今补列如下：

上日朝，觉惟庸等举措有异，怪之，涂节恐事觉，乃上变告。②

据上文所申述，我们知道惟庸于十二年九月下狱取勘，《实录》所记太祖自己在朝堂上觉察惟庸举措，事实上为不可能。《宪章录》③、《皇明法传录》④诸书因其矛盾，舍去不录，《明史》因之。我们如再细心检讨一

---

① 刘辰：《国初事迹》（《金华丛书》本）。
② 《明太祖实录》卷一二九。
③ 薛应祺：《宪章录》卷七。
④ 陈建：《皇明法传录》卷七。

下,就可以知道不但《实录》之事后增饰和《明史》诸书之截短取长是靠不住,即其所记之惟庸子死事,也是同样的叫人不敢相信。如王世贞记惟庸狱起前之所谓促成谋反之动机云:

> 会其家人为奸利事,道关榜辱关吏,吏奏之,上怒,杀家人,切责,丞相谢不知乃已。

> 又以中书违慢,数诘问所由。惟庸惧,乃计曰:"主上鱼肉勋旧臣,何有我耶!死等耳,宁先发,毋为人束,死寂寂。"①

同样地是在叙述同一事件,并且用同一笔法,但所叙的事却全不相符,一个说是惟庸子死,一个说是惟庸家人被诛。显见这两种不同的记载是出于两种不同的来源,由此又可知胡惟庸事件在明嘉靖以前是怎样一个纷乱矛盾的样子了。

《高皇帝文集》卷七有《谕丞相枉序班敕》,所谓丞相当即指惟庸言,但细绎敕意,亦只是责其刑罚不中而已。敕云:

> 传曰:刑罚不中,则民无所措手足。今日序班奏,昨晚一使自山西至,一使自太仓来省,引进将至与姓名,且曰郎中教只于此处候丞相提奏引见,已而终不见,郎中复唤,于是不敢引见,是有丞相怪责,不由分诉,刑及二十而肤开,甚枉之。因序班奏枉,试释之,若为上者教人正其事而后罪人不行,此果刑罚之中乎?

总之,在上文所引述的史料中,我们找不出有"谋反"和"通倭"、"通虏"的具体的记载。这正好像一个故事,时代越后,故事的轮廓便越扩大,内容也越充实。到了洪武二十三年后胡惟庸的谋反便成铁案,装点得有条有理了。钱谦益引《昭示奸党三录》说:

> 自洪武八年以后,惟庸与诸公侯约日为变,殆无虚月,或候上早朝,则惟庸入内,诸公侯各守四门,或候上临幸,则惟庸扈从,诸公

---

① 《国朝献征录》卷一一。

侯分守信地，皆听候惟庸调遣，期约举事。其间或以车驾不出而罢，或以宿卫严密，不能举事而罢，皆惟庸密遣人麾散，约令再举，五年之中，期会无虑二百余。①

考《太祖本纪》胡惟庸以洪武六年七月壬子任右丞相，十年九月辛丑改左。②其时惟庸正被恩眷，得太祖信任。《高皇帝文集》二载是时《命丞相大夫诏》："朕平天下之初，数更辅弼，盖识见浅薄，任非其人。前丞相汪广洋畏懦迂滑，其于申冤理枉，略不留意。以致公务失勤，乃黜为岭南广省参政，观其所施，察其自省。今中书久阙丞相，御史台亦阙大夫，揆古稽今，诚为旷典，特命左丞相胡惟庸为中书右丞相，中丞陈宁为右御史大夫。且惟庸与宁自广洋去后，独署省台，协诚匡济，举直措枉，精勤不怠，故任以斯职。播告臣民。"云云。据《奸党录》所言，则不特《实录》所记惟庸诸谋叛动机为子虚，即明人诸家所言亦因此而失其立足点。因为假使惟庸已蓄意谋叛，其行动且早至被诛之五年前，且屡试屡败，则何以史文又曲为之隐？于《奸党三录》所云"五年之中期会为变无虑二百余次"一事至不著一字！何以《明史》及《弇州别集》诸书仅著其"以祥瑞自喜有异谋"、"令费聚陆仲亨收集军马"、"收集亡命"、"通倭欸房"、"被责谋起事"诸近疑似暧昧之刑法上所谓"意图"的记载，而及略其主要之已举未遂行为！

《实录》记李善长狱事，尤暧昧支离，使人一见即知其捏造。盖其所述谋反情事，皆援据当时狱辞，其不可信，又无待究诘。且即以所叙和《昭示奸党录》所条列善长诸招一校，亦有未核。③《实录》云：

> 太仆寺丞李存义者，善长之弟，惟庸之婿父也。以亲故往来惟庸家。惟庸令存义阴说善长同起，善长惊悸曰："尔言何为者！若尔，

---

① 《太祖实录辨证》卷三。
② 《明史》卷二，《太祖本纪》二。
③ 《有学集》卷一〇四。

九族皆灭。"存义惧而去，往告惟庸，惟庸知善长素贪，可以利动。后十余日，又令存义以告善长，且言事若成，当以淮西地封公为王，善长虽有才能，然本文吏计深巧，佯惊不许，然心颇以为然，又见以淮西之地王已，终不失富贵，且欲居中观望，为子孙后计，乃叹息起曰："吾老矣，由尔等所为。"存义还告，惟庸喜，因过善长，善长延入，惟庸西面坐，善长东面坐，屏左右欸语良久，人不得闻，但遥见颔首而已。惟庸欣然就辞出，使指挥林贤下海招倭军约期来会，又遣元臣封绩致书称臣于元，请兵为外应。①

《明史》别据明人所记以为说善长以封王者为其故人杨文裕。②于其冤抑，特载解缙所代草之王国用奏疏剖解甚明。③钱谦益据当时招辞谓：

<blockquote>
洪武十年九月惟庸以逆谋告李存义，使阴说善长，未得其要领。乃使其旧人杨文裕许以淮西地封王，是年十一月，惟庸亲往说善长，善长犹趑趄未许，即国史所记惟庸西面坐善长东面坐者是也。然此时善长未许，至十二年八月，存义再三往说，善长始有：我老了你每自做之语。④
</blockquote>

在上载的两项文件的矛盾中，最显著的是时间问题。《实录》说惟庸几经游说善长，得其赞许后，方进行通倭欵虏二事，《实录辨证》据当时口供考定为洪武十二年八月事。惟庸被诛在次年正月，离定谋只是五个月间的事。下狱在九月，离定谋更仅一月。据《明史·日本传》、《名山藏·王享记》、《筹海图编》诸记载，惟庸先遣林贤为明州卫指挥，再佯奏其罪谪日本，使交通其君臣，再请宥贤复职，以李旺召之，且以密书奉日本王借精锐人为用。然后有如瑶藏主之贡舶事件。林贤在日本的时间，

---

① 《明太祖实录》卷一二九。
② 《明史》卷一二七，《李善长传》。
③ 《明史》卷一二七，《李善长传》。
④ 《太祖实录辨证》四。

《大诰三编》和《筹海图编》都说是三年。其回国在洪武十六年后，这当然是不可靠。（郑若曾连胡惟庸卒年都弄不清楚，以为是洪武二十年间事）。不过无论如何，照那时代的航海情形，这一来一往总非一二月可办。据雷礼记如瑶第一次来华之时日为洪武十四年七月戊戌[①]，正值惟庸败后一年，事颇巧合。不过我们所注意的是胡惟庸能否在死后再派人去召回林贤，在定谋和被诛的五个月中要容纳至少要三年以上的时间才办得到的事实是否可能？通倭事发的年月据《明史》说是在洪武十九年十月，但除当时的官书《大诰》外，我们翻遍《实录》也找不出有这项记载的存在。即在钱谦益所引胡党供辞中亦不及此事。同时在日本方面，除了引征中国的记载外，亦不著如瑶使节之任何事实。甚至在中日双方的若干记载中，有的连日本使者和派遣者的本身都有无数异说。这到底是什么缘故呢？很明显的，此种不被当事人所注意的时间问题，因为事实的本身，出于故意捏造或附会，事后编制，只图假题入罪，便不能顾及时间上的冲突。更因为所附会周纳的故事见于朝廷所颁发的《大诰》，大家不敢不相信，载诸记录，因讹传讹，遂成铁案了。

惟庸私通外夷的第二件事是通虏。《明史》说：

> 遣故元臣封绩致书称臣于元嗣君，请兵为外应……二十一年蓝玉征沙漠，获封绩，善长不以奏，至二十三年五月事发，捕绩下吏，讯得其状，逆谋大著。

《李善长传》亦言：

> 将军蓝玉出塞至捕鱼儿海，获惟庸通沙漠使者封绩，善长匿不以闻。

嗣后王世贞[②]、朱国桢[③]诸人所记，均据之以封绩为元臣或元遗臣。这一些记载的根据都很有来历，《实录》记：

[①]《皇明大政记》卷三。
[②]《弇州别集》，《李善长传》。
[③]《开国臣传》卷二，《韩国李公传》。

封绩河南人，故元臣来归，命之官，不受，遣还乡又不去，谪戍于边，故惟庸等遗书遣之。惟庸诛，绩惧不敢归，蓝玉于捕鱼儿海获绩，善长匿不以奏。

按《昭示奸党录》所载封绩供辞：

封绩招云："绩系常州府武进县人。幼系神童。大军破常州时被百户掳作小厮，拾柴使唤。及长，有千户见绩聪明，招为女婿。后与妻家不和，被告发迁往海南住。因见胡、陈擅权，实封言其非；为时中书省凡有实封到京，必先开视，其有言及己非者即匿不发，仍诬罪其人。胡丞相见绩所言有关于己，匿不以闻，诈传圣旨，提绩赴京，送刑部鞫问坐死。胡丞相著人问说，你今当死，若去北边走一遭，便饶了你。绩应允，胡丞相差宣使送往宁夏耿指挥（忠）、居指挥、于指挥（琥）、王指挥等处，耿指挥差千户张林、镇抚张虎、李用转送亦集乃地面，行至中途，遇达达人爱族保哥等就与马骑，引至火林，见唐兀不花丞相，唐兀不花令儿子庄家送至哈剌章蛮子处，将胡丞相消息备细说与：著发兵扰边，我奏了将京城军马发出去，我里面好做事。"

《国史考异》二引《庚午记书》亦云：

于琥（都督于）显男。先在宁夏任指挥时，听胡、陈分付，囚军封绩递送出京，往草地里通知消息。后大军克破胡营，获绩究问，二人反情，由是发觉。

与《实录》、《明史》、《弇州别集》、《开国臣传》及明代诸记载家如黄金①、陈仁锡②、何乔远、雷礼诸人所言无一相合。由是知不但封绩非元臣，非河南人，非胡惟庸亲信，且与李善长亦始终无涉。不但上述诸

---

① 黄金：《皇明开国功臣传》卷一，《李善长传》。
② 《皇明世法录》卷八五，《韩国公传》。

正史及野记无一可信，即上引之封绩供辞亦不必实有，因为明代兵制初不集中兵力于首都，而于沿边要隘及内部冲区设卫分镇，明初尤重视北边防务，以燕王棣守北边，隶以重兵，自后九边终明一代为防虏重镇。即有侵轶，初无用于京军之调动，假使真有封绩使元这一件事，胡惟庸自身任军国大政，反说出这样荒谬绝伦的话，理宁可通！

由上引证，可知所谓通倭通虏都是"莫须有"的事。上文曾说过：胡惟庸事件正像一个在传说中的故事，时间越后，故事的范围便越扩大。根据这个原则，我们试再检校一下胡惟庸私通外夷这一捏造的故事的范围的扩大。

在时代较前的记载中，胡惟庸私通外夷的范围，仅限明代一代所视为大患的"南倭北虏"。稍后便加上一个三佛齐，再后又加上一个卜宠吉儿，最后又加上一个高丽。

《太祖实录》洪武三十年中，载胡惟庸通三佛齐事：

> 三十年，礼部奏诸番国使臣客旅不通。上曰："……近者安南、占城……西洋、邦塔剌等凡三十国，以胡惟庸谋乱，三佛齐乃生间谍，给我使臣至彼。爪哇国王闻知其事，戒饬三佛齐，礼送还朝。是后使臣商旅阻绝，诸国王之意，遂尔不通……"

> 于是礼部咨暹罗王曰："……我朝混一之初，海外诸番莫不来庭。岂意胡惟庸造逆，通三佛齐，乃生间谍，给我信使，肆行巧诈……可转达爪哇，俾以大义告于三佛齐，三佛齐原系爪哇统属，其言彼必信，或能改过从善，则与诸国咸礼遇之如初，勿自疑也。"①

永乐五年诏敕陕西官吏，又有通卜宠吉儿事：

> 八月敕陕西行都司都指挥陈敬等及巡按监察御史，禁止外交。

---

① 《明太祖实录》；《皇明大事记》卷一三；《皇明驭倭录》卷一。

上曰："臣无外交，古有明戒，太祖皇帝申明此禁，最为严切。如胡惟庸私往卜宠吉儿，通日本等处，祸及身家，天下后世，晓然知也……"①

高岱记太祖朝事，说胡惟庸和高丽也有关系：

> 十七年甲子三月上因高丽使来不遵臣礼，以贿结逆臣胡惟庸，事觉，遣其使还。以敕谕辽东守将唐胜宗、叶升，令绝高丽，勿通使命。②

这样，胡惟庸私通外夷，东通日本高丽，西通卜宠吉儿，南通三佛齐，北通沙漠，东西南北诸夷，无不与胡惟庸之叛逆，发生关系。

五、明初之倭寇与中日交涉

如瑶贡舶事件，记载纷纭，多不可信。举其矛盾处之显著者如使节之派遣者或以为征夷将军源义满，或以为征西将军怀良亲王。明人如郑晓③、雷礼④、章潢⑤、何乔远⑥、李言恭⑦、陈仁锡⑧、王士骐⑨、邓元

---

① 涂山：《明政统宗》卷七。
② 高岱：《鸿猷录》卷六。
③ 《吾学编》，《大政记》一；《皇明四夷考》上，《日本》。
④ 《皇明大政记》卷三。
⑤ 《图书编》卷五〇，《日本国考》。
⑥ 《名山藏》，《王享记》一，《日本》。
⑦ 《日本国考》卷二，《朝贡》。
⑧ 《皇明世法录》卷七五，《海防》，《日本》。
⑨ 《皇明驭倭录》卷一。

锡①、茅瑞征②、严从简③、方孔炤④诸人均以为助胡惟庸谋逆者为怀良亲王。茅元仪、叶向高诸人则以为派遣如瑶来华者为征夷将军。《日本考》云：

> 十三年再贡皆无表，以其征夷将军源义满所奉丞相书来，书倨甚，命锢其使。明年复贡，命礼臣为檄，数而却之。已复纳兵贡舶中助逆臣胡惟庸。惟庸败，事发，上乃著《祖训》示后世，毋与倭通。⑤

此以贡舶之来为在十四年后，时胡惟庸已死垂二年，叶向高所记全同。⑥日人松下见林采其说，谓：

> 明太祖答日本征夷大将军曰"前奉书我朝丞相"，丞相谓胡惟庸也。又《武备志》曰："征夷将军源义满所奉丞相书来，已复纳兵贡舶中助胡惟庸。"观此则义满助胡惟庸者也。⑦

荻野由之反之，肯定如瑶为怀良所遣。⑧希泊鲁禿则不特坚持怀良遣使之说，且著其遣使之年为元中元年（洪武十七年，1384）并云：

> 胡之谋图被发觉，诛三族，如瑢（即如瑶，刊讹）不知入明，故被捕流云南，数年之后，被宥归国。⑨

小林博氏亦主是说，且记此阴谋之发觉时间为弘和二三年间（明洪武十五、六年，1382—1383）。⑩辻善之助则误据《筹海图编》所记，以贡舶

---

① 《皇明书》卷一六六，《日本传》。
② 《皇明象胥录》卷二，《日本》。
③ 《殊域周咨录》卷二。
④ 《全边略记》卷九，《海略》。
⑤ 《武备志》卷二三，《四夷》八。
⑥ 《苍霞草》卷一九，《日本考》。
⑦ 《异称日本传》卷中八，46页。
⑧ 《日本史讲话》，563~565页。
⑨ 《日本交通贸易史》，263页（"异国丛书"本）。
⑩ 《详说日本历史》，285页。

为洪武二十年事，而断云：

> 时怀良亲王死已四年，良成亲王继任，无出兵海外之余裕，此事恐为边陲倭寇之首魁所为。①

他知道怀良的卒年，因以断定贡舶非其所遣，同时他却忘记了胡惟庸也已死了八年，这事如何能同胡惟庸发生连系！木宫泰彦亦主二十年之说，且以怀良之遣使事为必有。他说：

> 此所指日本国王系指怀良亲王，细读《明史》，自能了解。此事不见于日本国史，但弘和元年曾有为亲王使者抵明之僧，由当时亲王对明之强硬态度，与弘安以来养成之冒险的风气推之，想必有此事也。②

所说纯据想象，虚构楼阁，不足置信。

在另一方面的各家记载纷歧，也不一而足，如如瑶贡舶所纳兵士或以为四百人（《名山藏》、《明史》诸书），或以为千人（《弇州别集》、《献征录》诸书），通倭之经过，或以为使林贤下海招约（《明史》），或以为适日本贡使来因与私约（《弇州别集》），林贤狱具或以为在洪武十九年十月（《明史》），或以为在洪武十五年（《皇明书》、《制御四夷典故》、《皇明世法录》），或以为在二十年（《殊域周咨录》），如瑶末次来华或以为在十七年（《皇明书》），或以为在十九年（《大政记》），或以为在二十年（《筹海图编》）。如瑶末次来华之谪徙地方或以为发陕西（《明史纪事本末》），或以为发云南（《名山藏》、《殊域周咨录》），或以为发川陕（《日本国志》），如瑶所率精兵或以为尽被诛夷（《献征录》、《明史纪事本末》），或以为尽发云南守御（《皇明书》、《名山藏》）。种种歧异矛盾，指不胜屈。

---

① 《海外交通史话》，303页。
② 《日支交通史》下，《征夷府与明朝之交涉》。

如瑶贡舶事在《日本国史》既无足征，中籍所记又荒唐如此，由此可知这本是一件莫须有的事，如瑶即使真有其人，也不过只是一个通常的使僧，或商贩，和胡惟庸党案根本无关。

向来中日两方的记载都以为明初中日绝交的主要原因是如瑶贡舶事件。上文既已论及如瑶贡舶之莫须有，以下试略一述中日初期交涉之经过，以说明其绝交前后之情势，从反面证明在此情势中实无容纳如瑶贡舶事件之可能。

明初中日两方之所以发生外交关系的原因，在中国方面是因为倭寇出没，请求制止，在日本方面则可说完全是基于经济的关系。

《明史》说：

> 明兴，高皇帝即位，方国珍、张士诚相继诛服，诸豪亡命往往纠岛人入寇山东滨海州县。①

日本在王朝之末，纪纲大乱，濑户内海，海贼横行，至镰仓时代不绝。南北争乱之顷，其势逾逞。伊豫之住人村上三郎左卫门义弘者统一近海海贼为之首长，义弘死后，北昌显家之子师清代为首长，率其党以掠夺为事。②入寇者以萨摩、肥后、长门、三州之人居多，其次则大隅、筑前、筑后、博多、日向、摄摩、津州、纪伊、种岛，而丰前、丰后、和泉之人亦间有之，盖因商于萨摩而附行者，其来或因贡舶，或因商舶。③随风所之，南至广东，北至辽阳，无不受其荼毒。④由是海防成明代大政，设戍置寨，巡捕海倭，东南疲于奔命。⑤

明廷要解决倭患，只有三个办法：上策是用全国兵力，并吞日本以

---

① 《明史》卷三二二《日本传》，卷九一《兵志》；《闽书》卷一四六，《岛夷志》。
② 渡边世祐：《室町时代史》，234页；《日本海上史论》，《日明交通与海贼》。
③ 《图书编》卷五〇，《日本国序》。
④ 李言恭：《日本考》。
⑤ 《明史》卷九一，《兵志》。

为藩属,倭患不扫自除。中策是以恩礼羁縻,示以小惠,许以互市,以其能约束国人为相对条件。下策是不征不纳,取闭关政策。努力防海,制止入犯。在这三个办法中,最难办到的是下策。因为中国海岸线延长二万里,倭寇可以随处侵入,中国却没有这财力和兵力来到处设防,即使可能,兵力太单了也不济事。上策也感觉困难,因为中国是一个大陆国,没有强大的海军,要征服这一倔强的岛国,简直办不到。并且基于过去隋、元二代的历史教训,也不敢轻易冒这大险。元吴莱曾作了一篇《论倭》的文章,反复地说明伐倭之无益和大海之阻隔,要征服它是不可能的事。他建议应当遣使往谕,以外交的手腕去解决倭寇问题。① 这篇文章影响到明代的对日政策,明太祖差不多全盘地接受了他对元朝的劝告和建议,毅然地抛弃上策,把日本列为十五不征之国之一,著在《祖训》。

但是,一个国家要能行使它的统治权,先决问题是这个国家的统一。不幸在这时期,日本国内却陷于南北分裂的对峙局面,政治上的代表人物,在北朝是征夷将军源义满,在南朝是征西将军怀良亲王,北朝虽愿和中国通商,解决它财政上的困难,南朝却以倭寇为利,且以政治地位的关系,也不肯让北朝和明有任何外交关系。以此,明廷虽经几度的努力,终归无效,结果仍不得不采取下策,行闭关自守之计。

第一次的倭寇交涉完全是恐吓性质,洪武二年三月明廷派吴用、颜宗鲁、杨载、吴文华使日,到征西府责以倭寇责任诏书云:

> ……间者山东来奏,倭兵数寇海边,生离人妻子,损害物命,故修书特报正统之事,兼谕越海之由。诏书到日,如臣奉表来庭,不臣则修兵自固,永安境土,以永天休。如必为寇盗,朕当命舟师扬帆诸岛,捕绝其徒,直抵其国缚其王,岂不代天伐不仁者哉!惟王

---

① 《续文章正宗》卷五,吴莱:《论倭》。

图之。①

怀良的答复是杀明使五人，拘留杨载、吴文华两人三个月方才放回。②

三年三月又作第二次交涉，以莱州府同知赵秩往谕，委婉劝导中含有恐吓的意味，诏书说：

　　……蠢尔倭夷，出没海滨为寇，已尝遣人往问，久而不答，朕疑王使之故扰我民，今中国奠安，猛将无用武之地，智士无所施其谋，二十年鏖战精锐，饱食终日，投食超距，方将整饬巨舟，致罪于尔邦，俄闻被寇者来归，始知前日之寇，非王之意，乃命有司暂停造舟之役。

　　呜呼！朕为中国主，此皆天造地设，华夷之分。朕若效前王恃甲兵之众，谋士之多，远涉江海，以祸远夷安靖之民，非上帝之所托，亦人事之不然。或乃外夷小邦故逆天道，不自安分，时来寇扰，此必神人共怒，天理难容，征讨之师，控弦以待；果能革心顺命，共保承平，不亦美乎！……③

一面又派前曾使日之杨载送还捕获之日本海贼僧侣十五人，想用示惠的手腕，使日本自动地禁捕倭寇。④这一次的交涉，总算博得相当的成功。洪武四年十月怀良遣其臣僧祖来进表笺，贡方物，并僧九人来朝。又送至明州、台州被掳男女七十余口。⑤

日使祖来到南京后，明廷向之经过几度的咨询，才恍然知日本国内分裂情形，怀良并非日本国王，以前几次的交涉，不幸都找错了对手。⑥

---

①何乔远：《闽书》卷一四六，《岛夷志》；《皇明驭倭录》卷一。
②《修史为征》卷一，《大明皇帝书》。
③《皇明驭倭录》卷一。
④《修史为征》卷一，《大明皇帝书》。
⑤《皇明驭倭录》卷一；《明史·日本传》。
⑥瑞溪周凤：《善邻国宝记》上。

明廷于是改变方针，想和北朝直接交涉。洪武五年五月特派僧仲猷祖阐、无逸克勤为使，以日僧椿庭海寿、权中巽为通事，使者一行八人，送祖来回国。①先是建德二年（洪武四年）肥后守菊池武光奉怀良亲王起兵谋复筑紫，与今川贞世（了俊）战于镇西，败绩，贞世寻为镇西探题，势力方盛。②怀良由博多移于肥后之菊池。③明使一登岸，新设的北朝守土官见其与祖来同来，以为是征夷府向中国乞师回来的使节，因加以拘辱。④不久即遣送至京，滞留二月，始就归途。⑤途经征西府，怀良愤其秘密入京，及颁示大统历有使奉正朔之意，复加拘辱。⑥七年五月始还南京。⑦

这一次对北朝交涉的结果，北朝因连年征战，帑藏奇绌，正盼能和中国通商，解决财政上的困难，所以明使一至京，便完全容纳禁倭之请，一面因征西府梗中日商道，派兵来攻。⑧一面派僧宣闻溪（揔州太守圆宣）净业喜春备方物来贡，又送还所掳中国及高句丽民百五十人。这是征夷府第一次遣明的使节，不幸因无正式国书，征南之举又失败，道路不通，被明廷疑为商人假冒，以拒绝接待。⑨

同年大隅守护之岛津氏久和征西府之菊池武政都遣使来贡，冀图通商，明廷以其非代表国家，且不奉正朔，均却之。又以频入寇掠，命中书

---

① 《皇明驭倭录》卷一；《明史·日本传》。
② 《日本外史》卷七，足利氏上。
③ 《阿苏文书》。
④ 宋濂：《翰苑续集》卷七，《送无逸勤公出使还乡省亲序》。
⑤ 《花菅三代记》。
⑥ 木宫泰彦：《日支交通史》，《征西府与明朝之交涉》；《明史·日本传》。
⑦ 《明史·日本传》。
⑧ 《日本外史》卷五，楠木氏附北昌氏。
⑨ 《明史·日本传》；《大明会典》卷一〇五，主客清吏司。

移牒责之。①

洪武八年七月征西府遣僧延用文圭（归廷用，圭廷用）奉表贡马及方物，表词倔强负固。②此时明廷对日方有进一步之了解，他们知道日本南朝在利用倭寇，万不肯加以禁止，自闭财源。北朝虽极盼通商，并愿禁倭，但为南朝所阻，无力制止，其他派使入贡者又全是不能代表政府的大名藩士和唯利是图的商人。外交解决的途径至此全穷，在事实上不能不放弃中策，予日本以经济上的封锁，一面严修海防为自卫之计了。

明廷虽已决计绝日，但在表面上仍和日本派来的正式使节虚与委蛇，希望能得外交上的转机。洪武十三四年间和征夷、征西两方打了几次笔墨官司。③征西府的挑战倔强态度，给明廷以极大的侮辱。明廷极力容忍。④以后通使较稀，但仍未完全断绝外交关系。西元1383年怀良亲王死，北朝势旺，忙于国内之统一运动，和明廷的关系因之暂时停止。

根据以上简约的叙述，可知明初即已列日本为十五不征之国之一，其地位和朝鲜、安南、爪哇、渤泥诸国同。明廷之所以决意绝日的原因是倭寇频繁，日政府不能禁止，无再向请求或恫吓之必要。且绝日的动机肇于洪武八年，在三次交涉失败之后，在胡惟庸死前五年。胡氏死后中日亦未完全断绝国交，时有使节往来。洪武十九年后的中日关系疏淡，则以倭患较稀，日本国内政治势力发生变化之故。由此可知一切关于胡惟庸和明初中日国际关系之传说，均系向壁虚造，毫无根据。

---

① 《皇明驭倭录》卷一；《明史·日本传》。
② 《皇明驭倭录》卷一。
③ 《明太祖实录》卷一三二；《明太祖文集》二，卷一六《设礼部问日本国王，日本将军》。
④ 《明史·日本传》。

六、胡惟庸党案之真相

据上文所论证，我们知道关于中日关系部分：

（一）明初明廷通好日本的真正原因，纯为请其禁戢倭寇。在日本方面，征西府借海贼寇掠所得支撑偏局，一面虚与明廷委蛇，借得赏赐贸易之大利，故态度倔强，有恃无恐。征夷府极盼能和明廷缔结正当的外交关系，盼能因而达通商的愿望，但因政局不统一，且阻于南朝之割据，没有禁倭的力量。兼之明廷数度来日的使节，都因不明国情而发生严重的误会。日本使节则因其非代表整个国家，不能禁倭，且有时无正式国书和商人冒名入贡因而入寇的暧昧，使明廷不敢接待。在明初十数年中虽努力交涉，用尽外交上恫吓讲理示惠的能事，但倭寇仍不因之少减，对方仍蛮不讲理，明廷不得已，改采下策，却仍藕断丝连，企图贯彻前策。

（二）明太祖列日本于十五不征之国，事在洪武六年以前，和如瑶贡舶及绝交事根本无关。

（三）如瑶贡舶事纯出捏造。即使有如瑶其人，亦与胡案无任何联属。

（四）林贤下海招倭事，据记载上之矛盾及时间上之不可能，亦可决为必无。虽证出官书，不足置信。

关于胡案部分：

（一）云奇事件出于中人附会，也许即由邵荣谋叛事转讹。

（二）刘基被毒，出于明太祖之阴谋。胡惟庸旧与刘基有恨，不自觉地被明太祖所利用，胡下狱后涂节窥见明太祖欲兴大狱之意旨因以此上告，商暠亦受朝廷指，发其阴事，胡案因起。同时涂节等因触明太祖私稳，亦被杀灭口。

（三）占城贡使事及汪广洋妾从死事都只是胡惟庸和廷臣连带下狱的偶然口实，不过借此使人知胡失宠，无形中示意言官使其攻击胡氏，因以罗织成狱的一个过程而已。

（四）李善长狱与封绩使元事根本无关系。《明史》诸书所记封绩事最荒谬不可信。李善长之被株连，其冤抑在当时解缙所代草之王国用疏辞辨之甚明。

胡惟庸的本身品格，据明人诸书所记是一个枭獍阴险、专权树党的人。以明太祖这样一个十足地自私惨刻的怪杰自然是不能相处在一起。一方面深虑身后子懦孙弱，生怕和他自己并肩起事的一般功臣宿将不受制驭，因示意廷臣，有主张地施行一系列的大屠杀，胡案先起，继以李案，晚年太子死复继以蓝案。胡惟庸的被诛，不过是这一大屠杀案的开端。

胡案的组织过程，根据当时的公私记载，很显然地摆露在我们的目前。在胡案初起时胡氏的罪状只是擅权植党，这条文拿来杀胡惟庸有余，要用以牵蔓诸勋臣宿将却未免小题大做。在事实上有替他制造罪状的必要。明代的大患是南倭北虏，人臣的大罪是结党谋叛，于是明太祖和他的秘书们便代替胡氏设想，巧为造作，弄一个不相干的从未到过北边的江苏人封绩，叫他供出胡惟庸通元的事迹，算作胡党造反的罪状。后来又觉得有破绽，便强替封绩改籍为河南人，改身份为元遗臣，又叫他攀出李善长，引起第二次屠杀。一面又随便拣一个党狱中人林贤，捏造出一串事迹，算他通倭。恰巧胡惟庸死后不久，日使或日商来华因无国书被明廷诘责，他们就把这两件事并为一事，装点成有因果关系，再加上洪武六年前所纂的《皇明祖训》中的文证，这反情便成铁案了。同时中日关系因倭寇问题恶化，明廷感于外交的失败，不得不采取下策，闭关自守，却又不愿自承失败，贻讥藩属，就大事宣传名正言顺地把绝倭的责任委在莫须有先生的如瑶头上。为取信于天下后世计，又把事特别写在《大诰》中叫全国人读，一面又在《祖训》首章加入小注，于是胡惟庸之通虏通倭，成为信谳，明廷也从此脱卸了外交失败的耻辱。

除上文所说的政治的国际的关系之外，胡案构交的因素，还有经济的阶级的关系在鼓动着。

明初连年用兵，承元疲敝之后，益以兵荒天灾，国库奇绌。一面又因天下未定，不能不继续用兵。明太祖及其部属大抵都出身卑贱，自来就不满于一般专事剋削的地主巨商，因此除不断用徙富民的政策以夺其田产以益军实外，又不断地寻出事来择肥而噬，屡兴大狱的目的只是措财筹款，最显著的如《明史·刑法志》所记郭桓事件：

> 郭桓吏部侍郎也。帝疑北平二司官吏李彧、赵全德等与桓为奸利，自六部左右侍郎下皆坐死。赃七百万，词连直省诸官吏，系死者数万人，覈赃所寄借遍天下，民中人之家大抵皆破。

只是一疑心，就筹出七百万的大款，这是一件最便当的生财大道。又如空印事件：

> 十五年空印事发。每岁布政司府州县吏诣户部覈钱粮军需诸事，以道远预持空印文书，遇部驳即改以为常。及是帝疑有奸，大怒，论诸长吏死，佐贰榜百戍边。

也只是一疑心，把天下的财政官长都杀了，杀头与籍没相连，这一疑心又自然地筹了一笔大款。胡案、蓝案的副目的也不外此，在这一串党狱中，把一切够得上籍没资格的一起给网进去，除了不顺眼的文官、桀骜的宿将以外，他所特别注意的是由大地主充当的粮长和大富豪充当的盐商，如《大诰三编》所举出的于友、李茂实、陆和仲和他书所记的浦江郑氏、苏州沈氏诸狱，均足以证明此狱的动机。

另一方的明太祖自身出身寒贱，寄迹缁流，且又赋性猜嫌，深恐遭知识分子所讥刺。在他初起事的时候，不能不装作礼贤下士的神气，借作号召，及至大事已定，便不惜吹毛求疵，屡兴文字之狱。又恐知识分子不为所用，特颁《大诰》，立寰中士夫不为君用之目。一面算是严刑示威，一面却也不无带着一些嫉视的阶级意识。《大诰》中所列文士得罪者不下千人。在胡蓝二狱中所杀的几万人中大部是属于知识分子，其中之著者如宋濂以一代帝师匡翊文运，仍不惜曲为归纳，以其孙慎与胡党有连为辞，流之致死。其他同时诸文士，凡和明太祖稍有瓜葛的也都不得善终，赵瓯北《廿二史劄记》曾替他算过一笔草账。另一方面却极力设学兴教，进用宋讷一流刻薄寡恩的教师，用廪禄刑责造就出一批听命唯谨的新知识分子出来，作皇帝个人的驯仆，来代替老一辈的士大夫。这是明太祖巩固君权的方法，也是这几次大狱的起因。

（原载《燕京学报》第十五期，1934年6月）

况钟和周忱

一、从《十五贯》说起

1956年浙江昆苏剧团上演了改编的昆曲《十五贯》之后,各地其他剧种也纷纷改编上演,况钟这个封建时代的好官,逐渐为成千上万的观众所熟识了。这戏中另一个好官周忱,是况钟的上司和同乡,也被赋予和况钟不同的性格,成为舞台上的人物。

《十五贯》成功地塑造了况钟这个历史人物,刻划了他的性格、思想感情。他通过具体分析,进行现场调查研究,得出正确结论;终于纠正了主观主义、官僚主义的错误判断,平反了冤狱,为人民办了好事。这个戏形象地突出了反对主观主义、反对官僚主义这个主题,是具有现实的教育意义的,是个好戏。

但是,《十五贯》这个故事,其实和况钟并不相干。

《十五贯》的故事出自《宋元话本》的《错斩崔宁》,大概是宋朝的故事。明朝末年,有人把这故事编在一部书里,题名为《十五贯戏言成巧祸》,清初的戏剧家朱素臣又把它改编为《十五贯传奇》。现在上演的本子,是根据朱素臣的本子改编的。从故事改编的发展来说,一次比一次好,迷信成分去掉了,复杂的头绪减少了,人物的形象更典型了,深刻了,也就更生动了;艺术感染力量更强烈了;教育主观主义、官僚主义者的效果也就更好了。

那么,问题就来了,《十五贯》既然是宋朝的故事,况钟却是明朝人,从宋末到明前期,相差有一百几十年,为什么戏剧家一定要把这故事算在况钟名下呢?

这是因为况钟的确是历史上的好官，也的确替当时负屈的老百姓伸过冤，救活了不少人命，在当时人民中威信很高。其次，朱素臣是苏州人，对《十五贯》的故事和况钟这个人物的传说都比较熟悉。戏剧家为了集中地突出故事情节，集中地突出历史人物，把民间流传已久的《十五贯》故事，和当时民间极有威望的好官况钟结合起来，一方面符合人民对于清官好官的迫切要求，一方面也反映了一定时期的历史情况，是完全可以允许的艺术处理。

正因为如此，这故事不但得到广大人民的喜爱，连况钟的子孙也认为确有其事了。况钟九世孙况延秀编的《太守列传编年》上说：

> 折狱明断，民有奇冤，无不昭雪。有熊友兰、友惠兄弟冤狱，公为雪之，阖郡有包龙图之颂，为作传奇，以演其事。惜一切谳断，不能尽传于世。

二、况青天

封建时代的官僚，被人民表扬为青天，是很不容易的事。

由于封建统治阶级一贯剥削、虐待人民，和人民对立，老百姓在平常时候，是怕官的。老百姓和官的关系是，一要完粮，二要当差，三呢，遭到冤枉要打官司。这三件事都使老百姓怕官，一有差错，就得挨板子、上夹板，受到种种非刑，关进班房，以至充军、杀头等等，老百姓怎能不怕？

但是，一到了阶级矛盾十分尖锐，老百姓忍无可忍，团结起来暴动的时候，情况就完全改变了。人民自己已有了武装，也有了班房，那时候，老百姓就不再怕官了，害怕发抖的是官。以此，历史上每次农民起义，矛头总是首先针对着本地的官员，口号总有杀尽贪官污吏这一条。

由于封建统治阶级的统治基础是建立在对广大农民的剥削、掠夺上面的,封建官僚是为了地主阶级利益服务的;一切政治设施的最后目的,都是为了巩固和加强封建统治。这样,也就不难理解在封建官僚的压迫、奴役下,广大人民对于比较清明、宽大、廉洁政治的向往,对于能够采取一些措施,减轻人民负担,伸雪人民冤枉的好官的拥护了。对于这样的好官,人民作了鉴定,叫作青天。

也正由于封建时代的青天极少,所以历史上屈指可数的几个青天,也就成为箭垛式的人物,许多人民理想中的好事都被堆砌到他们身上了。像宋朝的包拯,明朝的况钟和海瑞,都是著名的例子。

也还必须指出,尽管历史上出现了几个青天,是当时人民给的称号。但是,也决不可以由此得出结论,以为青天就是站在人民立场的政治家。不是的,恰恰相反,他们都是为封建统治阶级利益服务的官僚,在这一点上,也和当时其他封建官僚一样,是和人民对立的。不过,由于他们的出身和其他关系,比较接近人民,了解人民的痛苦,比较正直,有远见,为了维持封建统治阶级的长远利益,缓和阶级矛盾,在不损害封建统治阶级的根本利益前提下,有意识地办了一些好事。这些好事是和封建统治阶级的长远利益一致的,也是和被压迫被剥削的广大人民当前利益一致的,对当时的生产发展,对历史的进展有好处的。因此,他们在当时被人民叫作青天,在历史上也就应该是被肯定的,值得纪念的,在某些方面,还是值得今天学习的人物。

况钟(公元1383—1442),江西靖安人。从公元1430年起任苏州知府,一直到1442年死在任上,连任苏州知府十三年。

苏州地方殷富,人口稠密,土地集中,人民贫困,阶级关系比较紧张。在况钟以前,作知府的不要说久任,连称职能够作满任期的也没有一个。况钟以后,也还出过几个好官,不过都比不上他这样有名,为人民所爱戴歌颂。

从唐宋以来,封建王朝任命官僚,主要是用科举出身的人,上过学,会写一定格式的诗、文，通过考试，成为叫做进士或者举人的知识分子。一般在衙门里办事的吏（科员），地位很低，只能一辈子作吏，是作不了官的。明朝初期，科举出身的人还不够多，官和吏的区别还不十分严格，以后就不同了。况钟的父亲是一家地主的养子。况钟从小也念过一点书；但没有考上学校。到成年以后，公元1406年被选作靖安县的礼曹（管礼仪、祭祀一类事务），一直作了九年的吏。他为人干练精明，通达事务，廉介无私，为县官所重视。也正因为他作了多年的吏，直接和人民打交道，不但了解民间痛苦，也深知吏的贪污害民行径，到后来作了官，便有办法来制裁这些恶吏了。

靖安知县和当朝的礼部尚书（管礼仪、祭祀、考试的部长）是好朋友，当况钟作满九年的吏，照例要到吏部（管任免、考核官员的部）去考绩的时候，靖安知县便写信给这个朋友，推荐况钟的才能。礼部尚书和况钟谈了话，也很契重，便特别向皇帝推荐。明成祖召见况钟，特任为礼部仪制司主事，以后升为郎中，一连作了十五年京官。

在这十五年中，况钟和当时许多有名的政治家来往，成为朋友，交换了对政治上许多看法。其中主要的是江西同乡的京官。在封建时代，交通很不方便，官僚们对同乡是很看重的，来往较多，政治上也互相影响，这种关系称为乡谊，是一种封建关系。况钟的同乡中有许多是当权的大官，有声名的政治家，况钟深受他们的影响，在况钟以后的政治活动中，也得到他们的支持。

明成祖在打到南京，作了皇帝以后，任命七个官员替他管理机密事务，叫作"入阁"，后来叫作"拜相"。这七个人中有五个是江西人，其中泰和人杨士奇和况钟关系最深，南昌人胡俨、湖北石首人杨溥也是况钟的朋友。此外，江西吉水人周忱和况钟也很要好。

明成祖死后，三杨当国，三杨就是原来七人内阁中的三个，是杨士奇、杨溥和杨荣。这三人都是有能力的政治家，在他们当国时期，政治是比较清明的。

公元1430年，明封建王朝经过讨论，为了进一步加强统治，增加财政收入，认为全国有九个大府，人众事多，没有管好，其中特别是苏州府，交的税粮比任何一省都多，政治情况却十分不好，官吏奸贪，人民困苦，欠粮最多，百姓逃亡。要百官保举京官中有能力而又廉洁的外任作知府，来加强控制。礼部和吏部都推荐况钟，首相杨士奇也特荐况钟作苏州知府。为了加重况钟的权力，明宣宗还特别给以"敕书"（书面命令），许以便宜行事，并特许他可以直接向皇帝写报告，提建议。

我国在过去漫长时期是农业国，封建王朝的经济基础是农业。王朝的全部收入百分之九十以上出自农民交纳的粮食，服兵役和无偿劳役的也主要是农民。要是农民交不起粮或者少交粮了，农民大量逃亡外地，不当差役了，便会发生严重的政治危机，危害封建王朝的统治地位。

由于宋元以来的历史发展，东南地区的农业经济大大发展了，显出一片繁荣气象。况钟所处的十五世纪前期，正是明王朝的全盛时期。但是，这个地区的繁荣，这个时期的全盛都只是表面上的，内部却包含着严重的危机。

危机是农民负担过重。

就东南一带而说，农民负担之重居全国第一。这时全国的实物收入，夏税秋粮总数约三千万石，其中浙江一省占二百七十五万多石，约占全国收入十分之一弱。苏州一府七个县却占二百八十一万石，比浙江一省交的粮还多。松江府一百二十一万石，也很重。以苏州而论，垦田数只有九万六千五百零六顷，占全国垦田数百分之一点一，交纳税粮呢，却占全国税收的百分之九点五。

为什么江南地区的农民负担特别重呢？这是因为从南宋以来，由于这一带土地肥沃，经济发展，贵族、官僚用种种方法兼并土地，到了政治局面发生变化，旧的贵族、官僚被推翻了，他们所占有的土地就被没收为官田，经过多次变化，官田就越来越多，民田就越来越少了。到明太祖取得这带地方以后，又把原来的豪族地主的田地没收为官田，并且按私租收税，这样，这带地方的官田租税就特别重了。

民田的租税虽然也很重，但是，农民向地主交租，多在本地，当天或者几天就可以来回，一改为官田，不但田租特别重，而且收的粮食要交官了，得由农民运送到指定的仓库交纳。在交通不便的情势下，陆运、水运，要用几个月以至更多时间，不但占用了大量劳动力，不能投入生产，而且，交纳一石官粮，往往要用两三石以至四五石的运费，有时候遭风翻船了，或者被人抢劫，都得重新补交，所有这些巨大的运费和意外的赔垫，都要由农民负担，农民怎么负担得起？苏州农民因为官田特别多，负担就特别重。

苏州七个县完纳的二百八十一万石税粮中，民粮只有十五万石，官田田租最重的每亩要交三石粮。官粮中有一百零六万石要远运到山东临清交纳，有七十万石要运到南京交纳，运到临清的每一石要用运费四石，运到南京的也要六斗。这样残酷的剥削使人民无法负担，在况钟到苏州以前，四年的欠粮数就达到七百六十多万石。老百姓完不了粮是要挨板子、坐班房的，农民要活下去，就只好全家逃亡，流离外地了。

占全国税粮近十分之一的苏州，欠粮这样多，人口大量外流，是不能不严重地影响到封建王朝的统治基础的。首相杨士奇提出补救方案：蠲免欠粮，官田减租，清理冤狱，惩办贪官，安抚逃民，特派知府等六项措施。况钟就是在这样情况下，被特派到苏州执行这些措施的。

官田减租是得到明宣宗的同意，用诏书（皇帝的命令）下达全国的。但是，有人认为，减掉了租，就减少了王朝的收入，遭到封建统治阶级内部的反对，没有能够贯彻，蠲免欠粮，也同样行不通。隔了两年，还是没有解决。尽管明宣宗和杨士奇为了缓和阶级矛盾，巩固统治基础，下了极大决心要办，并且严厉申斥户部官员，不奉行减租免粮命令的就要办罪，还是办不了，办不好。

况钟在苏州坚决执行封建王朝的政策，在巡抚周忱的支持下，他多次提出官田减租和蠲免欠粮的具体办法，都被户部批驳不准。况钟并不妥协，坚持要办，一直到宣德七年（公元1432年）三月，才得到批准，减去官田租七十二万一千六百多石，荒田租十五万石，官粮远运临清的减去六十万石，运到南京的改为驻军到苏州自运，连同其他各项，每年减省了苏州人民一百五十六万石的负担，假如连因此而省掉的运费、劳力计算，数目就更大了。这对苏州人民来说，确是一件了不起的大好事，对明王朝的统治来说，也确是起了巩固作用。而且，官田虽然减了一些租，因为不欠粮了，王朝的实际收入，比上前几年反而增加了。

由于官田田租减轻了，逃民回来后复业的就有三万六千六百多户。人民的生活虽然还是很苦，但是毕竟比过去稍微好了一些，生产情绪也提高了。他们欢欣鼓舞，感谢况钟的恩德，到处刻碑纪念这件好事。

况钟在人民中间的威信日益提高，主要的是他还办了以下这几件事：

第一是惩办贪吏。况钟是从吏出身的，精于吏事。在上任以后，却假装不懂公事，许多吏拿着案卷请批，况钟问他们该怎么办，都一一照批。吏们喜欢极了，以为这知府真好对付，以后的事好办了。况钟在经过充分的调查研究，弄清情况以后，过了一个多月，突然叫官员和吏们都来开会，当场宣读"敕书"，其中有"属员人等作奸害民，尔即提问解京"的话，就问这些吏，那一天你办了什么事，受了多少贿赂，对不对？一一问过，立时杀了六个。官员中有十二个不认真办事，疲沓庸懦的，都革了职。另外有几个贪赃枉法的，拿到京师法办。这一来，官吏们都害怕了，守法了，老百姓也少吃苦头了。人们叫他作青天。

苏州人民好容易有了一个青天，松了一口气。第二年，况钟的继母死了，按封建礼制辞官回家守孝。这一来，苏州的天又黑了，风气又变了，官们吏们又重新做坏事了，百姓又吃苦头了。他们想了又想，都是况钟不在的缘故,三万七千多人便联名请求况钟回来。隔了十个多月,况钟又被特派回到苏州,这一回用不着调查了,立刻把做坏事的官吏们都法办了,天又变好了,况钟更加得到人民的支持。

第二是清理冤狱,苏州有七个县,况钟每天问一个县的案,排好日程,周而复始,不到一年工夫,清理了一千五百多件案子,该办的办,该放的放,做得百姓不叫冤枉,豪强不敢为非,老百姓都叫他是包龙图再世。现在舞台上演唱的《十五贯》,虽然事实上和况钟无关,但确也反映了他在这一方面的工作作风,取得的成绩和威信,是符合历史实际的。

第三是抑制豪强。明朝制度,军民籍贯是分开的,军户绝了,要勾追原籍本家男丁补缺。封建王朝派的清军御史蛮横不讲道理,强迫平民充军,弄得老百姓无处诉冤,况钟据理力争,免掉一百六十个平民的军役,免掉一千四百多平民的世役,只是本身当军,不累及子孙。七县的圩田设有圩长圩老九千多人,大部分都是积年退役(在衙门做过事的)恶霸,这制度和这些人得到大官的支持,为非作恶,况钟不管上官的反对,也把它一起革除了。沿海沿江有些地方的军官,借名巡察河道,劫掠商船,为害商旅,况钟都一一拿办。

第四是为民兴利。苏州河道,淤塞成灾,况钟把它疏浚了,成为水利。人民因粮重贫困,向地主借高利贷,弄得卖儿卖女,况钟想法筹划了几十万石粮食,建立济农仓,每到农民耕作青黄不接的时候,便开仓借贷,每人二石,到秋收时如数偿还,遇有灾荒,也用这粮食赈济。又推广义役仓制度,用公共积累的粮食,供应上官采办物料的赔垫消费,免去中间地主们的剥削和贪污,从而减轻人民的负担。

况钟刚正廉洁,极重视细小事件,设想周密,不怕是小事,只要有利于百姓就做,对百姓有害的就加以改革。兴利除害,反对豪强,扶持良善,百姓敬他爱他,把他看作天神一样。第一次回家守孝,百姓想念他,作歌说:

况太守，民父母，众怀思，因去后，愿复来，养田叟。

又有歌说：

众人齐说使君贤，只剪轻蒲为作鞭，

兵仗不烦森画戟，歌谣曾唱是青天。

三年任满，到京师朝见，百姓怕他升官，很担心，到回来复任，百姓又唱道：

太守朝京，我民不宁，太守归来，我民忻哉！

到九年任满，又照例到吏部候升，吏部已经委派了新的苏州知府了，苏州人民不答应，有一万八千多人联名保留况钟，结果，况钟虽然升了官，又回到苏州管知府的事。

况钟作了十三年知府，死的时候，老百姓伤心痛哭，连作生意的也罢市了。送丧的沿路沿江不绝。苏州和七个县都建立了祠堂，画像祭祀，有的人家甚至把他的画像供在家里。

生性俭朴，住的房子没有什么陈设，吃饭也只用一荤一素。作官多年，没有添置过田产，死后归葬，船上只有书籍和日用器物，苏州人民看了，十分感动。作官办事，不用秘书，一切报告文件都亲自动手，文字质直简劲，不作长篇大论，说清楚了就算。在请求官田减租的报告上，直率批评皇帝失信，毫不隐讳。

和巡抚周忱志同道合，他每次有事到南京，上岸时虽然天黑了，周忱也立刻接见，谈到深夜。况钟在苏州办的许多好事是和周忱的支持分不开的，周忱在巡抚任上办的许多好事，也有况钟的贡献在内。

三、周忱

周忱（公元1381—1453）从公元1430年任江南巡抚，一直到1451年，前后共二十一年，是明朝任期最长的封疆大员，最会理财最能干的好官。

他是进士出身，在刑部（管司法、审判的部）作了二十多年的员外郎（官名，专员），不为人所知。直到大学士（宰相）杨荣推荐为江南巡抚、总督税粮，才出了名。

周忱不摆官僚架子，接近人民，倾听群众意见，心思周密，精打细算，会出主意，极会办事，人民很喜欢他。

江南其他各府县，也和苏州一样，欠了很多税粮。周忱首先找老年农民研究，问是什么缘故。农民们说，交粮食照规矩得加"耗"（附加税），因为仓库存的粮食日子久了分量就减少了，加上麻雀老鼠都要吃粮食，这样，就会有耗损。官府把预计必有的耗损分量在完粮时附加交纳，叫作"耗"。但是，地主们都不肯交纳，光勒掯农民负担全部耗损，农民交纳不起，只好逃亡，税粮越欠越多了。

周忱弄清原因，就创立平米法，把完粮附加的耗米，合理安排，不管是地主是农民，都一律负担。又进一步由工部（管工程的部）制定铁斛，地方准式制造，凡是收放粮食都用同一的标准量器，革除了过去大斗进小斗出的弊病。农民交粮，一向由粮长（地主）经手存放运输，制度紊乱，粮长巧立名目，从中取利，农民负担便越发重了。周忱经过细心研究，制定一套办法，大大减少了粮长做坏事的机会，也减少了耗损。又精打细算，改进了粮食由水路运到北京的办法，节省了人力和粮食，把这些节约的粮食和多出的附加耗米单独设仓贮存，叫做余米，逐年积累，作为机动用费。又和况钟举办了济农仓，减免了苏州和其他各府的官田租粮。经过亲自考察，发现松江、嘉定、上海一带的河流淤塞，就用余米动工疏浚，兴办了许多水利工程。通过这些措施，人民负担减轻了，加上遇有天灾，可以得到及时的救济，不但荒年不必逃荒，连税粮也不欠了，仓库富足了。民生也安定了。

周忱遇事留心研究，找出关键问题，提出解决办法，随时改革不适用的旧办法，适应新的情况。他有便宜行事的职权，地方性和局部性的问题，可以全权管理，以此，他在江南多年，先后办了不少好事。

他有良好的工作习惯，每天都记日记，除记重要的事项以外，也记下这一天的气候，阴、晴、风、雨。有一回，有人谎说，某天长江大风，把米船打翻了。周忱说不对，这一天没有风，一句话把这案子破了。又有一回，一个坏人故意把旧案卷弄乱，想翻案。周忱立刻指出，你在某天告的状，我是怎么判决的。好大胆子，敢来糊弄人！这个坏人只好服罪。江南钱粮的数目上千上万，都记得很清楚，随时算出，谁也欺骗不了他。

也有全局观点，对邻近地区遇事支援。有一年江北闹大饥荒，向江南借米三万石，周忱算了一下账，到明年麦子熟的时候，这点粮食是不够吃的，借给了十万石。

1449年10月瓦剌也先败明军于土木（今北京怀来县），明英宗被俘，北京震动。当国的大臣怕瓦剌进攻，打算把通州存的几百万石粮食烧掉，坚壁清野。这时恰好周忱在北京，他极力主张通州存粮可以支给北京驻军一年的军饷，何不就命令军队自己去运，预支一笔军饷呢？这样，粮食保全住了，驻军的粮饷也解决了。

周忱还善于和下属商量办事，即便对小官小吏，也虚心访问，征求意见。对有能力的好官，如苏州知府况钟、松江知府赵豫、常州知府莫愚、同知赵泰等，则更是推心置腹，遇事反复商量，极力支持，使他们能够各尽所长，办好了事。正因为他有这样好作风，他出的主意，想的办法，也都能通过这些好官，贯彻执行下去。

他从不摆大官架子，有时候有工夫，骑匹马沿江到处走，见到的人不知道他是巡抚。在江南年代久了，和百姓熟了，像一家人一样，时常到农村去访问，不带随从，在院子里，在田野里，和农夫农妇面对面说家常话，谈谈心，问问有什么困难，什么问题，帮着出主意。

周忱最后还是被地主阶级攻击，罢官离开江南。他刚离开，户部立刻把他积储的余米收为官有，储备没有了，一遇到灾荒、意外，又到处饿死人了。农民完不起粮,又大量欠粮了,逃亡了。百姓越发想念他,到处建立生祠,纪念这个爱民的好官。

过了两年,周忱郁郁地死去。

(原载《人民文学》,1960年9月号)